2020 全国勘察设计注册工程师
考试辅导用书

Zhuce Daolu Gongchengshi Zhiye Zige
Jichu Kaoshi Fuxi Tiji

注册道路工程师执业资格
基础考试复习题集

下册

注册工程师考试辅导用书编委会◇编
张 铭 魏道升 曹纬浚◇主编

人民交通出版社股份有限公司
北京

内 容 提 要

本书依据新版考试大纲、2019年考题和现行标准规范编写而成。

本书基于编者多年考试辅导经验和勘察设计注册工程师考试特点进行编写，共分两册。上册为公共基础，下册为专业基础，均包含复习指导和大量习题，习题配有详尽的解答。本书内容涵盖考试大纲要求的知识点，贴合考试，针对性和指导性强。

本书可与2020版《基础考试应试辅导》配合，适合参加注册道路工程师基础考试的考生使用。

图书在版编目(CIP)数据

2020注册道路工程师执业资格基础考试复习题集 / 张铭，魏道升，曹纬浚主编. — 北京：人民交通出版社股份有限公司，2020.6

ISBN 978-7-114-16379-1

Ⅰ. ①2… Ⅱ. ①张… ②魏… ③曹… Ⅲ. ①道路工程—资格考试—习题集 Ⅳ. ①U41-44

中国版本图书馆CIP数据核字(2020)第035377号

全国勘察设计注册工程师考试辅导用书

书　　名：**2020注册道路工程师执业资格基础考试复习题集**
著 作 者：张　铭　魏道升　曹纬浚
责任编辑：李　坤　刘彩云
责任校对：孙国靖　扈　婕
责任印制：刘高彤
出版发行：人民交通出版社股份有限公司
地　　址：(100011)北京市朝阳区安定门外外馆斜街3号
网　　址：http://www.ccpress.com.cn
销售电话：(010)59757973
总 经 销：人民交通出版社股份有限公司发行部
经　　销：各地新华书店
印　　刷：北京市密东印刷有限公司
开　　本：787×1092　1/16
印　　张：46.75
字　　数：1122千
版　　次：2020年6月　第1版
印　　次：2020年6月　第1版　第1次印刷
书　　号：ISBN 978-7-114-16379-1
定　　价：148.00元(含上、下两册)
(有印刷、装订质量问题的图书，由本公司负责调换)

前　言

注册土木工程师(道路工程)考试于2019年10月首次举办,就此拉开了道路工程领域勘察设计工程师考试、注册、执业的序幕。考试的举办,对从事道路工程规划、勘察、设计等工作的工程技术人员,大有裨益。复习备考的过程,是道路工程技术人员重新学习、梳理、拓展自己专业知识的过程,也是提升专业素养的过程。通过考试的筛选,让合格的工程师承担相应的技术工作,有助于提升工程建设质量和效率,对整个道路工程行业的良性发展具有重大意义。

为帮助广大考生有效复习,人民交通出版社股份有限公司特组织相关高校和工程单位的专家编写了一套复习辅导用书,主要包括:《基础考试应试辅导》《基础考试复习题集》《公共基础考试试卷》《专业考试应试辅导》《专业考试复习题集》《专业考试案例一本通》。后续将根据考生实际需求开发新的辅导资料。

本书《基础考试复习题集》,是在2019版题集的基础上修订而成,分上、下两册,分别对应公共基础考试和专业基础考试。上册内容包含:高等数学、普通物理、普通化学、理论力学、材料力学、流体力学、电工电子技术、信号与信息技术、计算机应用基础、工程经济、法律法规共11章。下册内容包含:建筑材料、土质学与土力学、工程地质、工程勘测、结构设计原理、职业法规共6章。

本书具有以下特色:

(1)每章设置“复习指导”,梳理考试大纲要求,给出具体复习建议。

(2)根据考试大纲和各科目的特点,精心编写习题,并给出详尽解答。

(3)上册收录2005—2010年公共基础考题,下册收录2009年专业基础考题。

(4)配套电子题库,考生扫描封面上的红色二维码,可获取近几年考试真题。

本书作者分别来自北京工业大学、北京交通大学、重庆交通大学、北京建筑大学和北京市建筑设计研究院等单位,均为相关专业具有较深造诣的教授和高级工程师,理论知识和工程经验丰富,且对考试有深入的研究。

上册编写人员为:第一章第一节至第七节吴昌泽,第一章第八、九节范元玮;第二章魏京花;第三章谢亚勃;第四章刘燕;第五章钱民刚;第六章李兆年;第七、八章许怡生;第九章许小重;第十章陈向东;第十一章李魁元。

下册编写人员为:第一章黄维蓉、易文豪、张奇奇、梁一星;第二章高传东、代科、董天威、程雨恒;第三章唐良琴、毛添、周成龙、徐海深;第四章高传东、顿暑杰、唐山林、阳敏、陈言;第五章张江涛、吴海军、刘浪、向南;第六章魏道升、李燕、李圆浩。

参与或协助本书编写的人员还有:李汉明、代玉华、李钦、贾玲华、毛怀珍、朋改非、刘宝生、张翠兰、毛元钰、李平、邓华、陈庆年、李广秋、郭虹、楼香林、杨守俊、王志刚、何承奎、曹铎、吴莎莎、张文革、徐华萍、栾彩虹、张炳珍。

本书可与2020版《基础考试应试辅导》配套使用。多做习题,将对考生巩固、检验复习效果和准备考试大有帮助。

考生在使用本书及相关数字资源备考时,还应注意参阅考试指定的各类标准、规范(规程)、大纲及教材,真正做到:考前胸中有丘壑,临场下笔如有神。

如对本书内容和编排有好的建议,请加入QQ群(470950250、920873460)交流。

预祝各位考生取得好成绩!

注册工程师考试辅导用书编委会

2020年4月

目　录

下　册

一　建筑材料 …… 1
复习指导 …… 1
练习题、题解及参考答案 …… 1
(一)砂石材料 …… 1
(二)水泥和石灰 …… 9
(三)无机结合料稳定材料 …… 13
(四)水泥混凝土和砂浆 …… 18
(五)沥青材料 …… 32
(六)沥青混合料 …… 39
(七)建筑钢材 …… 53
(八)其他建筑材料 …… 57
二　土质学与土力学 …… 61
复习指导 …… 61
练习题、题解及参考答案 …… 61
(一)土的性质及工程分类 …… 61
(二)土中水的运动规律 …… 70
(三)土中应力计算 …… 72
(四)土的力学性质 …… 82
(五)地基沉降计算与地基承载力 …… 87
(六)土坡稳定分析 …… 91
三　工程地质 …… 97
复习指导 …… 97
练习题、题解及参考答案 …… 97
(一)矿物与岩石 …… 97
(二)地质构造 …… 111
(三)外动力地质作用及其产物特征 …… 123
(四)地貌 …… 132
(五)水文地质 …… 138
(六)道路工程地质问题 …… 142
(七)道路工程地质勘察 …… 154
四　工程勘测 …… 160

复习指导…………………………………………………………………………… 160
练习题、题解及参考答案 ……………………………………………………………… 160
(一)一般规定 ……………………………………………………………………… 160
(二)测量方法 ……………………………………………………………………… 162
(三)控制测量 ……………………………………………………………………… 167
(四)地形图测绘及应用 …………………………………………………………… 173
(五)初测 …………………………………………………………………………… 178
(六)定测 …………………………………………………………………………… 181
五 结构设计原理………………………………………………………………… 186
复习指导…………………………………………………………………………… 186
练习题、题解及参考答案 ……………………………………………………………… 186
(一)混凝土结构的设计原则 ……………………………………………………… 186
(二)受弯构件正截面承载能力计算 ……………………………………………… 191
(三)受弯构件斜截面承载力计算 ………………………………………………… 196
(四)受压构件正截面承载力计算 ………………………………………………… 200
(五)受弯构件的应力、裂缝和变形计算 …………………………………………… 204
(六)预应力混凝土结构 …………………………………………………………… 207
(七)圬工砌体结构 ………………………………………………………………… 210
六 职业法规……………………………………………………………………… 213
复习指导…………………………………………………………………………… 213
练习题、题解及参考答案 ……………………………………………………………… 213
(一)我国有关工程基本建设的法律法规概述 …………………………………… 213
(二)中华人民共和国公路法 ……………………………………………………… 215
(三)中华人民共和国建筑法 ……………………………………………………… 217
(四)中华人民共和国森林法 ……………………………………………………… 219
(五)中华人民共和国合同法 ……………………………………………………… 220
(六)中华人民共和国招标投标法 ………………………………………………… 223
(七)中华人民共和国安全生产法 ………………………………………………… 226
(八)建设工程安全生产管理条例 ………………………………………………… 228
(九)建设工程质量管理条例 ……………………………………………………… 231
(十)建设工程勘察设计管理条例 ………………………………………………… 234
(十一)违反法律法规等规定对勘察设计单位和个人处罚 ………………………… 235

一　建筑材料

复习指导

本章应重点掌握的内容主要包括：

(1)掌握砂石材料的技术性质及测定方法；物理性质：真实密度、表观密度、毛体积密度、孔隙率、空隙率、吸水性等相关定义和计算方法；力学性质、化学性质；掌握矿质混合料的组成设计方法。

(2)掌握硅酸盐水泥的矿物熟料的水化速度、放热量、硬化速度、强度、干缩等水化特性，水泥细度、凝结时间、安定性、强度的含义、技术要求与检测评价方法。六大通用水泥(硅酸盐水泥、普通硅酸盐水泥、矿渣硅酸盐水泥、火山灰硅酸盐水泥、粉煤灰硅酸盐水泥和复合硅酸盐水泥)的特性与工程应用。

(3)掌握石灰的主要成分，熟悉石灰的消化与硬化工程、过火石灰的危害与陈伏的作用，建筑石灰的技术要求。

(4)掌握水泥稳定材料、石灰稳定材料、石灰粉煤灰稳定材料的技术性质；无机稳定材料配合比设计方法和石灰粉煤灰稳定粒料的强度形成机理。

(5)掌握普通混凝土的技术性质(和易性、力学性能、耐久性)及影响因素；普通混凝土配合比设计方法与质量评定方法；掌握减水剂、引气剂、速凝剂、缓凝剂与早强剂的作用。

(6)掌握砂浆的主要特性。

(7)掌握石油沥青的沥青主要技术性质(黏滞性、塑性、温度稳定性、大气稳定性)的含义与测定方法；熟悉石油沥青的组成结构；掌握改性沥青、乳化沥青的含义，主要技术性质及工程应用。

(8)掌握热拌沥青混合料的技术性质、影响因素及评价方法，热拌沥青混合料的组成设计方法；熟悉热拌沥青混合料的组成结构与强度形成原理。

(9)掌握钢材的力学性能、工艺性能及指标，注意屈服强度、屈强比、伸长率、冷弯性能等含义，了解钢材牌号的表达方法与含义，常见钢材的技术要求及应用。

练习题、题解及参考答案

(一)砂石材料

1-1-1　集料的毛体积密度是指单位集料实体体积和(　　)的质量。

A. 全部孔隙体积　　B. 闭口孔隙体积　　C. 开口孔隙体积　　D. 集料间隙体积

1-1-2 不能用来评价粗集料力学性能的指标是(　　)。

A. 磨光值　　B. 压碎值　　C. 吸水率　　D. 磨耗值

1-1-3 评价粗集料力学性能的指标是(　　)。

A. 抗压强度　　B. 压碎值　　C. 坚固性　　D. 磨耗率

1-1-4 石料磨光值越高,表示其(　　)越好;石料磨耗率越高,表示其耐磨耗性(　　)。

A. 抗滑性,好　　B. 抗压性,好　　C. 抗滑性,差　　D. 抗压性,差

1-1-5 AC 沥青混合料中,细集料是指粒径小于(　　)的天然砂、人工砂及石屑。

A. 5mm　　B. 2.36mm　　C. 4.75mm　　D. 1.18mm

1-1-6 石料的酸碱性是根据石料的(　　)来判定。

A. SiO_2 含量　　B. 石料的 pH 值　　C. 坚固性　　D. 抗压强度

1-1-7 对同一料源的矿料,其四项指标从小到大的正确排列是(　　)。
①真实密度;②毛体积密度;③表观密度;④堆积密度。

A. ①④②③　　B. ④③②①　　C. ①②③④　　D. ④②③①

1-1-8 含水率为 5% 的湿砂质量是 220g,将其干燥后的质量是(　　)g。

A. 209.00　　B. 209.52　　C. 210.00　　D. 210.52

1-1-9 集料的冲击值试验需将集料过(　　)mm 的标准筛,称取石屑质量。

A. 1.18　　B. 2.36　　C. 4.75　　D. 0.6

1-1-10 通过压碎试验得到的压碎值表示集料的(　　)。

A. 承载能力　　B. 抗压强度　　C. 坚固性　　D. 综合性能

1-1-11 砂的细度模数越大表示砂(　　)。

A. 越粗　　B. 越细　　C. 级配越好　　D. 级配越差

1-1-12 关于砂的细度模数表述正确的是(　　)。

A. 细度模数适中的砂具有更好的级配
B. 可以通过改变砂的细度模数来改善集料的级配情况
C. 水泥混凝土和沥青混合料用砂具有相同级配时,相应砂的细度模数也相同
D. 当两种砂的细度模数相同时,二者具有相同的级配

1-1-13 细度模数是以细集料筛分试验中各号筛上的(   )进行计算。

A. 分计筛余量
B. 分计筛余百分率
C. 累计筛余量
D. 累计筛余百分率

1-1-14 细度模数的数值大小与(   )筛孔上的颗粒含量无关。

A. 0. 075mm   B. 0. 15mm   C. 0. 6mm   D. 2. 36mm

1-1-15 矿质集料级配曲线按形状划分不包括(   )。

A. 连续级配   B. 间断级配   C. 密级配   D. 开级配

1-1-16 集料级配曲线的横坐标是颗粒粒径,通常采用(   )。

A. 等坐标   B. 对数坐标   C. 指数坐标   D. 以上均不对

1-1-17 划分岩石等级的单轴抗压强度一般是在(   )状态下测定的。

A. 干燥   B. 潮湿   C. 吸水饱和   D. 冻结

1-1-18 划分岩石等级的强度测试方法采用(   )。

A. 抗折强度   B. 疲劳强度   C. 抗冻强度   D. 抗压强度

1-1-19 岩石的吸水率、含水率、饱和吸水率三者在数值上的关系为(   )。

A. 吸水率 > 含水率 > 饱和吸水率
B. 吸水率 > 含水率 = 饱和吸水率
C. 含水率 > 吸水率 > 饱和吸水率
D. 饱和吸水率 > 吸水率 > 含水率

1-1-20 硫酸钠浸蚀法用于评价石料的(   )性能。

A. 抗压   B. 抗冻   C. 抗折   D. 抗疲劳

1-1-21 以下指标中不属于路用集料外观要求的是(   )。

A. 形状   B. 颗粒粒径   C. 表面的棱角性   D. 级配

1-1-22 以下指标中,不属于评价沥青与集料黏附性的试验方法是(   )。

A. 水煮法   B. 水浸法
C. 光电分光光度法   D. 亚甲蓝法

1-1-23 不会影响砂石材料取样数量的因素是(　　)。

A. 公称最大粒径　　B. 试验项目　　C. 试验内容　　D. 试验时间

1-1-24 决定砂石筛分试验每次试样用量的因素是(　　)。

A. 砂石材料的化学组成
B. 砂石材料的公称粒径
C. 砂石材料的含水率
D. 筛分结果精度要求

1-1-25 下列有关砂石材料试验结果越高表示该砂石材料性能品质越差的指标是(　　)。

A. 集料与沥青的黏附等级
B. 洛杉矶磨耗值
C. 磨光值
D. 细集料的细度模数

1-1-26 下列有关砂石材料试验结果越高表示该砂石材料性能品质越好的指标是(　　)。

A. 集料与沥青的黏附等级　　B. 洛杉矶磨耗值
C. 冲击值　　D. 吸水率

1-1-27 正确定义沥青与石料黏附性试验的描述是(　　)。

A. 偏粗颗粒采用水浸法
B. 偏细颗粒采用水煮法
C. 偏粗颗粒采用水煮法,偏细颗粒采用水浸法
D. 以上说法均不对

1-1-28 石料真密度的测定方法为(　　)。

A. 真空排水法　　B. 静水称重法　　C. 封蜡法　　D. 密度瓶法

1-1-29 粗集料密度试验中,测定水温的原因是(　　)。

A. 修正不同温度下石料热胀冷缩的影响
B. 修正不同温度下水密度变化产生的影响
C. 不同水温下密度的计算公式不同
D. 在规定的温度条件下试验相对简单

1-1-30 两种砂子的细度模数相同时,它们的级配(　　)。

A. 相同　　B. 不相同
C. 不一定相同　　D. 以上说法均不对

题解及参考答案

1-1-1　解:集料毛体积密度和石料相同,都是指在规定条件下,烘干料矿质实体包括孔隙(闭口、开口孔隙)体积在内的单位体积的质量。

答案:A

考点:集料的物理性质

1-1-2　解:磨光值是反映石料抵抗轮胎磨光作用能力的指标;压碎值是用于衡量石料在逐渐增加的荷载下抵抗压碎的能力,是衡量石料力学性能的指标;磨耗值用于确定石料抵抗表面磨损的能力。

答案:C

考点:石料的物理性质及检测方法

1-1-3　解:压碎值是用于衡量石料在逐渐增加的荷载下抵抗压碎的能力,是衡量力学性能的指标。

答案:B

考点:石料的物理性质及检测方法

1-1-4　解:磨光值反映粗集料抗滑性能,磨光值越高,表示其抗滑能力越强。磨耗率反映粗集料的磨耗性,磨耗率越高,表示其耐磨性越差。

答案:C

考点:石料的物理性质

1-1-5　解:沥青混合料中细集料是指粒径小于2.36mm的天然砂、人工砂(包括机制砂)及石屑。水泥混凝土中,细集料是指粒径小于4.75mm的天然砂、人工砂。

答案:B

考点:集料的物理性质

1-1-6　解:石料的酸碱性通常是根据石料中的SiO_2含量来确定的,SiO_2含量大于65%为酸性材料,SiO_2含量小于52%为碱性材料,SiO_2含量在52%~65%之间为中性材料。

答案:A

考点:集料的性质

1-1-7　解:对同一料源的矿料,其堆积密度<毛体积密度<表观密度<真实密度。

答案:D

考点:集料的物理性质

1-1-8 **解**:含水率 $=m_{水}/m_{干土}\times100\%$,代入数据解得。

答案:B

考点:石料的物理性质

1-1-9 **解**:集料的冲击值试验需将集料过2.36mm的标准筛。

答案:B

考点:集料的力学性质及检测方法

1-1-10 **解**:集料压碎值是集料在连续增加的荷载下,抵抗压碎的能力,是评价集料承载能力的一个力学指标。

答案:A

考点:集料的力学性质及检测方法

1-1-11 **解**:砂子的细度模数越大表示砂子越粗。

答案:A

考点:细集料的细度模数

1-1-12 **解**:细度模数在一定程度上能反映砂的粗细程度,但未能全面反映砂的级配情况;水泥混凝土的细集料是粒径小于4.75mm的集料颗粒,而沥青混合料中的细集料是粒径小于2.36mm的集料颗粒;不同级配的砂可以具有相同的细度模数。

答案:B

考点:细集料的细度模数

1-1-13 **解**:细度模数是以细集料筛分试验中各号筛上的累计筛余百分率进行计算。

答案:D

考点:细集料的细度模数

1-1-14 **解**:细度模数的数值主要决定于0.15mm筛到2.36mm筛5个粒径的累积筛余量,与小于0.15mm的颗粒含量无关。

答案:A

考点:细集料的细度模数

1-1-15 **解**:矿质集料级配曲线按形状划分为连续级配、间断级配、开级配三种。

答案:C

考点:矿质集料级配曲线

1-1-16 **解**:级配曲线图通常采用半对数坐标,即纵坐标的通过率为算数坐标,横坐标的粒径为对数坐标。

答案:B

考点:矿质混合料的级配曲线绘制方法

1-1-17 解:石料的单轴抗压强度是将石料制备成规定的标准试件,经饱水处理受压并按规定的加载条件下,达到极限破坏时单位承压面积的强度。

答案:C

考点:石料单轴抗压强度的测定方法

1-1-18 解:岩石按其物理力学性质(主要为饱水状态下的抗压强度和磨耗率)分为四个等级:1 级-最坚强岩石,2 级-坚强岩石,3 级-中等强度岩石,4 级-较软岩石。

答案:D

考点:岩石等级划分标准

1-1-19 解:岩石的含水率是指岩石在天然状态下所含水分占其烘干质量的百分比;吸水率是指在规定条件下,试件最大吸水质量占烘干石料试件质量百分比;饱和吸水率是指在强制条件下,石料试件的最大吸水质量占烘干试件质量的百分比。

答案:D

考点:岩石吸水性不同指标的含义

1-1-20 解:硫酸钠浸蚀法又称石料的坚固性试验,将石料试样经饱和硫酸钠溶液多次浸泡与烘干循环后,模拟强化冻融状态,评价其强度降低的性能,因而是评价石料抗冻性能的一种方法。

答案:B

考点:石料耐久性测试方法

1-1-21 解:集料的外观是指集料的颗粒形状、颗粒大小、表面棱角性等;而级配是指集料中各组成颗粒的分级和搭配,与集料颗粒粒径大小和不同粒径颗粒含量有关,而与集料外观无关。

答案:D

考点:集料的外观要求

1-1-22 解:测定沥青与石料黏附性的方法是水煮法或水浸法,但都是定性测量,结果往往因人而异;目前研究中也有人采用光电分光光度法,这是一种定量测试,但测试过程较复杂。亚甲蓝法是用于确定集料中是否存在膨胀性黏土矿物,并测定其含量的试验方法,用以评定集料的洁净程度。

答案:D

考点:沥青与集料黏附性测定方法

1-1-23 解:不同的试验项目、试验内容以及公称最大粒径所对应的试样的最小取样数量都不相同。

答案:D

考点:砂石材料取样数量

1-1-24 **解:**不同公称最大粒径的集料筛分时所用试样质量不同。

答案:B

考点:砂石材料筛分试验方法

1-1-25 **解:**集料与沥青的黏附等级、磨光值越高,说明集料与沥青的黏附性越好,集料的抗磨光能力越强;细集料的细度模数是评价细集料粗细程度的一个指标,与集料品质无关。而洛杉矶磨耗值越高,则说明集料的耐磨耗性能越差,即集料品质越差。

答案:B

考点:砂石材料的技术性质

1-1-26 **解:**集料与沥青的黏附等级越高,说明集料与沥青的黏附性越好,即集料的品质越好。而洛杉矶磨耗值、冲击值越高,则说明集料的耐磨耗性能与抗冲击性能越差;吸水率越高,则说明集料内的空隙和缺陷越多,集料的强度也就越低。

答案:A

考点:砂石材料的技术性质

1-1-27 **解:**沥青与集料的黏附性试验采用水煮法或水浸法进行测定。前者适用于最大粒径大于13.2mm的集料,后者适用于最大粒径小于或等于13.2mm的集料。

答案:C

考点:沥青与石料黏附性试验方法

1-1-28 **解:**石料真密度是指在规定条件下烘干石料矿质单位真实体积(不包括开口体积与闭口空隙体积)的质量。测定时须将石料试样粉碎成能通过0.315mm筛孔的岩粉并烘干至恒重,将已知质量岩粉灌入密度瓶中并注入试液(洁净水或煤油),采用煮沸法或真空抽气法排除气体,根据置换原理测定其真实体积,并计算得到的真实密度。

答案:D

考点:石料真密度的测定方法

1-1-29 **解:**根据集料密度测试方法,直接测试得到的均为集料与水的相对密度,而水在不同温度时密度也是不相同的,因此需要测定水温以确定试验时水的密度从而换算得到准确的集料密度。

答案:B

考点:粗集料密度测定方法

1-1-30 **解:**细集料的细度模数是指各级筛孔尺寸的累计筛余百分率之和与100的比值,由于即使不同级配的细集料,其各筛孔累积筛余百分率之和也可以相同,即具有相同的细度模数。

答案:C

考点:细集料细度模数的定义

(二)水泥和石灰

1-2-1 硅酸盐水泥是( )胶凝材料。

A. 水硬性有机　　B. 气硬性有机
C. 水硬性无机　　D. 气硬性无机

1-2-2 硅酸盐水泥水化反应的主要产物为( )。

A. 硅酸钙与水化硅酸钙
B. 水化硅酸钙与氢氧化钙
C. 水化硅酸钙与水化铁酸钙
D. 水化硅酸钙与水化铝酸钙

1-2-3 硅酸盐水泥的强度主要来自矿物成分( )。

A. $C_3S + C_2S$　　B. $C_3S + C_3A$
C. $C_2S + C_3A$　　D. $C_3S + C_4AF$

1-2-4 生产水泥的过程中加入石膏的目的是( )。

A. 使水泥色泽均匀　　B. 快凝作用
C. 调节凝结时间的作用　　D. 早凝作用

1-2-5 硅酸盐水泥水化时,放热量最大且放热速度最快的是( )矿物。

A. C_3S　　B. C_2S　　C. C_3A　　D. C_4AF

1-2-6 引起硅酸盐水泥体积安定性不良的原因之一是水泥熟料中( )含量过多。

A. $CaCO_3$　　B. $Ca(OH)_2$　　C. 游离 CaO　　D. H_2O

1-2-7 用沸煮法检验水泥体积安定性,能检查出( )的影响。

A. 游离 CaO　　B. 游离 MgO
C. 石膏　　D. 游离 CaO 和游离 MgO

1-2-8 下列材料会使材料凝结硬化后发生体积膨胀而造成危害的为( )。

A. 欠火石灰　　B. 膨胀水泥
C. 安定性不良的水泥　　D. 膨胀剂

1-2-9 水泥强度试件,水灰比为( ),水泥与标准砂的比例为( )。

A. 0.5,1∶3　　B. 2,1∶2　　C. 0.5,1∶2　　D. 2,1∶3

1-2-10 用试饼法判别水泥是否安定的依据是沸煮后目测试饼是否有(　　)。

A. 弯曲　　B. 剥落　　C. 裂缝　　D. 弯曲和裂缝

1-2-11 关于石灰材料的叙述,不正确的为(　　)。

A. 陈伏是为了消除欠火石灰的危害
B. 过火石灰在使用中易引起体积膨胀
C. 石灰浆的硬化包括结晶作用和碳化作用
D. 石灰原料的主要成分为碳酸钙和碳酸镁

1-2-12 石灰是(　　)胶凝材料。

A. 水硬性有机　　B. 气硬性有机
C. 水硬性无机　　D. 气硬性无机

1-2-13 水泥现已成为道路工程中重要的建筑材料,按组成成分划分,使用最多的水泥为(　　)。

A. 矿渣水泥　　B. 火山灰水泥
C. 粉煤灰水泥　　D. 普通硅酸盐水泥

1-2-14 要使水泥具有硬化快的性能,必须提高(　　)含量。

A. C_3S　　B. C_2S　　C. C_3A　　D. C_4AF

1-2-15 以下水泥熟料矿物中,早期强度及后期强度都比较高的是(　　)。

A. C_3S　　B. C_2S　　C. C_3A　　D. C_4AF

1-2-16 为了提高水泥混凝土的抗折强度,必须提高(　　)含量。

A. C_3S　　B. C_2S　　C. C_3A　　D. C_4AF

1-2-17 为提高水泥混凝土的后期强度,配制高强水泥混凝土,必须提高(　　)含量。

A. C_3S　　B. C_2S　　C. C_3A　　D. C_4AF

1-2-18 硅酸盐水泥的运输和储存应按国家标准规定进行,超过(　　)的水泥须重新试验。

A. 1 个月　　B. 3 个月　　C. 6 个月　　D. 1 年

1-2-19 石灰是在(　　)中硬化的。

A. 干燥空气　　B. 水蒸气

C. 水　　　　　　　　　D. 与空气隔绝的环境

1-2-20 大体积混凝土不宜选用的水泥类型为(　　)。

A. P·I　　B. P·P　　C. P·F　　D. P·C

题解及参考答案

1-2-1 **解:**硅酸盐水泥是由硅酸盐水泥熟料、0～5%石灰石或粒化高炉矿渣、适量石膏磨细制成的水硬性胶凝材料,且属于无机胶凝材料。

答案:C

考点:水泥矿物成分及其特性

1-2-2 **解:**硅酸盐水泥水化后的产物主要为水化硅酸钙和氢氧化钙。

答案:B

考点:水泥的水化过程

1-2-3 **解:**硅酸盐水泥的强度主要来源于矿物成分硅酸三钙与硅酸二钙。

答案:A

考点:水泥的水化过程

1-2-4 **解:**水泥生产过程中,掺入石膏的目的是调节水泥的凝结硬化速度(调节凝结时间)的作用。

答案:C

考点:水泥熟料的成分特性

1-2-5 **解:**硅酸盐水泥水化时,放热最快且放热量最多的矿物是铝酸三钙。

答案:C

考点:水泥的水化过程

1-2-6 **解:**引起水泥安定性不良的因素主要有熟料中所含的游离氧化钙、游离氧化镁过多或掺入的石膏过多。

答案:C

考点:水泥的检定方法

1-2-7 **解:**沸煮法查游离 CaO 的含量。

答案:A

考点:水泥的检定方法

1-2-8 **解**:欠火石灰主要是使用时缺乏黏结力,降低石灰利用率;膨胀水泥在硬化过程中体积不会发生收缩,还略有膨胀,可以解决由于收缩带来的不利后果;混凝土膨胀剂用来配制膨胀混凝土,补偿收缩混凝土具有补偿混凝土干缩和密实混凝土、提高混凝土抗渗性作用;水泥安定性不良对混凝土的影响主要是体积膨胀引起水泥石开裂,导致混凝土结构破坏。

答案:C

考点:石灰的消化

1-2-9 **解**:采用水泥胶砂法测定水泥强度,采用水泥、标准砂和水以 1∶3∶0.5 的比例拌和。

答案:A

考点:水泥的检定方法

1-2-10 **解**:试饼法测定水泥安定性,观察外形是否有弯曲和裂缝等变化。

答案:D

考点:水泥的检定方法

1-2-11 **解**:陈伏是为了消除过火石灰的危害。

答案:A

考点:石灰的消化和硬化

1-2-12 **解**:石灰是气硬性胶凝材料,且属于无机胶凝材料,其只能在空气中硬化,且只能在空气中保持和连续增长的强度。一般只适用于干燥环境中,而不宜用于潮湿环境,更不可用于水中。

答案:D

考点:石灰的特性

1-2-13 **解**:按矿物组成成分,水泥分为硅酸盐水泥、铝酸盐水泥、硫酸盐水泥、磷酸盐水泥等,其中应用最多的就是普通硅酸盐水泥,而矿渣水泥、火山灰水泥、粉煤灰水泥其实质也都是硅酸盐水泥,只不过是添加了一些可以改善水泥性能的活性材料。

答案:D

考点:水泥的种类

1-2-14 **解**:C_3A 是水泥矿物组成四组分中遇水反应速度最快、水化热最高的组分。钙的含量决定水泥的凝结速度和释放热量,因此要使水泥硬化快,就应提高 C_3A 的含量。

答案:C

考点:水泥矿物成分及其特性

1-2-15 **解**:C_3S 是硅酸盐水泥中最主要的矿物组分,其含量通常在50%左右,它对硅酸盐水泥性质有重要影响。C_3S 遇水,反应速度较快,水化热高,水化产物对水泥早期强度和后期强度起主要作用。

答案:A

考点:水泥矿物成分及其特性

1-2-16 **解:**C_4AF对提高水泥的抗折强度起到重要作用,为了提高水泥混凝土的抗折强度,应提高其在水泥中的含量。道路硅酸盐水泥对C_4AF的最低含量有一定的要求。

答案:D

考点:水泥矿物成分及其特性

1-2-17 **解:**C_2S在硅酸盐水泥中的含量为10%~40%,亦为主要的矿物组分,遇水时反应速度较慢,水化热很低,它的水化产物对水泥早期强度贡献较小,但对水泥后期强度起重要作用。

答案:B

考点:水泥矿物成分及其特性

1-2-18 **解:**水泥是一种细粉状的活性材料,因此在运输或储存时,一定要注意防潮。因为受潮后,水泥发生水化作用,凝结成块,严重时全部凝结就不能使用。尽管如此,在其运输与储存过程中也会吸收空气中的水分和碳酸气,使得表面缓慢水化而降低强度。一般水泥储存3个月后,其强度就会降低10%~20%,因此,水泥在运输和储存超过3个月时就应该重新试验。

答案:B

考点:水泥的技术性质

1-2-19 **解:**石灰气硬性胶凝材料,只能在空气中硬化、保持或继续提高强度。

答案:A

考点:石灰的技术特性

1-2-20 **解:**硅酸盐水泥(P·I)水化热高,应用于大体积混凝土易产生温度裂缝。

答案:A

考点:水泥的适用范围

(三)无机结合料稳定材料

1-3-1 无机结合料稳定材料是一种(　　)材料。

A.柔性　　B.刚性　　C.半刚性　　D.脆性

1-3-2 无机结合料稳定材料的配合比设计与施工质量控制的主要指标是(　　)。

A.1d无侧限抗压强度　　B.3d无侧限抗压强度
C.7d无侧限抗压强度　　D.28d无侧限抗压强度

1-3-3 无机结合料稳定材料无侧限抗压强度试验试样采用径高比为(　　)的圆柱体。

A. 2 : 1　　B. 1 : 1　　C. 1 : 1.5　　D. 1 : 2

1-3-4 无机结合料稳定材料无侧限抗压强度试件的标准养护温度为(　　),湿度≥95%,此条件下养护6d,然后试件浸水1d。

A. 20℃ ±1℃　　B. 20℃ ±2℃　　C. 室温　　D. 20℃ ±5℃

1-3-5 无机结合料稳定材料的最佳含水率和最大干密度采用(　　)确定。

A. 重型击实方法　　B. 经验法　　C. 计算法　　D. 称重法

1-3-6 无机结合料稳定材料组成设计时,需选择不少于(　　)个不同结合料剂量制备混合料试件。

A. 3　　B. 4　　C. 5　　D. 6

1-3-7 水泥稳定材料劈裂强度试验,试件正确的养护方法应是(　　)。

A. 先标准养护2d,再浸水养护1d
B. 先标准养护6d,再浸水养护1d
C. 先标准养护27d,再浸水养护1d
D. 先标准养护89d,再浸水养护1d

1-3-8 测量半刚性材料的抗拉强度采用的方法有(　　)。

A. 利用梁式试件,采用三分点加载,进行弯拉试验,测得抗拉强度为抗弯拉强度
B. 采用圆柱体试件直接拉伸测得的直接抗拉强度
C. 用圆柱体试件沿其直径方向用线压力进行试验,直到被破坏,该强度称为间接抗拉强度或劈裂强度
D. 以上三种都是

1-3-9 低限用于塑性指数小于(　　)的黏性土,且低限值宜仅用于(　　)以下公路,高限用于塑性指数大于(　　)的黏性土。

A. 7,二级,7　　B. 7,三级,7　　C. 6,二级,6　　D. 6,三级,6

1-3-10 下列说法错误的是(　　)。

A. 采用三轴压缩试验方法测定应力应变特性关系,无机结合料稳定材料的应力应变关系曲线呈现出线性形状
B. 疲劳破坏是在小于材料极限强度的应力反复作用下所产生的累积破坏
C. 半刚性基层的收缩主要表现为干燥收缩和温度收缩
D. 收缩裂缝的危害主要表现在以下两个方面:外界水分通过裂缝渗入会引起面

层的冲刷剥落或基层的冲刷唧泥；过小的裂缝间距破坏了路面结构的整体性，改变了受力状态

1-3-11 石灰稳定材料强度的形成与发展通过(　　)形成。

A. 离子交换作用　B. 结晶作用　C. 火山灰作用　D. 以上都是

1-3-12 以下材料中，不属于无机结合料稳定类材料的是(　　)。

A. 石灰土　B. 二灰砂砾　C. 级配碎石　D. 二灰碎石

1-3-13 采用石灰稳定类比较理想的土质类型是(　　)。

A. 粉土　B. 黏土　C. 砂土　D. 砂

1-3-14 无机结合料稳定土标准重型击实试验分 3 层击实，每层击实次数是(　　)次。

A. 27　B. 59　C. 98　D. 120

1-3-15 无机结合料稳定土间接拉伸试验(劈裂试验)时，试件的径高比是(　　)。

A. 2 ∶ 1　B. 1 ∶ 1　C. 2 ∶ 3　D. 1 ∶ 2

1-3-16 随着黏土矿物含量的增多，石灰稳定土的强度(　　)。

A. 增大　B. 减小
C. 无变化　D. 先变大后减小

1-3-17 随着土塑性指数的增加，石灰稳定土的强度(　　)。

A. 增大　B. 减小
C. 无变化　D. 先变大后减小

1-3-18 随着击实功的增加，石灰稳定土的最佳含水率(　　)。

A. 增大　B. 减小
C. 无变化　D. 先变大后减小

1-3-19 随着击实功的增加，石灰稳定土的最大密度(　　)。

A. 增大　B. 减小
C. 无变化　D. 先变大后减小

1-3-20 随着砂砾含量的增加，石灰稳定砂砾的干缩系数将(　　)。

A. 增大　B. 减小
C. 无变化　D. 先变大后减小

题解及参考答案

1-3-1 解:无机结合料稳定材料的刚性介于柔性与刚性材料之间,是一种半刚性材料,具有一定的抗拉强度。

答案:C

考点:无机结合料稳定材料的技术性质

1-3-2 解:7d 无侧限抗压强度是无机结合料稳定材料配合比设计与施工质量控制的主要指标。

答案:C

考点:无机结合料稳定材料的技术指标

1-3-3 解:无机结合料稳定材料抗压强度试件采用高径比 1∶1 的圆柱体试件,在规定温度保湿养护 6d,然后浸水 1d,标准养护温度为 20℃ ±2℃。

答案:B

考点:无机结合料稳定材料的试验方法

1-3-4 解:参考题 1-3-3 的解答。

答案:B

考点:无机结合料稳定材料的试验方法

1-3-5 解:采用重型击实方法或振动压实法确定不同结合料剂量混合料的最佳含水率和最大干(压实)密度,至少应做三个不同结合料剂量混合料的击实试验,即最小剂量、中间剂量和最大剂量,其余两个混合料的最佳含水率和最大干密度用内插法确定。

答案:A

考点:无机结合料稳定材料的试验方法

1-3-6 解:无机结合料稳定材料的组成设计过程中需选择不少于 5 个不同结合料剂量制备混合料试件。

答案:C

考点:无机结合料稳定材料的组成设计方法

1-3-7 解:水泥稳定材料劈裂强度试验,试件养护方法为:先标准养护 89d,再浸水养护 1d。

答案:D

考点:无机结合料稳定材料的试验方法

1-3-8 解:测量半刚性材料的抗拉强度采用的方法有:第一种方法是利用梁式试件,采用三分点加载,进行弯拉试验,测得的抗拉强度为抗弯拉强度;第二种方法是用圆柱体试件直接拉伸测得的直接抗拉强度;第三种方法是用圆柱体试件沿其直径方向用线压力进行试验,直到被破坏,该强度称为间接抗拉强度或劈裂强度。

答案:D

考点:无机结合料稳定材料的试验方法

1-3-9 **解**:低限用于塑性指数小于7的黏性土,且低限值宜仅用于二级以下公路,高限用于塑性指数大于7的黏性土。

答案:A

考点:无机结合料稳定材料的技术指标

1-3-10 **解**:采用三轴压缩试验方法测定应力应变特性关系,无机结合料稳定材料的应力应变关系曲线呈现出非线性形状。

答案:A

考点:无机结合料稳定材料的试验方法

1-3-11 **解**:石灰稳定材料强度的形成与发展是通过机械压实、离子交换反应、氢氧化钙结晶和碳酸化反应以及火山灰反应等一系列复杂的物理与化学作用过程完成的。

答案:D

考点:石灰稳定材料强度的形成机理

1-3-12 **解**:无机结合料稳定材料是指将一定剂量的水泥、石灰等无机结合料或其他固化剂掺入各种经过粉碎、原来松散的土或碎(砾)石中,加水拌和后得到的混合料。常用的无机结合料稳定类材料主要包括水泥稳定类、石灰稳定类、石灰粉煤灰(二灰)稳定类。

答案:C

考点:无机结合料稳定材料的概念

1-3-13 **解**:石灰的稳定效果与土中黏土矿物成分及含量有显著关系。一般来说,黏土矿物化学活性强,比表面积大,当掺入石灰等活性材料后,所形成的离子交换、结晶作用和火山灰反应都比较活跃,稳定效果好。

答案:B

考点:石灰稳定材料强度的形成机理

1-3-14 **解**:无机结合料稳定材料的击实试验按击实功大小不同分成两种方法,一种是重型击实,另一种是轻型击实,两种方法击实筒大小、击实锤重量与落距都不相同,不过击实时材料都是分三层填装依次击实,不同的是重型每层击实98次,轻型每层击实27次。

答案:C

考点:无机结合料稳定土击实试验方法

1-3-15 **解**:无机结合料稳定土间接拉伸试验试件采用高径比为1∶1的圆柱体。细粒土为$\phi50\times50$mm,中粒土为$\phi100\times100$mm,粗粒土为$\phi150\times150$mm。

答案:B

考点:无机结合料稳定土间接拉伸试验方法

1-3-16 **解**:石灰土的强度随土中黏土矿物含量的增多和塑性指数的增大而提高。

答案:A

考点:石灰稳定土的技术性质

1-3-17 **解**:参考题1-3-16的解答。

答案:A

考点:石灰稳定土的技术性质

1-3-18 **解**:石灰土的最佳含水率为素土的最佳含水率、拌和过程中蒸发所需的水量与石灰反应过程所需的水量三者之和。其中,素土的最佳含水率由土质(塑性指数)决定,石灰反应所需水量则由石灰土的石灰剂量确定,可见与击实功无关。

答案:C

考点:石灰稳定土最佳含水率

1-3-19 **解**:石灰土的击实试验就是指石灰土在一定的击实功作用下,石灰土颗粒克服粒间阻力,产生位移,重新排列,使其中的孔隙减小,密实度增大的过程。击实功是指每单位体积石灰土所消耗的能量,因此,击实功越大,相应的最大干密度就越高。

答案:A

考点:石灰稳定土最大干密度

1-3-20 **解**:石灰稳定材料的干燥收缩,主要是由于水分蒸发而产生的。石灰稳定类材料中粒料增加时,将降低整体材料的比表面积和需水量,并对水化凝胶物的收缩产生一定的抑制作用,从而可较大幅度降低干燥收缩性。

答案:B

考点:石灰稳定砂砾的干燥收缩特性

(四)水泥混凝土和砂浆

1-4-1 水泥混凝土中的水泥浆,在混凝土硬化前和硬化后起(　　)作用。

A. 胶结　　B. 润滑、填充和胶结

C. 润滑和胶结　　D. 填充和胶结

1-4-2 坍落度是表示水泥混凝土(　　)的指标。

A. 流动性　　B. 黏聚性　　C. 保水性　　D. 含砂情况

1-4-3 坍落度试验适用于集料公称最大粒径不大于(　　)mm 和坍落度不小于(　　)mm 的水泥混凝土施工和易性检测。

A. 31.5,20　　B. 26.5,20　　C. 26.5,10　　D. 31.5,10

1-4-4 维勃稠度试验适用于集料公称粒径不大于(　　)mm 和坍落度小于(　　)mm 的水泥混凝土施工和易性检测。

A. 31.5,20　　B. 37.5,20　　C. 31.5,10　　D. 37.5,10

1-4-5 提高混凝土拌合物流动性的合理措施有(　　)。

A. 加水　　B. 减少水泥浆用量

C. 增大砂率　　D. 加减水剂

1-4-6 试拌混凝土时,当混凝土拌合物的流动性偏小时,应采取(　　)的办法来调整。

A. 加入适量水　　B. 延长搅拌时间

C. 加入氯化钙　　D. 保持水灰比不变,增加水泥浆

1-4-7 水泥混凝土配合比设计中的耐久性校核,是对(　　)进行校核。

A. 配制强度　　B. 粗集料的最大粒径

C. 最大 *W/C* 和最小水泥用量　　D. 以上三项

1-4-8 条件允许时应尽量选用最大粒径的粗集料是为了(　　)。

A. 节省集料　　B. 节约水泥

C. 减少混凝土干缩　　D. 节约水泥并减少干缩

1-4-9 下列不属于碱集料反应需具备的条件是(　　)。

A. 水泥中含超量的碱　　B. 充分的水

C. 骨料中含有碱活性颗粒　　D. 合适的温度

1-4-10 水泥混凝土的强度等级是按照(　　)来划分的。

A. 立方体抗压强度的平均值

B. 轴心抗压强度的标准值

C. 立方体抗压强度的最大值

D. 立方体抗压强度的标准值

1-4-11 普通混凝土强度等级由(　　)保证率和(　　)龄期的标准尺寸立方体抗压强度代表值来确定的。

A. 90%,28d　　B. 95%,7d　　C. 95%,3d　　D. 95%,28d

1-4-12　反映水泥混凝土在持续荷载作用下变形特征的变形量是(　　)。

A. 弹性变形　　B. 徐变
C. 温度变形　　D. 干燥收缩变形

1-4-13　对于水泥混凝土的粗集料,采用连续级配与间断级配相比较,其最明显的缺点是(　　)。

A. 单位用水量大　　B. 拌合物流动性差
C. 拌合物易离析　　D. 单位水泥用量大

1-4-14　道路混凝土配合比设计与普通混凝土相比,最明显的差别是(　　)。

A. 设计指标　　B. 设计步骤　　C. 设计过程　　D. 设计思路

1-4-15　在确定水泥混凝土的砂率时,未予考虑的因素是(　　)。

A. 耐久性　　B. 水灰比
C. 集料最大粒径　　D. 集料的品种(碎石、卵石)

1-4-16　水泥混凝土工作性试验中得到的定量结果是(　　)。

A. 黏聚性　　B. 坍落度
C. 保水性　　D. 易捣实性

1-4-17　在计算水泥混凝土初步配合比时,混凝土的耐久性通过限制(　　)来保证。

A. 单位用水量　　B. 砂率
C. 最小水泥用量与最大水灰比　　D. 浆集比

1-4-18　对水泥混凝土力学强度试验结果不会产生影响的因素是(　　)。

A. 混凝土强度等级　　B. 混凝土试件的龄期
C. 加载方式　　D. 混凝土试件的养护温度和湿度

1-4-19　配制水泥混凝土首选(　　)的砂。

A. 比表面积大且密实度高　　B. 比表面积小且密实度低
C. 比表面积大但密实度低　　D. 比表面积小但密实度高

1-4-20　调整水泥混凝土的工作性应在(　　)阶段进行。

A. 初步配合比　　B. 基准配合比
C. 试验室配合比　　D. 工地配合比

1-4-21　水泥混凝土配合比设计时,实际单位用水量最终是在(　　)阶段确定的。

A. 基准配合比　　B. 初步配合比
C. 试验室配合比　　D. 工地配合比

1-4-22 普通水泥混凝土的抗弯拉强度是以(　　)方式测定。

A. 小简支梁模型　　B. 三分点单点加载
C. 三分点双点加载　　D. 劈裂试验

1-4-23 粗集料中针片状颗粒含量的大小将会影响到(　　)。

A. 混凝土的抗冻性　　B. 集料与水泥的黏结效果
C. 混凝土的力学性能　　D. 集料的级配

1-4-24 水泥胶砂的抗折强度是以(　　)方式来测定的。

A. 小简支梁模型　　B. 三分点单点加载
C. 三分点双点加载　　D. 以上均可

1-4-25 普通水泥混凝土的强度等级是以具有95%保证率(　　)龄期立方体抗压强度的代表值来确定的。

A. 3d　　B. 7d　　C. 28d　　D. 90d

1-4-26 混凝土的坍落度试验不能检测混凝土的(　　)。

A. 黏聚性　　B. 保水性　　C. 含砂情况　　D. 耐久性

1-4-27 水泥混凝土配合比设计时,对强度的检验是在(　　)阶段进行。

A. 基准配合比　　B. 初步配合比
C. 试验室配合比　　D. 工地配合比

1-4-28 水泥混凝土抗折强度试验,试件断裂面在规定范围之外时,该试件试验结果作废。是否在规定范围内,其判断依据是以(　　)为准。

A. 两加荷点界限
B. 两加荷点与底面中轴线交点范围
C. 两加荷点与顶面中轴线交点范围
D. 两加荷点与侧面中轴线交点范围

1-4-29 在混凝土组成材料方面,不会显著影响混凝土强度的因素是(　　)。

A. 水灰比　　B. 粗集料岩性
C. 水泥品种　　D. 水泥强度

1-4-30 当采用同一种水泥时,决定混凝土强度的主要因素是(　　)。

A. 水泥用量　　B. 砂率　　C. 用水量　　D. 水灰比

1-4-31　在混凝土中加入引气剂的主要目的是提高混凝土的(　　)。

A. 抗冻性　　B. 耐水性　　C. 早期强度　　D. 抗蚀性

1-4-32　选择混凝土骨料时,应使其(　　)。

A. 总表面积大,空隙率大　　B. 总表面积小,空隙率大
C. 总表面积小,空隙率小　　D. 总表面积大,空隙率小

1-4-33　水泥混凝土抗压强度的试件标准尺寸是(　　)。

A. 40mm × 40mm × 160mm　　B. 100mm × 100mm × 100mm
C. 150mm × 150mm × 150mm　　D. 200mm × 200mm × 200mm

1-4-34　水泥混凝土抗弯拉强度的试件标准尺寸是(　　)。

A. 120mm × 120mm × 460mm　　B. 100mm × 100mm × 400mm
C. 150mm × 150mm × 550mm　　D. 200mm × 200mm × 650mm

1-4-35　某组三块混凝土试件抗压强度测定结果分别为34.7MPa、41.6MPa、43.2MPa,则该组试件抗压强度代表值为(　　)MPa。

A. 40.0　　B. 38.2　　C. 41.6　　D. 42.4

1-4-36　密实基底用水泥砂浆的强度主要取决于(　　)。

A. 水灰比与水泥强度等级　　B. 水灰比与水泥用量
C. 用水量与水泥强度等级　　D. 水泥用量与水泥强度等级

1-4-37　为便于混凝土施工过程中拌和、振捣,要求混凝土有良好的(　　)。

A. 耐久性　　B. 抗侵蚀性　　C. 抗渗性　　D. 和易性

1-4-38　混凝土配合比的设计中,“砂率”是指(　　)的百分比。

A. 砂的质量占混凝土质量　　B. 砂的质量占砂、石总质量
C. 砂的质量占水泥质量　　D. 砂的质量占水质量

1-4-39　以下措施中不能提高水泥混凝土强度的是(　　)。

A. 加大水灰比
B. 提高水泥强度
C. 选用碎石骨料
D. 养护时温度提高并使湿度适当提高

1-4-40 试拌调整混凝土时,发现拌合物的保水性较差,应采用(　　)的措施来改善。

A. 增加砂率　　B. 减小砂率　　C. 增加水泥　　D. 减小水灰比

1-4-41 水泥胶砂强度试验三个试件 28d 抗折强度分别为 7.0MPa、9.0MPa、7.0MPa,则抗折强度试验结果为(　　)。

A. 7.0MPa　　B. 7.7MPa　　C. 9.0MPa　　D. 8.0MPa

1-4-42 某钢筋混凝土结构的截面最小尺寸为 300mm,钢筋直径为 30mm,钢筋的中心间距为 70mm,则该混凝土中集料最大公称粒径是(　　)。

A. 10mm　　B. 20mm　　C. 30mm　　D. 40mm

1-4-43 在设计坍落度相同条件下,一般而言,水泥混凝土中粗集料粒径越大,混凝土的单位用水量(　　)。

A. 越大　　B. 越小
C. 无变化　　D. 以上说法都对

1-4-44 水泥混凝土抗压强度测试时,若试件尺寸大于标准尺寸,则抗压强度的测试结果较标准件(　　)。

A. 偏大　　B. 偏小
C. 无变化　　D. 以上说法均不对

1-4-45 当水泥混凝土流动性小时,可采用(　　)。

A. 增加用水量
B. 增加水泥用量
C. 在 W/C 不变的条件下,增加水泥浆的用量
D. 增加砂用量

1-4-46 以下因素中,不会对水泥混凝土工作性试验有显著影响的是(　　)。

A. 水灰比　　B. 砂率　　C. 单位用水量　　D. 水泥强度

1-4-47 在水泥、集料用量一定的情况下,随着水灰比增大,则水泥混凝土的流动性(　　)。

A. 增加　　B. 降低
C. 先增加后降低　　D. 先降低后增加

1-4-48 在水泥浆用量不变的情况下,随着砂率增大,则水泥混凝土的流动性(　　)。

A. 增加　　B. 降低　　C. 先增加后降低　　D. 先降低后增加

1-4-49 在水泥强度相同的情况下,随着水灰比增大,则水泥混凝土的强度(　　)。

A. 增加　　B. 降低
C. 先增加后降低　　D. 先降低后增加

1-4-50 关于减水剂的功能,以下说法错误的是(　　)。

A. 在水泥用量不变的情况下,减少用水量从而提高水泥混凝土的强度
B. 在用水量及水泥用量不变的情况下,提高水泥混凝土拌合物的流动性
C. 其目的主要是减少用水量
D. 在流动性及水灰比不变的情况下,减少水泥用量,经济性好

1-4-51 道路混凝土的强度等级划分指标是(　　)。

A. 抗压强度　　B. 弯拉强度
C. 抗劈裂强度　　D. 疲劳强度

1-4-52 在进行水泥混凝土配合比设计时,若砂比较细,则采用的砂率应(　　)。

A. 大些　　B. 小些
C. 不变　　D. 以上说法均不对

1-4-53 建筑砂浆的施工和易性包括保水性与(　　)。

A. 坍落度　　B. 维勃稠度　　C. 流动性　　D. 捣实性

1-4-54 建筑砂浆的流动性采用(　　)进行评价。

A. 坍落度　　B. 维勃稠度　　C. 稠度　　D. 分层度

1-4-55 混凝土抗渗性能等级为 P4,表示其能抵抗(　　)的水压力而不渗漏。

A. 0.4MPa　　B. 4.0MPa　　C. 40MPa　　D. 400MPa

1-4-56 集料含泥量增高,混凝土的抗渗性能将(　　)。

A. 提升　　B. 降低　　C. 不受影响　　D. 不确定

题解及参考答案

1-4-1 **解:**水泥浆在混凝土材料中,硬化前和硬化后起填充、润滑和胶结作用。
答案:B

考点:水泥浆的作用

1-4-2　解:坍落度是混凝土和易性的测定方法与指标,在工地与试验室中,通常是做坍落度试验测定拌合物的流动性,并辅以直观经验评定黏聚性和保水性。

答案:A

考点:混凝土和易性的测定方法

1-4-3　解:坍落度试验适用于集料粒径最大不超过31.5mm,最大坍落度不小于10mm。

答案:D

考点:混凝土和易性的测定方法

1-4-4　解:对于坍落度小于10mm和粗集料最大粒径≤31.5mm的干硬性混凝土,坍落度法已不能客观准确地反映其流动性大小,故一般采用维勃稠度法测定其工作性。

答案:C

考点:混凝土和易性的测定方法

1-4-5　解:①改善砂、石(特别是石子)的级配;②尽量采用较粗的砂石;③尽量降低砂率,通过试验,采用合理砂率,以提高混凝土的质量及节约水泥;④当混凝土拌合物坍落度太小时,保持水灰比不变,适当增加水泥浆用量;当坍落度太大,但黏聚性良好时,保持砂率比不变,适当增加砂、石用量;当拌合物黏聚性、保水性不良时,适当增大砂率;⑤有条件时尽量掺用减水剂、引气剂等外加剂。

答案:D

考点:提高混凝土拌合物流动性的合理措施

1-4-6　解:参考题1-4-5的解答。

答案:D

考点:提高混凝土拌合物流动性的合理措施

1-4-7　解:水泥混凝土配合比设计中的耐久性校核是对最大水灰比和最小水泥用量进行校核。

答案:C

考点:水泥混凝土配合比设计

1-4-8　解:选用最大粒径的粗集料是为了节约水泥用量和减少干缩。

答案:D

考点:水泥混凝土配合比设计

1-4-9　解:碱集料反应是指混凝土集料中某些活性矿物(活性氧化硅、活性氧化铝等)与混凝土微孔中的碱溶液产生的化学反应,其反应生成物体积增大,从而导致混凝土结构发生破坏。

答案:D

考点:碱集料反应

1-4-10　解:混凝土的强度等级应按照其立方体抗压强度标准值确定。

答案:D

考点:混凝土的强度等级

1-4-11　解:普通混凝土的强度等级是以具有95%保证率的28d龄期的立方体抗压强度标准值来确定的。

答案:D

考点:混凝土的强度等级

1-4-12　解:徐变是物体在荷载作用下,随时间增长而增加的变形,与荷载的大小关系不大。

答案:B

考点:徐变

1-4-13　解:水泥混凝土用的粗集料,采用连续级配或间断级配均可,但连续级配集料的比表面积较大,故配置相同的水泥混凝土,比间断级配单位水泥用量大。

答案:D

考点:水泥混凝土配合比设计

1-4-14　解:普通水泥混凝土配合比设计时以配制强度为指标,而道路水泥混凝土配合比设计时以抗弯拉强度为指标。

答案:A

考点:水泥混凝土配合比设计

1-4-15　解:水泥混凝土的砂率由集料品种最大粒径及水灰比共同确定,故与耐久性无关。

答案:A

考点:水泥混凝土配合比设计

1-4-16　解:水泥混凝土工作性测试常用的试验方法有坍落度试验和维勃稠度试验,这两种方法都是定量评价方法。其中,坍落度试验得到的结果用坍落度值表示,维勃稠度试验得到的结果以维勃时间表示。

答案:B

考点:水泥混凝土工作性

1-4-17　解:水泥混凝土的耐久性很大程度上取决于它的密实程度;而就材料方面而言,混凝土的密实程度主要取决于混凝土的水灰比和水泥用量。因此,在混凝土配合比设计时,需对最大水灰比和最小水泥用量进行限制,以保证混凝土的耐久性。

答案:C

考点:水泥混凝土配合比设计

1-4-18 **解**:水泥混凝土的力学强度试验结果主要受混凝土组成材料、制备条件、养护条件(温度和湿度)、龄期以及试验条件(试件形状与尺寸、试件湿度、试件温度、支承条件和加载方式等)的影响。

答案:A

考点:水泥混凝土的力学强度试验

1-4-19 **解**:优质的水泥混凝土用砂具有高的密实度和小的比表面积,这样才能既保证新拌混凝土有适宜的工作性和硬化后混凝土有一定的强度、耐久性,同时又节约水泥。

答案:D

考点:水泥混凝土配合比设计

1-4-20 **解**:水泥混凝土配合比设计的主要内容包括:根据经验公式和试验参数确定各组成材料的比例,得出"初步配合比";以初步配合比在试验室进行试拌,观察混凝土拌和的和易性是否满足要求,调整后提出"基准配合比";对混凝土进行强度复核,如有其他要求,也应做出相应的检验复核,以便确定出满足施工、强度和耐久性要求的"设计配合比"(或"试验室配合比");在施工现场,依据现场砂石材料的含水率对配合比进行修正,得出"施工配合比"。

答案:B

考点:水泥混凝土配合比设计流程

1-4-21 **解**:参考题1-4-20的解答。

答案:D

考点:水泥混凝土配合比设计流程

1-4-22 **解**:水泥混凝土的抗弯拉强度采用标准方法制备成150mm×150mm×550mm的梁形试件,在标准条件下养护28d后,按三分点双点加荷方式进行试验。

答案:C

考点:水泥混凝土的抗弯拉强度试验

1-4-23 **解**:粗集料的形状接近正立方体者为佳,不宜含有较多针状颗粒和片状颗粒,否则将显著降低水泥混凝土的抗折强度,同时影响新拌混凝土的和易性。

答案:C

考点:水泥混凝土用粗集料技术要求

1-4-24 **解**:水泥胶砂抗折强度试验采用棱柱体试件三分点单点加载模式。

答案:B

考点:水泥胶砂抗折强度试验

1-4-25 **解**:水泥混凝土的强度等级是根据立方体抗压强度标准来确定的。混凝土立方体抗压强度标准值是按照标准方法制作和养护的边长为150mm的立方体试件,在28d龄期用标准试验方法测定的抗压强度总体分布中的一个值,用$f_{cu,k}$表示,强度低于该值的百分比不超过 5%（即具有 95%保证率的抗压强度），以 MPa 计。

答案：C

考点：水泥混凝土的强度等级

1-4-26　解：在做混凝土的坍落度试验时，可用目测方法评定混凝土拌合物的黏聚性、保水性、稠度和含砂情况。

答案：D

考点：水泥混凝土的坍落度试验

1-4-27　解：参考题 1-4-20 的解答。

答案：C

考点：水泥混凝土配合比设计流程

1-4-28　解：水泥混凝土抗折强度试验，所测试件中如果断裂面位于两加荷点外侧（断面位置在试件断块短边一侧的底面中轴线上量得），则此试件测试结果作废。

答案：B

考点：水泥混凝土抗折强度试验

1-4-29　解：材料组成是水泥混凝土形成强度的内因，主要取决于水泥、水、砂、石及外加剂等的质量和配合比。其中，水泥强度和水灰比是最主要影响因素，而影响混凝土强度的集料特性则包括集料的强度、粒形及粒径。

答案：B

考点：水泥混凝土的强度

1-4-30　解：水泥混凝土的强度主要取决于在内部起胶结作用的水泥石的质量，水泥石的质量则取决于水泥的强度和水灰比。因此，当水泥的强度及其他特性一定时，混凝土的强度取决于水灰比。

答案：D

考点：水泥混凝土的强度

1-4-31　解：引气剂是指掺入混凝土拌合物后，经搅拌能在混凝土拌合物中引入大量均匀分布稳定而封闭的微小气泡以改善工作性，并在混凝土硬化后保留微小气泡以改善其抗冻性的物质。

答案：A

考点：水泥混凝土的外加剂

1-4-32　解：水泥混凝土在选择粗集料（骨料）时，应使混凝土具有较好的工作性及较高的密实性，且在较小的水泥用量下保证混凝土拌合物的和易性及强度，这就要求粗集料具有较小的比表面积，这样包裹集料所需的水泥浆用量减少，就节约了水泥；而要保证较高的密实度则粗集料还应具有良好的级配，以减小空隙率。

答案:C

考点:水泥混凝土的材料组成

1-4-33 解:水泥混凝土抗压强度标准值是采用 150mm 的立方体试件,在标准养护条件下养护至 28d 龄期,按标准方法测定其受压极限破坏荷载再计算得到。

答案:C

考点:水泥混凝土抗压强度试验

1-4-34 解:参考题 1-4-22 的解答。

答案:C

考点:水泥混凝土抗弯拉强度试验

1-4-35 解:水泥混凝土抗压强度,以三个试件测值的平均值为测定值。如任一个测值与中值的差值超过中值的 15% 时,则取中值为测定值;如有两个测值与中值的差值均超过上述规定时,该组试验结果无效。

答案:C

考点:水泥混凝土抗压强度试验

1-4-36 解:水泥砂浆的强度与混凝土的强度类似,主要取决于起胶结作用的水泥石的质量。水泥石的质量则取决于水泥的强度(标号)和水灰比。

答案:A

考点:水泥砂浆的强度

1-4-37 解:新拌混凝土的施工和易性,是指混凝土拌合物在现有施工条件下,易于施工操作(搅拌、运输、浇筑、振捣和表面处理)并获得质量均匀、成型密实的混凝土结构物的性能。

答案:D

考点:水泥混凝土的施工和易性

1-4-38 解:砂率是指混凝土中细集料(或砂)的质量占全部集料(砂、石)总质量的百分比,它反映了粗细集料的相对比例。

答案:B

考点:水泥混凝土的配合比设计

1-4-39 解:在水泥强度相同的情况下,水灰比越小,水泥石的强度越高,与集料的黏结力越大,混凝土的强度越高。

答案:A

考点:水泥混凝土的强度

1-4-40 解:如果砂率过小,砂浆用量不足会导致混凝土拌合物黏聚性和保水性降低,产生离析和流浆现象。

答案:A

考点:水泥混凝土的施工和易性

1-4-41　解:水泥胶砂的抗折强度试验结果取三个试件的平均值。当三个强度值中有超过平均值 ±10% 的,应剔除后再平均,以平均值作为抗折强度试验结果。

答案:A

考点:水泥胶砂的抗折强度

1-4-42　解:为保证混凝土的施工质量,保证混凝土构件的完整性和密实性,最大粒径不得超过结构截面最小尺寸的1/4 和钢筋间最小净距的3/4。

答案:C

考点:水泥混凝土的粗集料

1-4-43　解:集料在混凝土中所占体积最大,它的特性对混凝土拌合物和易性的影响较大。混凝土拌合物的和易性主要与集料的最大粒径、级配、颗粒形状、表面粗糙度和吸水性有关。一定质量的集料,其最大粒径增大会使比表面积减小。比表面积减小就需要更少的水泥浆来润滑,因此,用水量也就更小了。

答案:B

考点:水泥混凝土的组成材料

1-4-44　解:水泥混凝土的抗压强度试验,标准尺寸试件为边长 150mm 的立方体试件,抗压强度为极限破坏荷载与试件承压面积的比值,若试件为非标准尺寸,则计算结果要乘以尺寸换算系数。当试件尺寸大于标准尺寸时,抗压强度计算值会偏小,因此要乘以一个大于 1 的换算系数;当试件尺寸小于标准尺寸时,抗压强度计算值会偏大,因此要乘以一个小于 1 的换算系数。

答案:B

考点:水泥混凝土的强度试验

1-4-45　解:在组成材料确定的情况下,水泥混凝土拌合物的流动性随单位用水量的增加而增大,而单位用水量实际上决定了混凝土拌合物中的水泥浆用量。当水灰比一定时,若单位用水量过小,则水泥浆用量过少,集料颗粒间缺少足够的黏结材料,混凝土拌合物的流动性和黏结性都较差。但若单位用水量过多,在混凝土拌合物流动性增加的同时,黏聚性和保水性也将随之恶化。

答案:C

考点:水泥混凝土的流动性

1-4-46　解:影响新拌混凝土和易性的主要因素分内因和外因。内因是指组成材料的影响,有水灰比、单位用水量、砂率、水泥的品种和细度、集料的性质、外加剂;外因是指外界因素的影响,有环境因素(温度、湿度、风速)和时间因素。

答案:D

考点:水泥混凝土的工作性影响因素

1-4-47　解:在水泥、集料用量一定的情况下,水灰比的变化实际上是水泥浆稠度的变化,水灰比小则水泥浆稠度大,混凝土拌合物的流动性小;水灰比大则水泥浆稠度小,混凝土拌合物的流动性大。

答案:A

考点:水泥混凝土的流动性

1-4-48　解:在水泥浆用量一定的情况下,随着砂率的增加,砂浆在粗集料间形成的润滑作用更明显,混凝土拌合物的流动性得以提高,而当砂率持续增大并超过一定范围时,集料的总表面积随之增大,此时需要润滑的水分增多,拌合物流动性随之又开始降低。

答案:C

考点:水泥混凝土的流动性

1-4-49　解:在水泥强度相同的情况下,水灰比越小,水泥石的强度越高,与集料的黏结力越大,混凝土的强度越高。

答案:B

考点:水泥混凝土的强度

1-4-50　解:减水剂的主要功能为:在保证混凝土工作性及强度不变的条件下,可节约水泥用量;在保证混凝土工作性及水泥用量不变的条件下,可减少用水量,提高混凝土的强度;在保证混凝土用水量及水泥用量不变的条件下,可增大混凝土的流动性。

答案:C

考点:水泥混凝土的减水剂

1-4-51　解:道路路面或机场道面用水泥混凝土,以弯拉强度(或称抗折强度)为指标,抗压强度作为参考指标。

答案:B

考点:道路水泥混凝土的强度等级

1-4-52　解:水泥混凝土配合比设计时,若采用的砂比较细,则配制成的混凝土黏性略大,比较绵软,易插捣成型,而且由于粒径小、比表面积大,对新拌混凝土工作性影响较为敏感,因此应采用较小的砂率。

答案:B

考点:水泥混凝土的配合比设计

1-4-53　解:新拌砂浆在硬化前应具有良好的和易性,和易性包括流动性和保水性。

答案:C

考点:建筑砂浆的和易性

1-4-54 **解**:建筑砂浆的流动性是用稠度来表示的,稠度是采用测度仪测定。

答案:C

考点:建筑砂浆的流动性

1-4-55 **解**:混凝土抗渗性能分为P4、P6、P8、P10、P12和大于P12共六个等级,分别表示混凝土能抵抗0.4MPa、0.6MPa、0.8MPa、1.0MPa、1.2MPa和大于1.2MPa的水压力而不渗漏。

答案:A

考点:水泥混凝土的抗渗性

1-4-56 **解**:集料含泥量越高,则总表面积增大,混凝土达到同样流动性所需用水量增加,毛细孔道增多,含泥量大的集料界面黏结强度低,降低混凝土的抗渗性能。

答案:B

考点:水泥混凝土的抗渗性

(五)沥 青 材 料

1-5-1 石油沥青的黏性可用(　　)表示。

A. 针入度　　B. 延度
C. 针入度指数　　D. 溶解度

1-5-2 可在冷态下施工的沥青是(　　)。

A. 石油沥青　　B. 煤沥青　　C. 乳化沥青　　D. 黏稠沥青

1-5-3 现代高级沥青路面所用沥青的胶体结构应属于(　　)。

A. 溶胶型　　B. 凝胶型
C. 溶-凝胶型　　D. 以上均不属于

1-5-4 沥青的针入度指数可作为沥青胶体结构的评价标准,当针入度指数值在(　　)区间时,其胶体结构属溶—凝胶型。

A. < -2　　B. $-2 \sim +2$
C. $-3 \sim +3$　　D. $> +2$

1-5-5 我国常用沥青针入度测定的试验条件是(　　)。

A. 25℃,200g,5s　　B. 15℃,100g,5s
C. 25℃,100g,10s　　D. 25℃,100g,5s

1-5-6 沥青针入度的单位为“°”,1° = (　　)mm。

A. 0.1　　B. 0.01　　C. 1.0　　D. 10

1-5-7　沥青黏滞性越大,其相应的(　　)。

A. 针入度越大　　B. 高温稳定性越差
C. 抗车辙能力越弱　　D. 稠度越高

1-5-8　道路石油沥青的标号按(　　)划分。

A. 油分含量　　B. 蒸发损失
C. 闪点　　D. 针入度

1-5-9　进行沥青延度试验时,如果发现沥青丝沉入槽底或浮于水面,则应该向水中加入(　　)或(　　)调整水的密度后重新试验。

A. 酒精,食盐　　B. 食盐,酒精
C. 汽油,硫酸　　D. 硫酸,汽油

1-5-10　石油沥青的下列指标中,为施工安全而考虑的技术指标是(　　)。

A. 延度　　B. 溶解度　　C. 闪点和燃点　　D. 相对密度

1-5-11　沥青压力老化试验主要用来评价沥青的(　　)。

A. 短期老化性能　　B. 长期老化性能
C. 温度敏感性　　D. 黏附性

1-5-12　关于沥青老化的叙述,不正确的是(　　)。

A. 沥青老化后针入度会增加　　B. 沥青老化后路用性能劣化
C. 沥青老化后可以进行再生处理　　D. 沥青老化后化学组分发生改变

1-5-13　评价沥青老化性能的试验方法是(　　)。

A. 闪点试验　　B. 薄膜烘箱试验
C. 软化点试验　　D. 溶解度试验

1-5-14　如果已知某沥青标号为90,则在针入度试验中3次平行试验的最大值和最小值间的允许偏差为(　　)(0.1mm)。

A. 4　　B. 3　　C. 2　　D. 6

1-5-15　沥青的针入度越高,说明该沥青(　　)。

A. 黏稠程度越大　　B. 标号越低
C. 更适应环境温度较高的要求　　D. 更适应环境温度较低的要求

1-5-16 以下指标中,不属于沥青三大指标的是(　　)。

A. 黏度　　B. 针入度　　C. 软化点　　D. 延度

1-5-17 沥青的分级指标是(　　)。

A. 黏度　　B. 针入度　　C. 软化点　　D. 延度

1-5-18 某地区夏季气候凉爽,冬季寒冷,且年降雨量较少,则该地区气候分区可能是(　　)。

A. 3-4-1　　B. 3-2-3　　C. 4-2-2　　D. 1-2-4

1-5-19 沥青的针入度指数是一种评价沥青(　　)的指标。

A. 感温性　　B. 耐久性　　C. 黏滞性　　D. 塑性

1-5-20 石油沥青老化后,其延度将(　　)。

A. 保持不变　　B. 变小
C. 变大　　D. 先变小后变大

1-5-21 沥青黏滞性越大,其相应的(　　)。

A. 针入度越大　　B. 高温稳定性越差
C. 抗车辙能力越大　　D. 稠度越高

1-5-22 软化点试验,若升温速度过快,则软化点测值(　　)。

A. 偏大　　B. 偏小
C. 无影响　　D. 以上说法均不对

1-5-23 沥青溶解度试验最后的不溶物属于(　　)。

A. 有机物　　B. 无机物　　C. 残留物　　D. 沥青质

1-5-24 表征沥青材料的使用安全性的指标是(　　)。

A. 闪点　　B. 软化点　　C. 抛点　　D. 针入度

1-5-25 确定沥青施工应用时的拌和和碾压温度,需要测定沥青的(　　)。

A. 动力黏度　　B. 表观黏度
C. 条件黏度　　D. 软和点

1-5-26 对日温差、年温差大的地区宜选用(　　)沥青。

A. 针入度大　　B. 低温延度大
C. 软化点高　　D. 针入度指数大

1-5-27 乳化沥青不可用于以下(　　)情况。

A. 沥青表面处理　　B. 修补裂缝
C. 黏层、透层和封层　　D. 热拌沥青混合料

1-5-28 改性沥青的延度试验温度为(　　)。

A. 5℃　　B. 10℃　　C. 15℃　　D. 25℃

1-5-29 沥青的四组分中,赋予沥青温度稳定性和黏性的是(　　)。

A. 沥青质　　B. 胶质　　C. 芳香分　　D. 饱和分

1-5-30 下列不能表征沥青材料黏滞性的指标是(　　)。

A. 沥青黏度　　B. 延度　　C. 针入度　　D. 软化点

1-5-31 沥青老化最显著的特征是针入度变小、软化点增大、延度减小、脆点(　　)。

A. 不变　　B. 升高　　C. 降低　　D. 不确定

1-5-32 寒冷地区不宜使用(　　)。

A. SBS 改性沥青　　B. SBR 改性沥青
C. EVA 改性沥青　　D. 乳化沥青

题解及参考答案

1-5-1 **解:**沥青针入度是沥青的主要质量指标之一,是表示沥青软硬程度和稠度、抵抗剪切破坏的能力,反映在一定条件下沥青的相对黏度的指标。

答案:A

考点:沥青的主要质量指标

1-5-2 **解:**乳化石油沥青优点很多,主要优点为可冷态施工、节约能源、利于施工、节约沥青、保护环境等。

答案:C

考点:乳化沥青的特点

1-5-3 **解:**沥青被分为溶胶结构型、凝胶结构型、溶—凝胶结构型,在高级石油沥青路面中一般采用溶—凝胶结构型。

答案:C

考点:沥青的结构类型

1-5-4 **解**:溶—凝胶型沥青针入度指数在 -2 ~ +2 之间。

答案:B

考点:沥青的结构类型

1-5-5 **解**:针入度是指标准圆锥体(一般共载重 150g,也有规定 100g 的)在 5s 内沉入保温在 25℃时的润滑脂试样中的深度。

答案:D

考点:沥青的针入度试验

1-5-6 **解**:针入度的单位是 0.1mm,它的意思是指针入度的最小测量单位为 0.1mm。

答案:A

考点:沥青的针入度

1-5-7 **解**:沥青的黏滞性是指沥青在外力作用下抵抗变形的能力,是反映沥青内部材料阻碍其相对流动的特性。沥青的黏滞性越大,表明沥青的稠度越大。

答案:D

考点:沥青的黏滞性

1-5-8 **解**:沥青标号是用针入度来划分的,根据《公路沥青路面施工技术规范》(JTG F40—2004)的规定,沥青的针入度共分为 160、130、110、90、70、50、30 等七个标号。

答案:D

考点:沥青标号

1-5-9 **解**:沥青丝沉入槽底,说明沥青丝的密度比水的密度大,这个时候应该往水中加入食盐。细丝上浮的话需要加入酒精来降低水的密度,使沥青丝下沉。

答案:B

考点:沥青延度试验

1-5-10 **解**:施工过程应考虑闪点与燃点,防止出现火灾。

答案:C

考点:沥青闪点与燃点

1-5-11 **解**:PAV 压力老化试验模拟沥青的长期老化过程(气候和交通荷载对沥青的长期影响),提供性能试样用的老化沥青样品。

答案:B

考点:沥青的老化

1-5-12 **解**:沥青老化后针入度降低。

答案:A

考点:沥青的老化

1-5-13 **解**:对道路石油沥青采用薄膜加热试验(TFOT)或旋转薄膜加热试验(RTFOT)测定其加热质量损失和加热后残留物性质。

答案:B

考点:沥青老化试验

1-5-14 **解**:沥青针入度试验时,同一试样3次平行试验结果在50~149(0.1mm)范围内时,测得的最大值和最小值之差应不大于4(0.1mm)。

答案:A

考点:沥青针入度试验

1-5-15 **解**:针入度是划分沥青标号的主要指标。针入度值越大,表明沥青越软,越适应低温地区。

答案:D

考点:沥青的针入度指标

1-5-16 **解**:沥青三大指标是指针入度、软化点、延度。

答案:A

考点:沥青三大指标

1-5-17 **解**:针入度是划分沥青标号的主要指标。

答案:B

考点:沥青分级指标

1-5-18 **解**:夏凉冬寒降雨量较少的地区属于3-2-3气候分区。

答案:B

考点:沥青路面使用性能气候分区

1-5-19 **解**:沥青针入度指数是评价沥青感温性最常用的方法。

答案:A

考点:沥青针入度指数

1-5-20 **解**:沥青老化后,沥青中轻质组分变少,沥青黏稠性增大,黏度增加,针入度值减小,软化点升高,延度变差。

答案:B

考点:沥青延度指标

1-5-21 **解**:沥青的黏滞性是指沥青在外力作用下抵抗变形的能力,是反映沥青内部材料阻碍其相对流动的特性。沥青的黏滞性越大,表明沥青的稠度越大。

答案:D

考点:沥青黏滞性

1-5-22 **解**:软化点测定,是将沥青试样装入规定尺寸的铜环内,试样上放置标准钢球在水或甘油中,以规定的升温速度加热,使沥青软化下垂至规定距离时的温度,以℃表示。如果试验中升温速度太快,则沥青在钢球的重力作用下达不到标准方法下的温度时,也会下垂至规定距离,因此测定值会偏小。

答案:B

考点:沥青软化点试验

1-5-23 **解**:沥青溶解度试验,通常采用的溶剂为三氢乙烯(有机溶剂),沥青中所有的有机成分都可以溶解,因此最后的不溶物只能是无机物。

答案:B

考点:沥青溶解度试验

1-5-24 **解**:沥青材料在使用时必须加热,当加热至一定温度时,沥青材料中挥发的油分蒸汽与周围空气组成混合气体,此混合气体遇火焰则发生闪火。若继续加热,油分蒸汽的饱和度增加,此种蒸汽与空气组成的混合气体遇火焰极易燃烧,从而引起火灾或导致沥青烧坏。为此,必须测定沥青的闪点与燃点。

答案:A

考点:沥青安全性

1-5-25 **解**:采用旋转黏度计测得沥青的表观黏度,该黏度可用来确定沥青施工应用时的拌和和碾压温度。

答案:B

考点:沥青的技术性质

1-5-26 **解**:针入度指数(PI)是应用针入度和软化点的试验结果来表征沥青感温性的一种指标,PI 值大表示沥青的感温性小。

答案:D

考点:沥青的技术性质

1-5-27 **解**:乳化沥青适用于沥青表面处治路面、沥青贯入式路面、冷拌沥青混合料路面、修补裂缝、喷洒透层、黏层与封层等。

答案:D

考点:乳化沥青的应用

1-5-28 **解**:改性沥青需要测定5℃延度指标。

答案:A

考点:改性沥青的评价指标

1-5-29 **解**:沥青的热稳定性、流变性和黏滞性主要受沥青质含量的影响。沥青质含量越高、软化点越高,黏度越大。

答案:A

考点:沥青的组成结构

1-5-30 **解**:黏滞性是沥青在外力作用下沥青粒子产生相互位移时抵抗剪切变形的能力。针入度是在规定温度下测定的沥青黏度,而软化点则是沥青达到规定条件黏度时的温度。沥青的延性是指当其受外力的拉伸作用时,所能承受的塑性变形的总能力,是沥青内聚力的衡量,通常用延度作为条件延性指标来表征。

答案:B

考点:沥青的技术性质

1-5-31 **解**:沥青老化最显著的特征是针入度变小、软化点增大、延度减小、脆点上升。沥青材料在低温下受到瞬时荷载作用时,常表现为脆性破坏。通常采用弗拉斯脆点试验方法求出沥青达到临界硬度发生开裂时的温度作为条件脆性指标。

答案:B

考点:沥青的技术性质

1-5-32 **解**:EVA 改性沥青除寒冷地区不宜使用外,炎热或一般温暖地区都可使用。

答案:C

考点:改性沥青的应用

(六)沥青混合料

1-6-1 在沥青混合料中,既有较多数量的粗集料可形成空间骨架,同时又有相当数量的细集料可填充骨架的空隙,这种结构形式称之为(　　)结构。

A. 骨架—空隙　　B. 骨架—密实
C. 悬浮—密实　　D. 不能确定

1-6-2 根据马歇尔试验结果,沥青混合料中流值与沥青用量的关系为(　　)。

A. 随沥青用量增加而增加,达到峰值后随沥青用量增加而降低
B. 随沥青用量增加而增加
C. 随沥青用量增加而减少
D. 沥青用量的增减对流值影响不大

1-6-3 沥青混合料中空隙率与沥青用量的关系为(　　)。

A. 随沥青用量增加而增加,达到峰值后随沥青用量增加而降低
B. 随沥青用量增加而增加
C. 随沥青用量增加而减少
D. 沥青用量的增减对空隙率影响不大

1-6-4 以下试验中,(　　)用于评价沥青混合料水稳定性。

A. 车辙试验　　B. 冻融劈裂试验
C. 弯曲试验　　D. 蠕变试验

1-6-5 沥青混合料稳定度和残留稳定度的单位分别是(　　)。

A. MPa,mm　　B. kN,%　　C. %,kN　　D. kN,mm

1-6-6 表征沥青混合料的耐久性的指标有(　　)。

A. 空隙率、饱和度、残留稳定度
B. 稳定度、流值、马歇尔模数
C. 空隙率、含蜡量、含水率
D. 针入度、延度、软化点

1-6-7 若沥青混合料的油石比为5.0%,则沥青用量为(　　)。

A. 4.76%　　B. 4.56%　　C. 5.00%　　D. 5.26%

1-6-8 沥青混合料中矿质混合料配合比设计时,尤其应使(　　)筛孔的通过量尽量接近设计级配范围中限。

A. 1.18mm,2.36mm,4.75mm
B. 0.075mm,2.36mm,4.75mm
C. 0.075mm,1.18mm,2.36mm
D. 0.075mm,2.36mm,9.5mm

1-6-9 沥青黏附性试验中水煮法的试验温度为(　　),试验时间为(　　)。

A. 100℃,3min　　B. 80℃,3min　　C. 100℃,30min　　D. 80℃,30min

1-6-10 沥青混合料随沥青用量的增加而出现峰值的物理力学指标是(　　)。

A. 马歇尔稳定度　　B. 流值
C. 空隙率　　D. 饱和度

1-6-11 沥青混合料残留稳定度反映其(　　)性能。

A. 高温稳定性　　B. 低温抗裂性
C. 耐久性　　D. 水稳定性

1-6-12 沥青混合料中掺加适量消石灰粉,可以有效提高沥青混合料(　　)。

A. 黏附性　　B. 抗疲劳性
C. 低温抗裂性　　D. 抗车辙形成能力

1-6-13 评价沥青混合料高温稳定性的试验方法是(　　)。

A. 车辙试验　　B. 间接拉伸试验
C. 小梁弯曲试验　　D. 残留稳定度试验

1-6-14 一个马歇尔试件的质量为1200g,高度为65.5mm,制作标准高度为63.5mm的试件,混合料的用量应为(　　)。

A. 1152g　　B. 1182g　　C. 1171g　　D. 1163g

1-6-15 对沥青混合料生产配合比不会产生影响的因素是(　　)。

A. 目标配合比　　B. 冷料上料速度
C. 集料加热温度　　D. 除尘的方法

1-6-16 冻融劈裂试验表征沥青混合料的(　　)。

A. 高温稳定性　　B. 低温抗裂性
C. 水稳定性　　D. 疲劳性能

1-6-17 拌和沥青混合料时,一般矿料本身的温度应(　　)。

A. 高于拌和温度　　B. 低于拌和温度
C. 与拌和温度相同　　D. 以上说法均不对

1-6-18 拌和现场进行沥青混合料抽检的目的不是为了检验(　　)。

A. 沥青混合料拌和的均匀性　　B. 沥青用量的多少
C. 马歇尔指标　　D. 残留稳定度的高低

1-6-19 沥青混合料的结构类型不包括(　　)。

A. 悬浮—密实结构　　B. 悬浮—空隙结构
C. 骨架—密实结构　　D. 骨架—空隙结构

1-6-20 不能测得沥青混合料马歇尔试件的毛体积密度的试验方法是(　　)。

A. 表干法　　B. 水中重法　　C. 蜡封法　　D. 体积法

1-6-21 评价沥青混合料低温性能的试验方法是(　　)。

A. 马歇尔稳定度试验　　B. 车辙试验

C. 小梁弯曲试验　　D. 单轴压缩蠕变试验

1-6-22 在 SMA 混合料中,掺入纤维的作用不包括(　　)。

A. 稳定沥青　　B. 增加混合料抗裂能力

C. 提高混合料抗剪强度　　D. 增加抗滑能力

1-6-23 沥青混合料随沥青用量的增加而出现峰值的物理力学指标是(　　)。

A. 表观密度　　B. 流值　　C. 空隙率　　D. 饱和度

1-6-24 在进行沥青混合料配合比设计时,确定最佳沥青用量初始值 OAC_1 时,不会参与计算的指标是(　　)。

A. 马歇尔稳定度最大值　　B. 流值范围中值

C. 目标空隙率范围中值　　D. 目标沥青饱和度范围中值

1-6-25 沥青混合料类型可按其公称最大粒径进行分类中,不包括(　　)。

A. 细粒式　　B. 中粒式　　C. 粗粒式　　D. 巨粒式

1-6-26 结构为(　　)的沥青混合料具有良好低温抗裂性与耐久性,但高温性能较弱。

A. 悬浮—密实结构　　B. 骨架—空隙结构

C. 骨架—密实结构　　D. 悬浮—空隙结构

1-6-27 沥青路面产生车辙的主要原因是(　　)不足。

A. 抗拉强度　　B. 抗剪强度

C. 弯拉强度　　D. 抗疲劳强度

1-6-28 一般而言,随沥青黏度的增加,沥青混合料高温稳定性(　　)。

A. 减小　　B. 增加

C. 先减小后增加　　D. 先增加后减小

1-6-29 一般地,骨架型级配沥青混合料的高温稳定性较连续型级配(　　)。

A. 高　　B. 低

C. 无变化　　D. 以上说法均不对

1-6-30 对于高温易产生车辙路段,沥青混合料的空隙率应适当(　　)。

A. 增大　　B. 减小
C. 无变化　　D. 以上说法均不对

1-6-31　在进行车辙试验时，若环境箱温度控制不准，高于标准试验温度，则沥青混合料动稳定度测试结果(　　)。

A. 变大　　B. 变小
C. 无变化　　D. 以上说法均不对

1-6-32　若加载速率快于规范标准，则试验测得沥青混合料的劈裂强度(　　)。

A. 变大　　B. 变小
C. 无变化　　D. 以上说法均不对

1-6-33　关于沥青路面气候分区，以下说法中错误的是(　　)。

A. 沥青路面气候分区考虑了最高气温、最低气温及降雨量 3 个因素
B. 根据工程所在地近 30 年最热月平均最高气温，分为 3 个区
C. 根据工程所在地近 30 年最冷月平均最低气温，分为 4 个区
D. 沥青路面气候分区中，分区的标号数字越小，表明气候越严酷

1-6-34　随沥青用量的增加，沥青混合料的饱和度会(　　)。

A. 减小　　B. 增加
C. 先减小后增加　　D. 先增加后减小

1-6-35　沥青混合料配合比设计三阶段中不包括(　　)。

A. 目标配合比设计阶段　　B. 生产配合比设计阶段
C. 生产配合比验证阶段　　D. 基准配合比设计阶段

1-6-36　在干旱地区，沥青混合料的冻融劈裂强度比要求可适当(　　)。

A. 提高　　B. 降低
C. 不变　　D. 以上说法均不对

1-6-37　以下特征中，不属于 SMA 沥青混合料的是(　　)。

A. 骨架—空隙结构　　B. 沥青用量大
C. 矿粉用量多　　D. 掺入纤维

1-6-38　与常规沥青混合料相比，以下试验专门针对 SMA 沥青混合料的是(　　)。

A. 车辙试验　　B. 马歇尔试验
C. 析漏试验　　D. 冻融劈裂试验

1-6-39 沥青混合料标准马歇尔试件的高度范围是(　　)mm。

A. 62.5 ±1.3　　B. 63.5 ±1.3　　C. 62.5 ±1.5　　D. 63.5 ±1.5

1-6-40 沥青混合料车辙试验中标准车辙板的尺寸是(　　)。

A. 350mm ×350mm ×50mm　　B. 300mm ×300mm ×50mm
C. 350mm ×350mm ×60mm　　D. 300mm ×300mm ×60mm

1-6-41 沥青混合料车辙试验时的试验温度是(　　)。

A. 50℃　　B. 55℃　　C. 60℃　　D. 70℃

1-6-42 集料的公称最大粒径比其最大粒径(　　)。

A. 小一个粒级　　B. 大一个粒级
C. 相等　　D. 以上说法均不对

1-6-43 在沥青混合料 ATPB－30 中,ATPB 指的是(　　)。

A. 半开级配沥青碎石混合料　　B. 开级配沥青稳定碎石混合料
C. 密实式沥青混凝土混合料　　D. 密实式沥青稳定碎石混合料

1-6-44 关于沥青混合料骨架—空隙结构的特点,下列说法错误的是(　　)。

A. 粗集料比较多　　B. 空隙率大
C. 耐久性好　　D. 热稳定性好

1-6-45 在沥青混合料 ATB-40 中,ATB 指的是(　　)。

A. 半开级配沥青碎石混合料　　B. 开级配沥青混合料
C. 密级配沥青混凝土混合料　　D. 密级配沥青稳定碎石混合料

1-6-46 特粗式沥青混合料是指(　　)等于或大于 37.5mm 的沥青混合料。

A. 最大粒径　　B. 平均粒径
C. 最小粒径　　D. 公称最大粒径

1-6-47 在沥青混合料 OGFC－16 中,OGFC 指的是(　　)。

A. 半开级配沥青碎石混合料　　B. 开级配排水性磨耗层混合料
C. 密级配沥青混凝土混合料　　D. 密级配沥青稳定碎石混合料

1-6-48 AC 型沥青混合料具有(　　)结构,SMA 沥青混合料具有(　　)结构。

A. 骨架—密实,骨架—空隙　　B. 骨架—空隙,骨架—密实
C. 悬浮—密实,骨架—密实　　D. 悬浮—密实,骨架—空隙

1-6-49 沥青饱和度是指压实沥青混合料中沥青实体体积占(　　)的百分率。

A. 沥青混合料总体积
B. 沥青以外的体积
C. 矿料体积
D. 矿料部分以外的体积

1-6-50 已知沥青混合料的沥青用量为4.6%,油石比为(　　)。

A. 4.82%　　B. 4.40%　　C. 5.17%　　D. 4.67%

1-6-51 在密级配沥青混合料配合比设计时,以预估的油石比为中值,间隔(　　)取不同的油石比进行马歇尔试验。

A. 0.1%　　B. 0.2%　　C. 0.3%　　D. 0.5%

1-6-52 沥青混合料的目标配合比设计分两部分进行,即矿质混合料组成设计与(　　)。

A. 确定最佳含水率　　B. 确定最大干密度
C. 确定最佳沥青用量　　D. 确定最小空隙率

1-6-53 以下沥青混合料的空隙率计算公式,正确的是(　　)。

A. (1-真实密度/理论最大相对密度)×100
B. (1-表干相对密度/理论最大相对密度)×100
C. (1-表观相对密度/理论最大相对密度)×100
D. (1-毛体积相对密度/理论最大相对密度)×100

1-6-54 以下内容属于沥青混合料生产配合比设计阶段的是(　　)。

A. 确定最佳沥青用量　　B. 确定各热仓的配合比
C. 高温稳定性检验　　D. 试拌试铺

1-6-55 沥青混合料的目标配合比设计阶段,需根据沥青混合料的各试验指标确定沥青用量范围,其中不包括(　　)指标。

A. 饱和度　　B. 空隙率
C. 稳定度　　D. 矿料间隙率

题解及参考答案

1-6-1 **解:**骨架—密实结构沥青混合料的结构特点为:较多数量的断级配粗骨料形成空间骨架,发挥嵌挤锁结作用,同时由适当数量的细骨料和沥青填充骨架间的空隙形成既嵌紧又密实的结构。

答案:B

考点:骨架密实结构

1-6-2 **解**:马歇尔试验中,流值随沥青用量增加而增大。

答案:B

考点:流值

1-6-3 **解**:马歇尔试验中,空隙率随沥青用量增加而减小。

答案:C

考点:空隙率

1-6-4 **解**:冻融劈裂强度就是沥青混合料试件在冻融循环后测定的劈裂强度,主要是进行冻融循环后,测定沥青混合料试件在受到水损害前后劈裂破坏的强度比,以评价沥青混合料的水稳定性。

答案:B

考点:冻融劈裂试验

1-6-5 **解**:沥青混合料稳定度单位是kN,残留稳定度单位是%。

答案:B

考点:沥青混合料稳定度

1-6-6 **解**:评价沥青混合料的耐久性的指标有空隙率、饱和度和残留稳定度等。

答案:A

考点:沥青混合料的耐久性

1-6-7 **解**:沥青用量 = 油石比/(1 + 油石比)。

答案:A

考点:沥青混合料的沥青用量和油石比

1-6-8 **解**:沥青混合料的关键筛孔一般为0.075mm、2.36mm、4.75mm。

答案:B

考点:混合料配合比设计

1-6-9 **解**:水煮法试验温度为100℃,试验时间为3min。

答案:A

考点:水煮法试验

1-6-10 **解**:随沥青用量的增加而出现峰值的物理力学指标是马歇尔稳定度。

答案:A

考点:混合料配合比设计

1-6-11 **解:**沥青混合料残留稳定度反映其水稳定性。

答案:D

考点:沥青混合料残留稳定度

1-6-12 **解:**在沥青混合料中掺加适量消石灰粉,可以有效提高沥青混合料的黏附性。

答案:A

考点:消石灰的作用

1-6-13 **解:**车辙试验是评价沥青混合料高温稳定性的重要试验方法。动稳定度(即车辙试验时45~60min内每产生1mm的车辙深度,试验轮行驶的次数)是评价沥青混合料抗车辙能力的指标。

答案:A

考点:沥青混合料高温稳定性试验

1-6-14 **解:**马歇尔试件的体积与高度成正比,因此在密度不变时,试件的质量与高度也成正比。因此,标准高度马歇尔试件的质量为$1200/65.5\times63.5=1163$g。

答案:D

考点:马歇尔试验

1-6-15 **解:**沥青混合料配合比设计分三个阶段,依次是目标配合比、生产配合比、生产配合比验证。生产配合比阶段的混合料级配由目标配合比设计阶段的级配来确定,而集料除尘的方法不同,集料中的粉尘含量就不同,这对混合料级配中的粉料含量会造成一定影响,集料加热温度不够则会影响混合料拌和与压实温度,从而影响到混合料的空隙率与油石比。冷料上料速度虽然也由目标配合比确定,但是其影响的仅是热料仓各档料的供给平衡,进而影响混合料的生产效率,而对生产配合比本身并无影响。

答案:B

考点:沥青混合料的配合比设计

1-6-16 **解:**评价沥青混合料水稳定性的试验方法为残留稳定度试验和冻融劈裂试验。

答案:C

考点:沥青混合料的水稳定性试验

1-6-17 **解:**沥青混合料拌和过程中,矿料温度应该高于拌和温度,因为拌和过程中会有温度损失。

答案:A

考点:沥青混合料的拌和工艺

1-6-18 **解:**在拌和现场,沥青混合料抽检的目的主要是检查混合料的均匀性、沥青用量以及密度、空隙率等马歇尔试件体积指标。残留稳定度是在配合比设计中检验混合料水稳定性。

答案:D

考点:沥青混合料抽检

1-6-19 **解**:按照沥青混合料的矿料级配组成特点,可将沥青混合料分为悬浮—密实结构、骨架—空隙结构和骨架—密实结构三种类型。

答案:B

考点:沥青混合料的结构类型

1-6-20 **解**:在工程中,沥青混合料试件的毛体积密度,常根据试件空隙率的大小,选择用表干法、蜡封法或体积法测定。

答案:B

考点:沥青混合料毛体积密度测试方法

1-6-21 **解**:采用低温弯曲试验的破坏应变作为评价沥青混合料低温抗裂性能的指标。

答案:C

考点:沥青混合料低温性能评价方法

1-6-22 **解**:SMA 混合料属于骨架—密实结构,其粗集料、细集料与矿粉用量较高,中间粒径集料用量较少,沥青用量大,因此需添加纤维以稳定沥青,同时提高沥青混合料高温抗剪切能力及低温抗裂性能。SMA 抗滑性能主要取决于构造深度,与纤维无关。

答案:D

考点:SMA 沥青混合料材料组成特点

1-6-23 **解**:根据沥青混合料的材料组成特点,其表观密度随油石比的增加先增加后减小,空隙率随油石比增加逐渐减小,饱和度随油石比的增加而增加,流值随油石比的增加而增大。

答案:A

考点:沥青混合料试件的体积参数

1-6-24 **解**:采用马歇尔试验方法确定沥青混合料最佳沥青用量时,最佳沥青用量 OAC_1 为密度最大值、稳定度最大值、目标空隙率(或范围中值)、沥青饱和度范围中值所对应的沥青用量的平均值。

答案:B

考点:沥青混合料配合比设计

1-6-25 **解**:按照集料公称最大粒径,可分为特粗式、粗粒式、中粒式、细粒式和砂粒式。

答案:D

考点:沥青混合料类型

1-6-26 **解**:沥青混合料按其组成结构分为悬浮—密实结构、骨架—空隙结构和骨架—密实结构三种类型。其中,悬浮—密实结构黏聚力较高,混合料的密实性和耐久性较好,低温抗裂性能也较好,但内摩阻力较小,高温稳定性较差;骨架—空隙结构内摩擦角较高,高温稳定性较好,但黏聚力较低,耐久性差;骨架—密实结构同时具有良好的高温稳定性和低温抗裂性,但是施工和易性较差。

答案:A

考点:沥青混合料的组成结构特点

1-6-27 **解**:沥青混合料是典型的黏弹塑性材料,在高温及长时间荷载作用下会产生显著的剪切变形,其中不可恢复的部分称为永久变形,即为车辙变形。可见车辙产生的原因是沥青混合料抗剪性能不足。

答案:B

考点:沥青路面车辙病害

1-6-28 **解**:沥青黏度越大,则其黏滞性越大,黏聚力越强,因此,沥青混合料的高温稳定性(主要取决于矿料颗粒间的内摩阻力和材料的黏聚力)也就越好。

答案:B

考点:沥青混合料的高温稳定性

1-6-29 **解**:骨架型沥青混合料由于粗集料能够形成骨架,一般具有较高的内摩阻力,高温稳定性较好,连续型级配一般属于悬浮密实结构,粗集料悬浮于沥青胶浆中,黏聚力较高,但内摩阻力较小,高温稳定性较差。

答案:A

考点:沥青混合料的高温稳定性

1-6-30 **解**:在沥青混合料材料组成相同的情况下,适当减小混合料的空隙率,更有利于粗集料形成空间骨架结构,从而提高沥青混合料的内摩阻力,改善高温抗车辙性能。

答案:B

考点:沥青混合料的高温性能

1-6-31 **解**:车辙试验温度为60℃,若试验时实际温度高于规定温度,则沥青混合料中的沥青黏度会比规定温度条件时低,同时沥青与集料的黏结力也会下降,相应的沥青混合料的高温抗变形能力也会减弱。

答案:B

考点:车辙试验

1-6-32 **解**:在沥青混合料试件劈裂试验时,如果加载速率大于标准速率,则由于沥青的黏滞性,沥青混合料的变形会滞后于实际受力状态,以至于所施加荷载达到标准速率的破坏荷载时,混合料变形还没有达到破坏程度,荷载只能继续增加直到试件完全破坏,因此测得的劈裂强度偏大。

答案:A

考点:劈裂试验

1-6-33 **解**:沥青路面气候分区,高温指标为最近30年内年最热月的平均日最高气温的平均值,低温指标为最近30年内的极端最低气温,雨量指标为最近30年内的降水量平均值。分区标号中,数字越小表示气候因素越严重。

答案:C

考点:沥青路面气候分区

1-6-34 **解**:沥青饱和度是指压实沥青混合料试件矿料间隙率中扣除被集料吸收的沥青以外的有效沥青实体体积,在矿料间隙中所占的百分率,随沥青用量的增加而增大。

答案:B

考点:沥青混合料饱和度指标

1-6-35 **解**:沥青混合料配合比设计包括三个阶段:目标配合比设计阶段、生产配合比设计阶段、生产配合比验证阶段。

答案:D

考点:沥青混合料配合比设计

1-6-36 **解**:沥青混合料的冻融劈裂强度是评价沥青混合料水稳定性的指标,在干旱地区,降水量较少,发生水损害的概率也较小,因此在配合比设计时可适当降低沥青混合料的冻融劈裂强度比要求。

答案:B

考点:沥青混合料的冻融劈裂强度指标

1-6-37 **解**:SMA属于典型的骨架—密实结构,其材料结构组成可概括为“三多一少”,即粗集料用量多、矿粉含量多、沥青用量多、细集料用量少,还有少量的纤维。

答案:A

考点:SMA沥青混合料材料组成特点

1-6-38 **解**:SMA沥青混合料配合比设计流程与普通沥青混合料相同,只是在确定沥青混合料最佳油石比之后的性能检验阶段,增加了谢伦堡沥青析漏试验和肯塔堡飞散试验,主要用于检验确定的最佳油石比是否过大或过小。

答案:C

考点:SMA沥青混合料配合比设计

1-6-39 **解**:沥青混合料标准马歇尔试件的高度是63.5mm±1.3mm。

答案:B

考点:马歇尔试验

1-6-40 **解**:沥青混合料标准车辙板的尺寸是300mm×300mm×50mm。

答案:B

考点:车辙试验

1-6-41 **解**:沥青混合料车辙试验标准温度为60℃。

答案:C

考点:车辙试验

1-6-42 **解**:集料最大粒径是指集料100%都要求通过的最小的标准筛筛孔尺寸;而公称最大粒径则是指集料可能全部通过或允许有少量不通过(一般容许值不超过10%)的最小标准筛筛孔尺寸,通常比集料最大粒径小一个粒级。

答案:A

考点:集料粒径

1-6-43 **解**:在沥青混合料中,ATPB指的是排水式沥青碎石基层,属于开级配沥青稳定碎石混合料。

答案:B

考点:沥青混合料级配类型

1-6-44 **解**:沥青混合料组成结构类型中,骨架—空隙结构的特点是,粗集料所占比例较高,细集料很少,混合料空隙率较大,高温稳定性较好,但黏聚力低,耐久性差。

答案:C

考点:沥青混合料组成结构特点

1-6-45 **解**:在沥青混合料中,ATB是指连续密级配沥青稳定碎石。

答案:D

考点:沥青混合料级配类型

1-6-46 **解**:特粗式沥青混合料是指集料公称最大粒径为37.5mm、最大粒径为53mm的混合料。

答案:D

考点:沥青混合料类型

1-6-47 **解**:在沥青混合料中,OGFC是指开级配排水式沥青磨耗层。

答案:B

考点:沥青混合料类型

1-6-48 **解**:AC型沥青混合料是典型的悬浮—密实结构,沥青玛蹄脂碎石混合料(SMA)是典型的骨架—密实结构。

答案:C

考点:沥青混合料的组成结构

1-6-49 **解:**沥青饱和度是指沥青混合料试件内沥青部分的体积占矿料部分以外的体积百分率。

答案:D

考点:沥青混合料的体积特征参数

1-6-50 **解:**油石比(P_a)是沥青混合料中沥青质量与矿料质量的比例,以百分数计,沥青用量(P_b)是沥青混合料中沥青质量与沥青混合料总质量的比例,以百分数计。$P_a = P_b/(100 - P_b) = 4.6/(100 - 4.6) = 4.82\%$

答案:A

考点:沥青混合料的体积特征参数

1-6-51 **解:**以预估的油石比为中值,按一定间隔(密级配沥青混合料通常为0.5%),取5个或5个以上不同的油石比分别成型马歇尔试件。

答案:D

考点:沥青混合料的配合比设计

1-6-52 **解:**目标配合比设计分两部分进行,即矿质混合料组成设计与最佳沥青用量的确定。

答案:C

考点:沥青混合料的配合比设计

1-6-53 **解:**沥青混合料的空隙率计算公式为:(1 - 毛体积相对密度/理论最大相对密度)×100。

答案:D

考点:沥青混合料的体积特征参数

1-6-54 **解:**在目标配合比确定之后,应利用实际施工的拌和机进行试拌以确定生产配合比。试验时,按试验室配合比设计的冷料比例上料、烘干、筛分,然后取样筛分,与目标配合比设计一样进行矿料级配计算,得出不同料仓及矿料用量比例。

答案:B

考点:沥青混合料的配合比设计

1-6-55 **解:**在沥青混合料的目标配合比设计阶段,根据沥青混合料的稳定度、密度、空隙率、流值和饱和度等指标来确定沥青用量范围。

答案:D

考点:沥青混合料的配合比设计

(七)建筑钢材

1-7-1 Q235 属于(　　)。

A. 桥梁用优质碳素钢　　B. 低合金高强度结构钢
C. 碳素结构钢　　D. 沸腾钢

1-7-2 反映钢材韧性的指标为(　　)。

A. 冲击韧度　　B. 伸长率　　C. 抗拉强度　　D. 洛氏硬度

1-7-3 钢材的冲击韧性用试件受冲击破坏时的(　　)表示。

A. 试件伸长率　　B. 断面面积
C. 断面收缩率　　D. 单位面积所消耗的能量

1-7-4 钢材拉伸试验选用万能试验机精度宜为(　　)。

A. 1%　　B. 2%　　C. 3%　　D. 0.5%

1-7-5 牌号表示为 Q235AF 的钢材是(　　)。

A. 抗拉强度为 235MPa 的 A 级沸腾钢
B. 屈服点为 235MPa 的 A 级沸腾钢
C. 抗拉强度为 235MPa 的 A 级镇静钢
D. 屈服点为 235MPa 的 A 级半沸腾钢

1-7-6 钢材的主要力学性质包括(　　)。

A. 强度、变形、焊接性能、硬度
B. 强度、塑性、冷弯性能、硬度
C. 弹性、韧性、变形、硬性
D. 强度、塑性、韧性、硬度

1-7-7 伸长率(　　),断面收缩率(　　),钢材的塑性越好。

A. 越大,越大　　B. 越大,越小
C. 越小,越大　　D. 越小,越小

1-7-8 在低碳钢的应力—应变曲线中,有线性关系的是(　　)阶段。

A. 弹性阶段　　B. 屈服阶段
C. 强化阶段　　D. 颈缩阶段

1-7-9 关于钢筋的冷拉加工,说法不正确的是(　　)。

A. 提高钢筋的强度　　B. 提高钢筋的塑性
C. 实现钢筋的调直　　D. 实现钢筋的除锈

1-7-10 建筑钢材最重要的性质是(　　)。

A. 冷弯性能　　B. 抗拉性能
C. 耐疲劳性能　　D. 焊接性能

1-7-11 预应力钢筋混凝土构件充分地发挥了(　　)。

A. 混凝土的抗拉强度　　B. 钢筋的抗拉强度
C. 混凝土的抗压强度　　D. 钢筋的抗压强度

1-7-12 碳素钢的含碳量越高,则(　　)越高。

A. 强度　　B. 塑性　　C. 韧性　　D. 弹性

1-7-13 钢材的含碳量高,则(　　)。

A. 强度、硬度、塑性都提高　　B. 强度提高,塑性降低
C. 强度降低,塑性提高　　D. 强度、塑性都降低

1-7-14 建筑钢材通常应属于(　　)。

A. 优质钢　　B. 低合金钢　　C. 结构钢　　D. 高碳钢

1-7-15 钢材的屈强比是指(　　)的比值。

A. 屈服上限强度与极限抗拉强度
B. 屈服下限强度与极限抗拉强度
C. 弹性极限强度与屈服下限强度
D. 弹性极限强度与极限抗拉强度

1-7-16 钢材的冷弯性能表示钢材的(　　)。

A. 塑性　　B. 抗疲劳性能
C. 低温性能　　D. 内部结构的缺陷状况

1-7-17 中碳钢和高碳钢没有明显的屈服点,通常以残余变形(　　)的应力作为屈服强度。

A. 0.1%　　B. 0.2%　　C. 0.5%　　D. 1.0%

1-7-18 钢材的屈强比(　　),钢材的可靠性(　　)。

A. 大,大　　B. 小,小
C. 小,大　　D. 两者无关联

1-7-19 在低碳钢受拉时的应力—应变曲线中的屈服阶段,存在屈服上限和屈服下限,一般以(　　)对应的应力为屈服强度。

A. 屈服上限　　B. 屈服下限
C. 屈服上限和下限的平均值　　D. 屈服上限和下限的差值

1-7-20 钢材随着钢号的增加,其碳、锰含量(　　),强度和硬度(　　),伸长率和冷弯性能(　　)。

A. 增加,提高,降低　　B. 增加,提高,提高
C. 降低,降低,降低　　D. 降低,降低,提高

题解及参考答案

1-7-1 **解**:Q235 普通碳素结构钢又称作 A3 钢。

答案:C

考点:钢材的牌号

1-7-2 **解**:冲击韧度反映钢材的韧性大小。

答案:A

考点:钢材的冲击韧度

1-7-3 **解**:冲击韧度一般是用一次摆锤冲击试验来测定,摆锤冲断试样所做的冲击吸收功与试样横截面积的比值,即单位面积所消耗的能量。

答案:D

考点:钢材的冲击韧度

1-7-4 **解**:钢材拉伸试验一般要求万能试验机精度为 1 级。

答案:A

考点:钢材拉伸试验

1-7-5 **解**:Q235AF 钢材是屈服点为 235MPa 的 A 级沸腾钢。

答案:B

考点:钢材的牌号

1-7-6 **解**:钢材的主要力学性质包括强度、塑性、韧性、硬度。

答案:D

考点:钢材的主要力学性质

1-7-7 **解**:伸长率越大,断面收缩率越大,钢材的塑性越好。

答案:A

考点:钢材的主要力学性质

1-7-8 **解**:在低碳钢的应力—应变曲线中,弹性阶段图像呈线性关系。

答案:A

考点:低碳钢的应力—应变曲线

1-7-9 **解**:冷拉钢筋是在常温下对钢筋进行强力拉伸,拉应力超过钢筋的屈服强度,使钢筋产生塑性变形,以达到调直钢筋、除锈、提高强度的目的。

答案:B

考点:冷拉钢筋

1-7-10 **解**:抗拉性能是建筑钢材最重要的技术性质。

答案:B

考点:钢材抗拉性能

1-7-11 **解**:预应力钢筋混凝土是为了弥补混凝土过早出现裂缝的现象,在构件使用(加载)以前,预先给混凝土一个预压力,即在混凝土的受拉区内,用人工加力的方法,将钢筋进行张拉,利用钢筋的回缩力,使混凝土受拉区预先受压力。因此,预应力钢筋混凝土构件利用的是钢筋的抗拉强度。

答案:B

考点:预应力钢筋混凝土构件特点

1-7-12 **解**:碳是决定钢材性能的最重要元素。碳素钢的含碳量越高,强度越高。

答案:A

考点:碳素钢性能

1-7-13 **解**:碳是决定钢材性能的最重要元素。在一定含碳量范围内($<0.8\%$),钢材的含碳量越高,钢材的强度和硬度越高,塑性(延性)和冲击韧性越低。

答案:B

考点:钢材的性能

1-7-14 **解**:钢材按用途不同可分为结构钢、工具钢、特殊钢。其中,用于建筑结构、机械制造等的均为结构钢。

答案:C

考点:钢材的分类

1-7-15 **解**：钢材的屈强比是指屈服下限强度和极限抗拉强度之比。

答案：B

考点：钢材的屈强比指标

1-7-16 **解**：冷弯性能是指钢材在常温条件下，承受弯曲变形的能力，是反映钢材缺陷的一种重要工艺性能。

答案：D

考点：钢材的冷弯性能

1-7-17 **解**：中碳钢和高碳钢屈服现象不明显，难以测定屈服点，通常以残余变形0.2%的应力作为屈服强度。

答案：B

考点：钢材的拉伸性能

1-7-18 **解**：钢材的屈强比反映钢材的可靠性和利用率。屈强比小，钢材的可靠性大，结构安全。然而屈强比过小，则钢材利用率低。

答案：C

考点：钢材的力学性能

1-7-19 **解**：在低碳钢受拉时的应力—应变曲线中屈服下限对应的应力为屈服强度，钢材受力达到屈服强度后，变形迅速发展，已经不能满足使用要求，故一般用屈服点作为强度取值的依据。

答案：B

考点：钢材的力学性能

1-7-20 **解**：钢材随着钢号的增加，其含碳量、含锰量增加，强度和硬度逐步提高，但伸长率和冷弯性能则下降。

答案：A

考点：钢材的力学性能

（八）其他建筑材料

1-8-1 土工织物撕裂强度采用的计量单位是（　　）。

A. Pa　　B. MPa　　C. N　　D. kN

1-8-2 土工织物与土相互作用的性能指标有（　　）。

A. 刺破强力　　B. 等效孔径　　C. 渗透系数　　D. 梯度比

1-8-3 导致木材物理力学特性发生改变的临界含水率是(　　)。

A. 最大含水率　　B. 平衡含水率　　C. 纤维饱和点　　D. 最小含水率

1-8-4 干燥的木材吸水后,变形最大的是(　　)。

A. 纵向　　B. 径向　　C. 弦向　　D. 不确定

1-8-5 影响木材强度的因素较多,但下列条件不产生影响的是(　　)。

A. 纤维饱和点以下的含水率变化
B. 纤维饱和点以上的含水率变化
C. 负荷时间
D. 疵病

1-8-6 木材的含水率大于纤维饱和点时,随着含水率的增加,木材的(　　)。

A. 强度降低,体积膨胀　　B. 强度降低,体积不变
C. 强度降低,体积收缩　　D. 强度不变,体积不变

1-8-7 土工织物宽条拉伸试验时,试样宽度应该为(　　)。

A. 50mm　　B. 100mm　　C. 200mm　　D. 80mm

1-8-8 木材的主要力学性质为各向异性,表现为(　　)。

A. 抗拉强度,顺纹方向最大　　B. 抗拉强度,横纹方向最大
C. 抗剪强度,横纹方向最小　　D. 抗弯强度,横纹与顺纹方向相近

1-8-9 木材中的水可分为(　　)。

A. 自由水与结合水　　B. 自由水与吸附水
C. 自由水与毛细水　　D. 毛细水与吸附水

1-8-10 下列说法错误的是(　　)。

A. 对于在干燥空气中的湿木材,首先是自由水的蒸发,当自由水恰好蒸发完毕而吸附水尚处于饱和状态时,即为纤维饱和点
B. 当含水率大于纤维饱和点含水率时,含水率变化对木材强度与体积有影响;当含水率小于纤维饱和点含水率时,含水率变化对木材强度与体积无影响
C. 平衡含水率是指木材与环境空气水分交换达到平衡时的含水率
D. 在纤维饱和点以下时,强度随水分的增多而下降

1-8-11 木材在长期负荷下的强度,一般仅为极限强度的(　　)。

A. 30% ~40%　　B. 40% ~50%　　C. 50% ~60%　　D. 60% ~70%

1-8-12 木材强度的特性是(　　),(　　)最大。

A. 各向异性,顺纹抗拉强度
B. 各向异性,顺纹抗压强度
C. 各向同性,顺纹抗拉强度
D. 各向同性,顺纹抗压强度

题解及参考答案

1-8-1 **解:**土工织物撕裂强度采用的计量单位是N。

答案:C

考点:土工织物撕裂强度

1-8-2 **解:**渗透系数反映渗透性大小。

答案:C

考点:渗透系数

1-8-3 **解:**纤维饱和点是木材仅细胞壁中的吸附水达到饱和,而细胞腔和细胞间隙中无自由水存在时的含水率,其值随树种而异。它是木材物理力学性质是否随含水率而发生变化的转折点。

答案:C

考点:木材纤维饱和点

1-8-4 **解:**木材干湿变形最大的方向是弦向。

答案:C

考点:木材干湿变形

1-8-5 **解:**当木材的含水率在纤维饱和点以上变化时,只是自由水在变化,对木材的强度没有影响。

答案:B

考点:木材纤维饱和点

1-8-6 **解:**当木材的含水率在纤维饱和点以上变化时,只是自由水在变化,对木材的强度没有影响,体积不变。

答案:D

考点:木材纤维饱和点

1-8-7 **解:**土工织物宽条拉伸试验时,试样宽度应该为200mm。

答案:C

考点:土工织物宽条拉伸试验

1-8-8 **解:**木材强度的特性是各向异性,顺纹抗拉强度最大,顺纹抗弯次之,顺纹抗压再次,其他强度较低。

答案:A

考点:木材强度的特性

1-8-9 **解:**木材中的水可分为自由水与吸附水。

答案:B

考点:木材中的水

1-8-10 **解:**当含水率大于纤维饱和点含水率时,含水率变化对木材强度与体积无影响;当含水率小于纤维饱和点含水率时,含水率变化对木材强度与体积有影响,因为纤维饱和点是一个临界含水率。

答案:B

考点:木材纤维饱和点

1-8-11 **解:**木材在长期负荷下的强度,一般仅为极限强度的50% ~60%。

答案:C

考点:木材的强度

1-8-12 **解:**木材强度的特性是各向异性,顺纹抗拉强度最大,顺纹抗弯次之,顺纹抗压再次,其他强度较低。

答案:A

考点:木材的技术性能

二　土质学与土力学

复习指导

本章应重点掌握的内容主要包括：

(1)掌握土的三相组成及相关知识,能够熟练运用三相比例指标之间的基本关系来研究土的工程力学性质;掌握砂土的密实度及评价方法,黏性土不同状态的分界含水率及状态指标、可塑性指标;掌握土的工程分类方法与类别,土体工程性质。

(2)掌握颗粒级配,砂土密实度,相对密度,饱和度,孔隙率,孔隙比,标准贯入锤击数,分界含水率,液限,塑限,液性指数,塑性指数等概念。

(3)掌握土体毛细特性冻胀机理,渗透试验,层流渗透定律(达西定律),渗透系数及其影响因素,动水力及流土;掌握渗透系数,冻胀,达西定律,动水力,流土等概念。

(4)掌握自重应力计算,附加应力计算,有效应力原理及其工程应用。

(5)掌握土的抗剪强度理论、土体的变形和压实特性,土体的应力—应变关系,直剪试验,三轴试验,特别是三轴试验的类型及各种三轴试验的适用范围,根据抗剪强度理论对土体是否破坏的判断。

(6)掌握地基破坏的类型,地基承载力的确定方法,分层总和法一维固结理论的应用,地基容许承载力及其修正方法;掌握地基沉降量的计算,地基承载力的确定方法,分层总和法一维固结理论的应用,地基容许承载力及其修正方法。

(7)掌握边坡失稳机理及影响因素,砂性土土坡稳定分析方法,黏性土土坡圆弧滑动体整体稳定分析方法,条分法,土坡特殊问题分析;掌握砂性土土坡稳定系数的计算,黏性土土坡稳定系数的计算。

练习题、题解及参考答案

(一)土的性质及工程分类

2-1-1　反映黏性土状态的指标是(　　)。

A. w　　B. I_L　　C. w_p　　D. S_r

2-1-2　某原状土样,试验测得重度 $\gamma = 17\text{kN/m}^3$,含水率 $w = 22.0\%$,土粒相对密度 $d_s = 2.72$,则该土样的孔隙率及有效重度分别为(　　)。

A. 48.8%, $8.81kN/m^3$ B. 1.66%, $18.81kN/m^3$
C. 1.66%, $8.81kN/m^3$ D. 48.8%, $18.81kN/m^3$

2-1-3 粒径大于200mm的颗粒质量超过总质量50%的土,可能为( )。

A. 漂石 B. 卵石
C. 碎石 D. 砾石

2-1-4 下列土的指标不可通过试验方法直接测得的是( )。

A. 土的密度与重度 B. 土粒相对密度 C. 土的空隙率 D. 土的含水率

2-1-5 土的天然重度γ、饱和重度γ_{sat}、干重度γ_d、有效重度γ'在数值上的关系为( )。

A. $\gamma_{sat} \geq \gamma \geq \gamma_d > \gamma'$ B. $\gamma_{sat} \geq \gamma' \geq \gamma_d > \gamma$
C. $\gamma_{sat} \geq \gamma \geq \gamma' > \gamma_d$ D. $\gamma_{sat} \geq \gamma_d \geq \gamma > \gamma'$

2-1-6 $2 < S_t \leq 4$ 的土称为( )。

A. 中灵敏性黏性土 B. 高灵敏性黏性土
C. 极灵敏性黏性土 D. 流性

2-1-7 工程上所谓的均粒土,其不均匀系数C_u为( )。

A. $C_u < 5$ B. $C_u \geq 5$ C. $C_u > 10$ D. $5 < C_u < 10$

2-1-8 下列工程建设中,将土作为地基的是( )。

A. 路堤 B. 地下建筑 C. 堤坝 D. 土坝

2-1-9 标准贯入试验时,最初打入土层不记锤击数的土层厚度为( )。

A. 15cm B. 30cm C. 63.5cm D. 50cm

2-1-10 已知某土样孔隙比$e = 1$,饱和度$S_r = 0$,则土样应符合的两项条件为( )。
①土粒、水、气三相体积相等;②土粒、气两相体积相等;③土粒体积是气体体积的两倍;④此土样为干土。

A. ①② B. ①③ C. ②③ D. ②④

2-1-11 下列土的三相比例指标不属于试验指标的是( )。

A. 土的密度 B. 土粒密度 C. 饱和度 D. 含水率

2-1-12 某黏性土天然状态下质量为98.5g,烘干后质量减为79.6g,其含水率为( )。

A. 23.74% B. 19.19% C. 20.19% D. 22.74%

2-1-13 对某黏性土进行搓条法试验时，当土条搓滚到3mm时，尚未开始断裂，表明土条的含水率(　　)。

A. 小于塑限　B. 大于塑限　C. 小于液限　D. 大于液限

2-1-14 黏性土是(　　)。

A. $I_p>10$ 的土　B. 黏土和粉土的统称
C. 红黏土中的一种　D. $I_p \leqslant 10$ 的土

2-1-15 黏性土的天然含水率增大时，随之增大的是(　　)。

A. 塑限　B. 液限　C. 塑性指数　D. 液性指数

2-1-16 使黏性土具有可塑性的孔隙水主要是(　　)。

A. 毛细水　B. 强结合水　C. 弱结合水　D. 重力水

2-1-17 理论上评价砂性土物理状态最合理的指标是(　　)。

A. γ_d　B. D_r　C. e　D. w

2-1-18 下列不能反映砂土密实度的指标是(　　)。

A. 孔隙比 e　B. 相对密实度 D_r
C. 标准贯入锤击数 $N_{63.5}$　D. 液性指数 I_L

2-1-19 测得某黏性土的液限为40%，塑性指数为17，含水率为30%，则其相应的液性指数接近(　　)。

A. 0.59　B. 0.50　C. 0.40　D. 0.35

2-1-20 在下列指标中，不可能大于1的指标是(　　)。

A. 含水率　B. 孔隙比　C. 液性指数　D. 饱和度

2-1-21 下列指标为体积比的有(　　)。
①e；②S_r；③γ_s；④w。

A. ①②　B. ①③　C. ②③　D. ②④

2-1-22 控制填土压实质量常用的指标是(　　)。

A. γ_d　B. γ_s　C. γ　D. w

2-1-23 一块1kg的土样，放置一段时间后，含水率由25%下降到20%，则土中的水减少了(　　)。

A. 0.06kg　B. 0.05kg　C. 0.04kg　D. 0.03kg

2-1-24 某建筑物地基需要压实填土8000m^3，控制压实后的含水率 $w_1=14\%$，饱和度 $S_r=$

90%，填料重度 $\gamma=15.5\text{kN/m}^3$，天然含水率 $w_0=10\%$，土粒相对密度 $d_s=2.72$，则需要填料的方量为（　　）。

A. 11836.9m^3　　B. 12836.9m^3　　C. 10836.9m^3　　D. 92836.9m^3

2-1-25　已知粉质黏土的土粒相对密度为 2.73，含水率为 30%，土的密度为 1.85g/cm^3，浸水饱和后，该土的水下有效重度为（　　）。

A. 9.02kN/m^3　　B. 8.52kN/m^3　　C. 9.52kN/m^3　　D. 10.02kN/m^3

2-1-26　在岩土工程勘察中，实测某中砂层的标准贯入锤击数为 18、20、17、16、18、17，则该中砂的密实度为（　　）。

A. 松散　　B. 稍密　　C. 中密　　D. 密实

2-1-27　下列土不属于特殊土类的是（　　）。

A. 黄土　　B. 黑土　　C. 膨胀土　　D. 冻土

2-1-28　某住宅地基勘察中，一个钻孔原状土试样的试验结果为：土的密度 $\rho=1.8\text{g/cm}^3$，土粒相对密度 $d_s=2.70$，土的含水率 $w=18.0\%$，则此试样 1cm^3 的土样中气体体积为（　　）。

A. 0.12cm^3　　B. 0.19cm^3　　C. 0.14cm^3　　D. 0.16cm^3

2-1-29　完全饱和的土样含水率为 30%，由 76g 圆锥仪沉入土中深度 10mm 时测得的液限为 29%，塑限为 17%，土样的塑性指数和液性指数分别为（　　）。

A. 12，1.08　　B. 1.08，12　　C. 0.98，12　　D. 12，0.98

2-1-30　某黏性土在自然状态下重 110g，体积为 53cm^3，烘干后重 90g，则其干密度为（　　）。

A. 2.08g/cm^3　　B. 1.70g/cm^3　　C. 2.73g/cm^3　　D. 1.38g/cm^3

2-1-31［2019 年考题］　粒径大于 0.075mm 的颗粒含量不超过全重的 50%，且 $I_P>17$ 的土称为（　　）。

A. 碎石土　　B. 砂土　　C. 粉土　　D. 黏土

2-1-32［2019 年考题］　对填土，要保证其具有足够的密实度，就要控制填土的（　　）。

A. 土粒密度 ρ_s　　B. 土的密度 ρ

C. 干密度 ρ_d　　D. 饱和密度 ρ_{sat}

2-1-33［2019 年考题］　某原状土的液限 $w_L=46\%$，塑限 $w_p=24\%$，天然含水率 $w=40\%$，则该土的塑性指数为（　　）。

A. 22　　B. 22%　　C. 16　　D. 16%

2-1-34［2019 年考题］　松砂受振时土颗粒在其跳动中会调整相互位置，土的结构趋于（　　）。

A. 松散　　B. 稳定和密实　　C. 液化　　D. 均匀

2-1-35［2019 年考题］　土体具有压缩性的主要原因是(　　)。

A. 因为水被压缩引起的　　B. 由孔隙的减少引起的
C. 由土颗粒的压缩引起的　　D. 土体本身压缩模量较小引起的

题解及参考答案

2-1-1　**解**:反映黏性土状态的指标是液性指数,$I_L=(w-w_p)/(w_L-w_p)$。$I_L\geqslant 1$,流动状态;$I_L\leqslant 0$,固态,半固态;其他为可塑状态。

答案:B

考点:黏土的界限含水率(液性指数)

2-1-2　**解**:孔隙率 $n=V_{孔}/V_{总}=1-\dfrac{\gamma}{d_s(1+w)\gamma_w}$;有效重度 $\gamma'=\dfrac{\gamma(d_s-1)}{d_s(1+w)}$。

答案:A

考点:土的物理化学性质(常用指标)

2-1-3　**解**:粒径大于 200mm 的颗粒质量超过总质量 50% 的土,颗粒形状以圆形及亚圆形为主时,为漂石;颗粒形状以棱角形为主时为块石。

答案:A

考点:土的工程分类

2-1-4　**解**:土的指标可通过试验方法直接测得的有:土的密度与重度、土粒相对密度和土的含水率。

答案:C

考点:土的物理化学性质(常用指标)

2-1-5　**解**:土的天然重度 γ、饱和重度 γ_{sat}、干重度 γ_d、有效重度 γ' 在数值上的关系为:$\gamma_{sat}\geqslant\gamma\geqslant\gamma_d>\gamma'$。

答案:A

考点:土的物理化学性质(常用指标)

2-1-6　**解**:在工程实践中,根据灵敏度的大小把黏性土分成四类:

中灵敏性黏性土:$2<S_t\leqslant 4$

高灵敏性黏性土:$4<S_t\leqslant 8$

极灵敏性黏性土:$8<S_t\leqslant 16$

流性:$S_t>16$

答案:A

考点:土的物理化学性质(黏性土的结构性)

2-1-7 **解**:$C_u<5$ 的土称为均粒土,级配不良;C_u 越大,表示粒组分布越广,$C_u>10$ 的土级配良好,但 C_u 过大,表示可能缺失中间粒径,属不连续级配。

答案:A

考点:土的物理化学性质

2-1-8 **解**:对于地下建筑、地下管线等,土体对建筑物起保护作用;对于堤坝和土坝,土用来作为挡水建筑物;对于路堤,它是将土作为地基。

答案:A

考点:地基的概念

2-1-9 **解**:标准贯入试验是用规定的锤质量(63.5kg)和落距(76cm)把标准贯入器(带有刃口的对开管,外径50mm,内径35mm)打入土中,记录贯入一定深度(30cm)所需的锤击数 N 值的原位测试方法。标准贯入试验多与钻探相配合使用,钻具钻至试验土层高程以上约15cm处,以避免下层土受扰动。贯入前,应检查触探杆的接头,不得松脱。贯入时,穿心锤落距为76cm,使其自由下落,将贯入器直打入土层中15cm。以后每打入土层30cm的锤击数,即为实测锤击数 N。因此,在标贯试验时,最初打入土层不计锤击数的土层厚度为15cm。

答案:A

考点:标准贯入试验

2-1-10 **解**:土是由土粒、水和气体三部分组成,通常称之为土的三相组成(固相、液相和气相)。孔隙比 $e=1$,表明土粒、气体两相体积相等。饱和度 $S_r=0$,表明此土样只有土粒和气体两相,为干土。

答案:D

考点:土的三相组成及三相指标的基本概念

2-1-11 **解**:三相比例指标中通过试验测定的指标称为试验指标,包括土的密度、土粒密度和含水率;可由试验指标计算求得的指标,称为换算指标,包括土的干密度(干重度)、饱密度(饱和重度)、有效重度、孔隙比、孔隙率和饱和度。

答案:C

考点:三相指标的基本概念

2-1-12 **解**:$w=m_w/m_s=(98.5-79.6)/79.6=23.74\%$

答案:A

考点:土的含水率

2-1-13 **解**:塑限可采用搓条法测定,双手将天然湿度的土样搓成小圆球(球径小于10mm),放在毛玻璃板上再用手掌慢慢搓滚成小土条,用力均匀,搓到土条直径为3mm,出现裂纹，自然断开，这时土条的含水率就是塑限值。题中当土条搓滚到3mm时，尚未开始断裂，表明土条的含水率大于塑限。

答案：B

考点：塑限的测定方法

2-1-14　解：根据《岩土工程勘察规范》(GB 50021—2001)(2009年版)，粒径大于0.075mm的颗粒含量不超过总质量50%的土属于细粒土，细粒土可划分为粉土($I_p \leqslant 10$)和黏性土($I_p > 10$)两大类。黏性土可再分为粉质黏土($10 < I_p \leqslant 17$)和黏土($I_p > 17$)两个亚类。因此，黏性土是$I_p > 10$的土。

答案：A

考点：黏性土的概念

2-1-15　解：$I_p = w_L - w_p$，$I_L = (w - w_p)/I_p$，因此，当天然含水率增大时，液性指数增大。

答案：D

考点：黏性土的界限含水率

2-1-16　解：土中水与固体颗粒之间并不是机械的混合，而是存在着复杂的物理化学作用。根据受颗粒表面静电应力作用的强弱，可以划分为三种类型：强结合水、弱结合水和自由水。当黏土中存在强结合水时，黏土表现为固态；当黏土中的水为弱结合水时，黏土呈可塑状态，弱结合水对黏性土的性质影响很大。

答案：C

考点：黏土颗粒与水的相互作用

2-1-17　解：土的孔隙比一般可以用来描述土的密实程度，但砂土的密实程度并不单独取决于孔隙比，其在很大程度上还取决于土的级配情况。相对密实度同时考虑了孔隙比和级配的影响，因此，从理论上讲，用相对密实度划分砂土的密实程度是比较合理的。

答案：B

考点：砂土密实度的评价

2-1-18　解：孔隙比、相对密实度和标准贯入锤击数都可以描述砂土的密实程度。

答案：D

考点：砂土密实度

2-1-19　解：黏土的塑性指数$I_p = w_L - w_p$，$w_p = 40 - 17 = 23$。

液性指数$I_L = (w - w_p)/I_p = (30 - 23)/17 = 0.41$。

答案：C

考点：黏土的塑性指数、液性指数

2-1-20　解：根据定义，含水率$w = m_w/m_s$，孔隙比$e = V_v/V_s$，液性指数$I_L = (w - w_p)/I_p$，饱和度$S_r = V_w/V_v$，不大于1的只有饱和度。

答案:D

考点:土的物理性质指标的基本概念

2-1-21 **解**:根据各指标的基本定义可知,孔隙比和饱和度这两个指标为体积比。

答案:A

考点:三相指标的基本概念

2-1-22 **解**:干密度(干重度)反映土颗粒排列的紧密程度,工程上常用干重度作为人工填土压实质量的控制指标。

答案:A

考点:三相指标及应用

2-1-23 **解**:欲求解减少的水量,需先求解出土颗粒的质量 m,由题意,$m = 1\text{kg}$,$w_1 = 25\%$,$w_2 = 20\%$,$w_1 = (m - m_s)/m_s = 25\%$,则 $m_s = 0.8\text{kg}$。减小的水量为 $m_s(w_1 - w_2) = 0.8 \times (25\% - 20\%) = 0.04\text{kg}$。

答案:C

考点:三相指标及应用

2-1-24 **解**:压实前填料的干重度 $\gamma_{d1} = \gamma/(1+w) = 15.5/(1+0.1) = 14.1\text{kN/m}^3$。压实后,由 $S_r = wd_s/e$,有 $e = wd_s/S_r = (0.14 \times 2.72)/0.9 = 0.423$,则填料的干重度 $\gamma_d = d_s/(1+e) = 2.72/(1+0.423) \times 10 = 19.1\text{kN/m}^3$。

根据压实前后土体干质量相等原则,计算填料方量 $V_1 = V_2 \times \gamma_{d2}/\gamma_{d1} = 8000 \times 19.1/14.1 = 10836.9\text{m}^3$。

答案:C

考点:三相指标及应用

2-1-25 **解**:根据三相指标的换算公式,有效重度 $\gamma' = \dfrac{\gamma(d_s - 1)}{d_s(1+w)} = 9.02$。

答案:A

考点:三相指标及应用

2-1-26 **解**:计算平均值 $N = (18 + 20 + 1 + 16 + 18 + 12)/6 = 17.7$。根据《岩土工程勘察规范》(GB 50021—2001)(2009 年版),$N \leqslant 10$,密实度为松散;$10 < N \leqslant 15$,密实度为稍密;$15 < N \leqslant 30$,密实度为中密;$N > 30$,密实度为密实。

答案:C

考点:标准贯入试验

2-1-27 **解**:特殊土分为黄土、膨胀土、红黏土、盐渍土以及冻土。

答案:B

考点:特殊土分类

2-1-28　解:设 $V=1\text{cm}^3$。

已知 $\rho=m/V=1.8\text{g/cm}^3$,故 $m=1.80\text{g}$。

已知:$w=m_w/m_s=18\%$

所以:$m_w=0.18\text{m}_s, m_s+0.18m_s=1.8\text{g}, m_s=1.525\text{g}, m_w=0.275\text{g}$

$V_s=m_s/\rho_w d_s=1.525/(2.70\times1)=0.565\text{cm}^3$

孔隙体积:$V_v=V-V_s=1-0.565=0.435\text{cm}^3$

气相体积:$V_a=V_v-V_w=0.435-0.275=0.16\text{cm}^3$

答案:D

2-1-29　解:$I_p=w_L-w_p=29-17=12$

$I_L=(w-w_p)/I_p=(30-17)/12=1.08$

答案:A

2-1-30　解:$\rho=\dfrac{110}{53}=2.075\text{g/cm}^3$

$$w=\frac{110-90}{90}=0.222$$

$$\rho_d=\frac{\rho}{1+w}=\frac{2.075}{1+0.222}=1.7\text{g/cm}^3$$

答案:B

考点:土的物理化学性质(常用指标)

2-1-31　解:塑性指数大于10的土应定名为黏性土。黏性土应根据塑性指数分为粉质黏土和黏土。塑性指数大于10,且小于或等于17的土,应定名为粉质黏土;塑性指数大于17的土应定名为黏土。

答案:D

考点:土的工程分类

2-1-32　解:密实度=干密度/最大干密度

答案:C

考点:土的物理化学性质(压实性)

2-1-33　解:$46-24=22$

答案:A

考点:黏性土的界限含水率

2-1-34　解:松砂受振时土颗粒在其跳动中会调整相互位置,孔隙减小,土的结构趋于稳定和密实。

答案:B

考点:砂土的密实度

2-1-35 **解**:土体具有压缩性的主要原因是由孔隙的减少引起的。

答案:B

考点:土的物理化学性质

(二)土中水的运动规律

2-2-1 达西定律描述的是(　　)状态下的渗透规律。

A. 层流　　B. 紊流　　C. 渗流　　D. 急流

2-2-2 已知土体 $d_s = 2.7, e = 1$,则该土的临界水力梯度为(　　)。

A. 1.8　　B. 1.25　　C. 0.85　　D. 1.0

2-2-3 下述关于渗透力的描述,正确的为(　　)。

①数值与水力梯度成正比;②方向与渗流路径方向一致;③是体积力。

A. 仅①③正确　　B. 全正确

C. 仅①②正确　　D. 仅②③正确

2-2-4 下列选项中渗透性最好的是(　　)。

A. 黏土　　B. 细砂　　C. 中砂　　D. 卵石

2-2-5 影响土的渗透性的主要因素不包括(　　)。

A. 土的粒度成分及矿物成分　　B. 结合水膜的厚度

C. 土的结构构造　　D. 土的质量大小

2-2-6 相应于任意确定的基准面,土中一点的总水头 h 包括(　　)。

A. 势水头　　B. 势水头 + 静水头

C. 静水头 + 动水头　　D. 势水头 + 动水头 + 静水头

2-2-7 下列说法正确的是(　　)。

①土的渗透系数越大,土的透水性也越大,土中的水力梯度越大;

②任何一种土只要渗透坡降足够大就可能发生流土和管涌;

③土中一点渗流力大小取决于该点孔隙水总水头的大小;

④地基中产生渗透破坏的主要原因是因为土粒受渗透力作用,因此,地基中孔隙水压力越高,土粒受的渗透力越大,越容易产生渗透破坏。

A. ②对　　B. ②③对　　C. ③对　　D. 全不对

2-2-8 在分析土体渗流问题时采用的理论主要为(　　)。

A. 极限平衡理论　　B. 固结理论　　C. 有效应力原理　　D. 达西定律

2-2-9　下列不能确定土的渗透系数的方法是(　　)。

A. 室内常水头渗透试验　　B. 变水头渗透试验
C. 现场抽水试验　　D. 加权法

2-2-10　某砂性土坡,实际水力梯度大于临界水力梯度时,通常会产生(　　)现象。

A. 固结　　B. 沉降　　C. 变形　　D. 流土

2-2-11［2019 年考题］　下列因素中,与水在土中的渗透速度无关的是(　　)。

A. 渗流路径　　B. 水头差　　C. 土渗透系数　　D. 土重度

题解及参考答案

2-2-1　**解**:达西定律只适用于层流条件。所谓层流条件是指在土孔隙中移动的水,流体质点互不干扰,迹线有条不紊地沿着细微管道流动,也即要求土中水的流速不能超过某一定值,故达西定律也称为土的层流渗透定律。

答案:A

考点:层流渗透定律

2-2-2　**解**:由临界水力梯度公式计算。

$$\gamma_{sat} = (d_s + e)\gamma_w/(1+e) = 1.85$$

临界水力梯度:

$$I_{cr} = \gamma_{sat}/\gamma_w - 1 = 0.85$$

答案:C

2-2-3　**解**:水在土体中渗流,受到土骨架的阻力,同时水也对土骨架施加推力,单位体积内土骨架所受到的水推力称为渗透力(或动水力)。作用在单位体积土柱上的渗透力(简称渗透力)应为:$G_d = J/A_L = \gamma_w h_f/L = \gamma_w i$。$G_d$ 称为渗透力,等于水的重力密度和水力坡降的乘积。因为 i 是无量纲数,所以渗透力的量纲与重力密度相同,是一种体积力,单位为 kN/m^3 大小与水力坡降成正比,方向与渗流方向一致。该力对土体稳定性有重要影响,也是造成常见渗透破坏的直接原因。

答案:B

考点:动水力及流土的特性

2-2-4　**解**:孔隙率越大,渗透系数越大,渗透性越好。

答案:D

2-2-5　**解**:影响土的渗透性的主要因素有:土的粒度成分及矿物成分、结合水膜的厚度、水的黏滞度、土的结构构造和土中气体等。

答案:D

考点:层流渗透定律

2-2-6 **解**:由伯努利方程可知,土中水头包含三部分:势水头、静水头和动水头。

答案:D

考点:动力水及流土的特性

2-2-7 **解**:水的渗透破坏和水力条件及它自身的几何条件有关系。

答案:D

考点:层流渗透定律

2-2-8 **解**:在土力学中,分析土体渗流问题时采用的理论主要为达西定律。

答案:D

考点:层流渗透定律

2-2-9 **解**:渗透系数可以在试验室通过常水头或变水头渗透试验测定,也可进行现场抽水试验确定。

答案:D

考点:层流渗透定律

2-2-10 **解**:若水的渗流方向自下而上,当实际水力梯度大于临界水力梯度时,向上的动水力将大于土的有效重度,此时土颗粒将处于悬浮状态而失去稳定,从而形成流土现象。

答案:D

考点:动力水及流土的特性

2-2-11 **解**:$v = \frac{Q}{A} = ki = k \times \frac{\Delta h}{L}$

k 为渗透系数,Δh 为水头差,L 为渗流路径。

答案:D

考点:层流渗透定律

(三)土中应力计算

2-3-1 地基附加应力沿深度的分布是(　　)。

A. 逐渐增大,曲线变化　　B. 逐渐减小,曲线变化

C. 逐渐减小,直线变化　　D. 均匀分布

2-3-2 成层土中竖向自重应力沿深度的分布为(　　)。

A. 折线增大　　B. 折线减小　　C. 斜线增大　　D. 斜线减小

2-3-3 基础中心点下地基中竖向附加应力沿深度的分布为(　　)。

A. 折线增大　　B. 折线减小　　C. 曲线增大　　D. 曲线减小

2-3-4 矩形面积上作用三角形分布荷载时,地基中附加应力系数是 l/b、z/b 的函数,b 指的是(　　)。

A. 矩形的短边　　B. 三角形分布荷载变化方向的边长
C. 矩形的长边　　D. 矩形的短边与长边的平均值

2-3-5 土的自重应力起算点的位置为(　　)。

A. 室内设计地面　　B. 室外设计地面　　C. 天然地面　　D. 基础底面

2-3-6 实际工程中,当荷载长宽比(　　)时,就可当作条形荷载求解。

A. $\geqslant 10$　　B. $\geqslant 5$　　C. $\geqslant 15$　　D >20

2-3-7 刚性基础在均布荷载作用时,基底反力的分布计算图形为(　　)。

A. 矩形　　B. 抛物线形　　C. 钟形　　D. 马鞍形

2-3-8 计算基底净反力时,不需要考虑的荷载为(　　)。

A. 建筑物自重　　B. 上部结构传来轴向力
C. 基础及上覆土自重　　D. 上部结构传来弯矩

2-3-9 受荷载作用的土体,颗粒之间传递的应力,通常称为(　　)。

A. 有效应力　　B. 附加应力
C. 总应力　　D. 孔隙水压力

2-3-10 土中附加应力是由(　　)原因形成的。

A. 建筑荷载　　B. 固结
C. 变形　　D. 压缩

2-3-11 土中应力包括(　　)。

A. 自重应力　　B. 基底应力
C. 基底附加应力　　D. 重分布应力

2-3-12 有效应力原理可表示为(　　)。

A. $\sigma = \sigma' - u$　　B. $\sigma = \sigma' + u$

C. $\sigma' = \sigma + u$　　D. $u = \sigma' + \sigma$

2-3-13　条形均布荷载中心线下,附加应力随深度减小,其衰减速度与基础宽度 b 的关系是(　　)。

A. 与 b 无关　　B. b 越大,衰减越慢
C. b 越大,衰减越快　　D. 不确定

2-3-14　甲、乙两个矩形基础,其基底长边尺寸相同,即 $l_甲 = l_乙$;短边尺寸分别为 $b_甲$、$b_乙$;若基底附加应力相等且 $b_甲 > b_乙$,则在基底下同一深度处的竖向附加应力值的大小关系正确的是(　　)。

A. 甲应力大于乙应力　　B. 甲乙应力相等
C. 甲应力小于乙应力　　D. 甲应力小于等于乙应力

2-3-15　(　　)在受到轴向荷载作用下其基底压力均匀分布。

A. 刚性基础　　B. 扩展基础
C. 柔性基础　　D. 桩基础

2-3-16　已知土层的饱和重度为 γ_{sat},干重度为 γ_d,在计算地基沉降时,采用(　　)计算地基土地下水位以下的自重应力。

A. $\sum z_i \gamma_{sat}$　　B. $\sum z_i \gamma_d$
C. $\sum z_i (\gamma_{sat} - \gamma_w)$　　D. $-\sum z_i \gamma_{sat}$

2-3-17　当地下水位从地表处下降至基底平面处,对土中附加应力的影响是(　　)。

A. 附加应力增加　　B. 附加应力减少
C. 附加应力不变　　D. 没影响

2-3-18　当地下水位从基础底面处上升到地表面,对附加应力的影响是(　　)。

A. 附加应力增加　　B. 附加应力减少
C. 附加应力不变　　D. 没影响

2-3-19　一矩形基础,宽 3m,长 4m,在长边方向作用一偏心荷载 $F + G = 1200\text{kN}$。偏心为(　　)时,基底不会出现拉应力。试问当 $p_{min} = 0$ 时,最大压力为(　　)。

A. $e = 0.58\text{m}, p_{max} = 400\text{kPa}$　　B. $e = 0.67\text{m}, p_{max} = 600\text{kPa}$
C. $e = 0.67\text{m}, p_{max} = 200\text{kPa}$　　D. $e = 0.47\text{m}, p_{max} = 150\text{kPa}$

2-3-20　已知某一矩形基础,宽 2m,长 4m,基底附加应力为 80kPa,角点下 6m 处竖向附加应力为 12.95kPa;现另一基础,宽 4m,长 8m,基底附加应力为 90kPa,试问该基础中心线下 6m 处竖向附加应力为(　　)。

A. 40kPa　　B. 75kPa　　C. 38kPa　　D. 58.3kPa

2-3-21　工程中,当条形基础的长宽比为(　　)时,可将其视为平面应变问题。

A. $l/b \geqslant 8$　　B. $l/b \geqslant 10$　　C. $l/b \geqslant 5$　　D. $l/b \geqslant 12$

2-3-22　目前,计算土中应力时将土看成(　　)。

A. 均匀的、各向异性的弹性体　　B. 均匀的、各向同性的弹性体
C. 均匀的、各向异性的半无限弹性体　　D. 均匀的、各向同性的半无限弹性体

2-3-23　某均质地基,天然重度为 20kN/m^3,饱和重度为 21kN/m^3,则距地表 24m 处的竖向自重应力为(　　)。

A. 504kPa　　B. 480kPa　　C. 480MPa　　D. 50MPa

2-3-24　当(　　)时会出现基底应力重分布。

A. $e<b/6$　　B. $e=b/6$　　C. $e>b/6$　　D. $e<0$

2-3-25　水下黏性土的液性指数为 1,则土体处于(　　)状态。

A. 固体　　B. 半固体　　C. 塑性　　D. 流动

2-3-26　某均质水平地层,天然重度为 18kN/m^3,深度 15m 处的竖向自重应力为(　　)。

A. 400kPa　　B. 180kPa　　C. 270kPa　　D. 200kPa

2-3-27　土中应力计算是基于(　　)建立的。

A. 土压力理论　　B. 布辛奈斯克解
C. 渗透理论　　D. 强度理论

2-3-28　基底附加应力 p_0 作用下,地基中附加应力随深度 z 增大而减小,z 的起算点为(　　)。

A. 基础底面　　B. 天然地面
C. 室内设计地面　　D. 室外设计地面

2-3-29　地下水位下降,土中有效自重应力发生的变化是(　　)。

A. 原水位以上不变,原水位以下增大
B. 原水位以上不变,原水位以下减小
C. 变动后水位以上不变,变动后水位以下减小
D. 变动后水位以上不变,变动后水位以下增大

2-3-30 单向偏心的矩形基础,当偏心距 $e < l/6$(l 为偏心一侧基底边长)时,基底压应力分布图简化为(　　)。

A. 矩形　　B. 梯形　　C. 三角形　　D. 抛物线形

2-3-31 矩形面积上作用三角形分布荷载时,地基中竖向附加应力系数 K_t 是 l/b、z/b 的函数,b 指的是(　　)。

A. 矩形的长边　　B. 矩形的短边
C. 矩形的短边与长边的平均值　　D. 三角形分布荷载方向基础底面的边长

2-3-32 某砂土地基,天然重度 $\gamma = 18\text{kN/m}^3$,饱和重度 $\gamma_{sat} = 20\text{kN/m}^3$,地下水位距地表 2m,地表下深度为 4m 处的竖向自重应力为(　　)。

A. 56kPa　　B. 76kPa　　C. 72kPa　　D. 80kPa

2-3-33 均布矩形荷载角点下的竖向附加应力系数当 $l/b = 1$、$z/b = 1$ 时,$k_c = 0.1752$;当 $l/b = 1$、$z/b = 2$ 时,$k_c = 0.084$。若基底附加应力 $p_0 = 100\text{kPa}$,基底边长 $l = b = 2\text{m}$,基底中心点下 $z = 2\text{m}$ 处的竖向附加应力为(　　)。

A. 8.4kPa　　B. 17.52kPa　　C. 33.6kPa　　D. 70.08kPa

2-3-34 某场地表层为 4m 厚的粉质黏土,天然重度为 18kN/m^3,其下为饱和重度 $\gamma_{sat} = 19\text{kN/m}^3$ 的很厚的黏土层,地下水位在地表下 4m 处,经计算地表以下 2m 处土的竖向自重应力为(　　)。

A. 72kPa　　B. 36kPa　　C. 16kPa　　D. 38kPa

2-3-35 条件同上题,地表以下 5m 处土的竖向自重应力为(　　)。

A. 91kPa　　B. 81kPa　　C. 72kPa　　D. 41kPa

2-3-36 已知地基中某点的竖向自重应力为 100kPa,静水压力为 20kPa,土的静止侧压力系数为 0.25,则该点的侧向自重应力为(　　)。

A. 60kPa　　B. 50kPa　　C. 30kPa　　D. 25kPa

2-3-37[2019 年考题]　由建筑物荷载作用在地基内引起的应力增量称为(　　)。

A. 自重应力　　B. 附加应力　　C. 基底压力　　D. 基底附加应力

2-3-38 计算基础及上回填土的总重量时,其平均重度一般取(　　)。

A. 17kN/m^3　　B. 18kN/m^3　　C. 20kN/m^3　　D. 22kN/m^3

2-3-39 当地下水位突然从地表下降至基底平面处,对基底附加应力的影响是(　　)。

A. 没有影响　　B. 基底附加压力增大
C. 基底附加压力减小　　D. 不确定

2-3-40　计算土中自重应力时,地下水位以下的土层应采用(　　)。

A. 湿重度　　B. 饱和重度
C. 浮重度　　D. 天然重度

2-3-41　有一独立基础,在允许荷载作用下,基底各点的沉降都相等,则作用在基底的反力分布应该是(　　)。

A. 各点应力相等的矩形分布　　B. 中间小、边缘大的马鞍形分布
C. 中间大、边缘小的钟形分布　　D. 三角形分布

2-3-42[2019 年考题]　下列有关地基土自重应力的说法中,错误的是(　　)。

A. 自重应力随深度的增加而增大
B. 在求地下水位以下的自重应力时,应取其有效重度计算
C. 地下水位以下的同一土的自重应力按直线变化,或按折线变化
D. 土的自重应力分布曲线是一条折线,拐点在土层交界处和地下水位处

题解及参考答案

2-3-1　**解:**在集中力作用线上,附加应力的分布是随深度增加而递减。深度等于零时,附加应力也等于零,随着深度的增加附加应力逐渐增大,至一定深度后又随着深度的增加而逐渐减小。在深度为常数的水平面上的分布,附加应力的值在集中力作用线上最大,并随 r 的增大逐渐减小。随着深度的增加,集中力作用线上的附加应力减小,而水平面上的应力分布趋于均匀。因此,集中力在地基中引起的附加应力的分布是逐渐减小,曲线变化。

答案:B

2-3-2　**解:**同种土中自重应力直线分布,不同土的重度不同,直线斜率不同,在土层面出现拐点,因此成折线。

答案:A

2-3-3　**解:**有限面积基础在地基中的附加应力沿深度分布为曲线减小。

答案:D

2-3-4　**解:**三角分布的竖向矩形荷载,其中 b 为荷载呈三角分布边的边长,l 为荷载最大的边长。

答案:B

2-3-5　**解:**土的自重应力起算点的位置为天然地面。

答案:C

2-3-6 **解**:实际工程中,当荷载长宽比≥10 时,就可当作条形荷载求解。

答案:A

2-3-7 **解**:基地反力简化近似计算。

答案:A

2-3-8 **解**:计算基底净反力时,不需要考虑的荷载为基础及上覆土自重。

答案:C

2-3-9 **解**:受荷载作用的土体,由土颗粒间接触面承担的应力称为有效应力。

答案:A

考点:有效应力的概念

2-3-10 **解**:土中应力包括自重应力和附加应力,前者是因土受到重力作用而产生,因其伴随着土的形成就存在,因此也称为长驻应力;后者是因受到建筑物等外荷载作用而产生的。

答案:A

考点:附加应力的概念

2-3-11 **解**:土中应力包括自重应力和附加应力。

答案:A

考点:土中应力的概念

2-3-12 **解**:有效应力 σ'等于总应力 σ 减去孔隙水压力 u。

答案:B

考点:有效应力原理

2-3-13 **解**:根据均布竖向条形荷载作用下的附加应力系数值表可得,荷载中心线下的附加应力系数值,应取 $x/b=0.50$,此时水平向和竖直向的附加应力系数均随深宽比 z/b 的增大而减小,即当深度 z 一定时,宽度 b 越大,附加应力系数越大,附加应力也就越大,由此可得基础宽度越大,附加应力衰减越慢。

答案:B

考点:均布竖向条形荷载作用下的附加应力计算

2-3-14 **解**:据均布竖向矩形荷载作用下的附加应力系数值表可得,竖向附加应力系数随深宽比 z/b 的增大而减小,随长宽比 l/b 的增大而增大。据题意,$z_{甲}/b_{甲}<z_{乙}/b_{乙}$,故甲应力 > 乙应力。

答案:A

考点:均布竖向矩形荷载作用下附加应力计算

2-3-15 **解**:在中心荷载作用下,刚性基础不会出现挠曲变形,基底压力呈均匀分布;柔性基础底面的压力分布图形与基础上作用的荷载分布图形一致。

答案:A

考点:基础的概念

2-3-16 **解**:计算自重应力时,如果地下水位以下的土受到水的浮力作用,那么水下部分的土应按浮重度计算。

答案:C

考点:自重应力计算

2-3-17 **解**:地下水位下降时,水中土体部分减少,该部分重度由γ'增大为γ,因此会引起有效自重应力增加,从而使基底附加压应力($p_0 = p - \gamma z$)减小,基底下土中附加应力减小;反之,地下水位上升时,会引起有效自重应力减小,附加应力增加。

答案:B

考点:地下水位升降对附加应力的影响

2-3-18 **解**:参考题2-3-17的解答。

答案:A

考点:地下水位升降对附加应力的影响

2-3-19 **解**:当$e \leqslant b/6 = 4/6 = 0.67$m时,基底不会出现拉应力。当$p_{\min} = 0$时,$e = b/6 = 0.67$m,此时$p_{\min} = (F + G)(1 + e/p)/A = 1200 \times (1 + 1)/(3 \times 4) = 200$kPa。

答案:C

考点:基底压力计算

2-3-20 **解**:由题意,宽度为2m、长度为4m的基础,角点下6m处的附加应力$\sigma_{z1} = \alpha p_{01}$,$l/b = 2$,$z/b = 3$,$\alpha = \sigma_{z1}/p_{01} = 12.95/80 = 0.162$;宽度为4m、长度为8m的基础中心线下的附加应力可以等效为宽度为2m、长度为4m的矩形基础角点下附加应力的4倍,则$\sigma_{z2} = 4\alpha p_{02} = 4 \times 0.162 \times 90 = 58.3$kPa。

答案:D

考点:均布竖向矩形荷载作用下附加应力计算

2-3-21 **解**:工程中,当条形基础的长宽比$l/b \geqslant 10$时,可将其视为平面应变问题。

答案:B

考点:条形基础的概念

2-3-22 **解**:计算土中应力时,把土视为均匀的、各向同性的半无限弹性体材料。

答案:D

考点:自重应力计算

2-3-23 **解**:由天然重度乘以深度可得到 $\sigma_{cz}=\gamma_1 h_1=20\times24=480\text{kPa}$。

答案:B

考点:自重应力计算

2-3-24 **解**:由于荷载偏心距 e 的大小不同,基底压力的分布可能出现下述三种情况:

①当 $e<b/6$ 时,$p_{min}>0$,基底压力呈梯形分布;

②当 $e=b/6$ 时,$p_{min}=0$,基底压力呈三角形分布;

③当 $e>b/6$ 时,$p_{min}<0$,即产生拉应力,但基底与土之间是不能承受拉应力的,这时基底压力将重新分布。

答案:C

考点:基底压力

2-3-25 **解**:如果水下黏性土的液性指数 $I_L\geqslant1$,则土处于流动状态,土颗粒之间存在着大量自由水,此时认为土体受到水的浮力作用;如果 $I_L\leqslant0$,则土体处于固体状态;如果 $0<I_L<1$,土处于塑性状态。

答案:D

2-3-26 **解**:作用在土柱底面的竖向自重应力计算公式 $\sigma=\gamma z$,可计算得 270kPa。

答案:C

2-3-27 **解**:竖向集中力作用下的地基附加应力,由法国数学家布辛奈斯克 1885 年用弹性理论推导。

答案:B

2-3-28 **解**:附加应力作用下其应力大小随深度增大逐渐变小,其深度 z 起算点应为基础底面。

答案:A

2-3-29 **解**:地下水位下降,原水位以上无变化,原水位下孔隙水压力减小,有效应力增大。

答案:A

2-3-30 **解**:由于荷载偏心距 e 的大小不同,基底压力的分布可能出现下述三种情况:

①当 $e<b/6$ 时,$p_{min}>0$,基底压力呈梯形分布;

②当 $e=b/6$ 时,$p_{min}=0$,基底压力呈三角形分布;

③当 $e>b/6$ 时,$p_{min}<0$,也即产生拉应力,但基底与土之间是不能承受拉应力的,这时基底压力将重新分布。

答案:B

2-3-31 **解**:矩形面积上作用三角形分布荷载时,地基中竖向附加应力系数 K_t 是 l/b、z/b 的函数,b 指的是三角形分布荷载方向基础底面的边长。

答案:D

2-3-32 **解**：自重应力 $\sigma=\gamma h_1+(\gamma_{sat}-\gamma_w)h_2=18\times2+(20-10)\times2=56\text{kPa}$。

答案：A

2-3-33 **解**：基底中心处可分为四个矩形，且每个矩形 $l/b=1$，$z/b=2$，$K_c=0.084$，所以自重应力 $\sigma=4p_0K_c=4\times100\times0.084=33.6\text{kPa}$。

答案：C

2-3-34 **解**：由于计算位置在地表水位以上，所以直接用天然重度计算，即 $\sigma=\gamma h=2\times18=36\text{kPa}$。

答案：B

2-3-35 **解**：$\sigma=\gamma h_1+(\gamma_{sat}-\gamma_w)\times h_2=4\times18+(19-10)\times1=81\text{kPa}$。

答案：B

2-3-36 **解**：自重应力 $\sigma=20+20\times0.25=25\text{kPa}$。

答案：D

2-3-37 **解**：由建筑物的荷载或其他外荷载在地基内所产生的应力称为附加应力。

答案：B

2-3-38 **解**：计算基础及上回填土总重量时，平均重度一般取 20kN/m^3。

答案：C

2-3-39 **解**：附加应力作用下其应力大小随深度增大逐渐变小，其深度 z 起算点应为基础底面。故无影响。

答案：A

2-3-40 **解**：地下水位下土层采用浮重度（有效重度）。

答案：C

2-3-41 **解**：对柔性基础，地基反力分布与上部荷载分布基本相同，而基础底面的沉降分布则是中央大而边缘小，如由土筑成的路堤，其自重引起的地基反力分布与路堤断面形状相同。对刚性基础（如箱形基础等），在外荷载作用下，基础底面基本保持平面，即基础各点的沉降几乎是相同的，但基础底面的地基反力分布则不同于上部荷载的分布情况。刚性基础在中心荷载作用下，开始的（荷载较小时）地基反力呈马鞍形分布。

答案：B

2-3-42 **解**：自重应力随深度的增加而增大；在求地下水位以下的自重应力时，应取其有效重度计算；土的自重应力分布曲线是一条折线，拐点在土层交界处和地下水位处。

答案：C

考点：自重应力计算

(四)土的力学性质

2-4-1 在排水不良的软黏土地基上快速施工,在基础设计时,应选择的抗剪强度指标是(　　)。

A. 快剪指标　　B. 慢剪指标
C. 固结快剪指标　　D. 直剪指标

2-4-2 某砂土样的内摩擦角为30°,当土样处于极限平衡状态且最大主应力为300kPa时,其最小主应力为(　　)。

A. 934.6kPa　　B. 865.35kPa
C. 100kPa　　D. 88.45kPa

2-4-3 某内摩擦角为20°的土样,发生剪切破坏时,破坏面与最小主应力面的夹角为(　　)。

A. 55°　　B. 35°
C. 70°　　D. 110°

2-4-4 三轴试验的抗剪强度线为(　　)。

A. 一个莫尔应力圆的切线　　B. 不同试验点所连斜线
C. 一组莫尔应力圆的公切线　　D. 不同试验点所连折线

2-4-5 三轴试验的方法不包括(　　)。

A. 不固结不排水剪　　B. 固结不排水剪
C. 固结排水剪　　D. 固结快剪

2-4-6 下列关于直剪试验说法错误的是(　　)。

A. 试验时能严格控制排水,并且能量测孔隙水压力
B. 剪切面上剪应力分布不均匀,且竖向荷载会发生偏转(上下盒的中轴线不重合),主应力的大小及方向都是变化的
C. 剪切面限定在上下盒之间的平面,而不是沿土样最薄弱的面剪切破坏
D. 试验时上下盒之间的缝隙中易嵌入砂粒,使试验结果偏大

2-4-7 如果 $a_{1-2}=0.8\text{MPa}$,则土的压缩性为(　　)。

A. 高压缩性土　　B. 中压缩性土
C. 低压缩性土　　D. 极低压缩性土

2-4-8 某均质土层厚3m,初始孔隙比为0.5,在载荷作用下孔隙比减小值为0.3,则该土

层的沉降量为(　　)。

A. 0.4m　　B. 0.6m　　C. 0.5m　　D. 0.7m

2-4-9　有一基础埋置深度1m,地下水位在地表处,饱和重度 $\gamma_{sat}=18kN/m^3$,孔隙比与应力之间的关系为 $e=1.15-0.00125p$。若基底下5m处的附加应力为75kPa,则基底下4～6m的压缩量是(　　)。

A. 19cm　　B. 9cm
C. 25cm　　D. 5cm

2-4-10　压缩系数的单位为(　　)。

A. kN　　B. kN/m　　C. 1/kPa　　D. kPa

2-4-11　对于超固结土,其先期固结压力 p_c 与自重应力 p_0 的关系为(　　)。

A. $p_c>p_0$　　B. $p_c=p_0$
C. $p_c<p_0$　　D. $p_c\neq p_0$

2-4-12　有三个同一种类土样,它们的含水率都相同,但是饱和度不同,饱和度越大的土,其压缩性的变化是(　　)。

A. 压缩性越大　　B. 压缩性越小
C. 压缩性不变　　D. 不确定

2-4-13　两个土性相同的土样,单轴压缩试验得到变形模量 E_0,侧限压缩试验得到压缩模量 E_s 两者之间的相对关系为(　　)。

A. $E_0>E_s$　　B. $E_0=E_s$　　C. $E_0<E_s$　　D. 不确定

2-4-14　三个饱和土样进行常规三轴不固结不排水试验,其围压 σ_3 分别为50kPa、100kPa、150kPa。最终测得的强度差别为(　　)。

A. σ_3 越大,强度越大　　B. σ_3 越大,孔隙水压越大,强度越小
C. 与 σ_3 无关,强度相似　　D. 不确定

2-4-15　侧限压缩试验所得的压缩曲线(e-p 曲线)越平缓,表示该试样土的压缩性(　　)。

A. 越大　　B. 越小　　C. 越均匀　　D. 越不均匀

2-4-16　土中某点处于极限平衡状态时,剪切破坏面与大主应力作用方向所成的角度是(　　)。

A. $45°+\varphi/2$　　B. $45°-\varphi/2$　　C. $45°$　　D. $45°+\varphi$

2-4-17 砂土的抗剪强度是由(　　)构成的。

A. 土的黏聚力　　B. 有效应力
C. 总应力　　D. 土的内摩阻力

2-4-18 三轴试验时,试样所受的大主应力 σ_1 等于(　　)。

A. 中主应力 σ_2　　B. 中主应力 σ_2 + 小主应力 σ_3
C. 小主应力 σ_3　　D. 小主应力 σ_3 + 偏应力 q

2-4-19 理论上抗剪强度与(　　)应有对应的关系。

A. 孔隙水压力 u　　B. 有效应力 σ'　　C. 总应力 σ_3　　D. 剪应力 τ

2-4-20 水—弹簧模型主要用于模拟(　　)。

A. 有效应力原理　　B. 渗透作用　　C. 毛细作用　　D. 水压力变化

2-4-21［2019 年考题］　在一定压实功作用下,土样中粗粒含量越多,则该土样的(　　)。

A. 最佳含水率和最大干重度都越大
B. 最大干重度越大,而最佳含水率越小
C. 最佳含水率和最大干重度都越小
D. 最大干重度越小,而最佳含水率越大

题解及参考答案

2-4-1 **解**:施工时间短,排水条件不良的地基应选择接近不排水的抗剪强度指标。快剪意味着不排水。

答案:A

2-4-2 **解**:用大、小主应力关系表示的极限平衡条件计算得出。

答案:C

2-4-3 **解**:破坏面与最大主应力面的夹角为 $45° + \varphi/2$;破坏面与最小主应力面的夹角为 $45° - \varphi/2$。其中 φ 为内摩擦角。

答案:B

2-4-4 **解**:三轴试验可得出若干个土样(同一种土)破坏时的莫尔应力圆数据。

答案:C

2-4-5 **解**:三轴试验的方法为:不固结不排水剪、固结不排水剪和固结排水剪。

答案:D

2-4-6 **解**:试验时不能严格控制排水,并且不能量测孔隙水压力。

答案:A

2-4-7 **解**:工程中一般采用压力间隔 $p_1=100\text{kPa}$ 至 $p_2=200\text{kPa}$ 时对应的压缩系数 a_{1-2} 来评价土的压缩性:$a_{1-2}<0.1\text{MPa}$ 时,属低压缩性土;$0.1\leqslant a_{1-2}<0.5\text{MPa}$ 时,属中压缩性土;$a_{1-2}\geqslant 0.5\text{MPa}$ 时,属高压缩性土。

答案:A

考点:土的压缩性

2-4-8 **解**:由题意知,土层厚 $h=3\text{m}$,$e_1=0.5$,$\Delta e=0.3$。
由单向压缩公式:$s=(e_1-e_2)h/(1+e_1)=0.3\times3/(1+0.5)=0.6\text{m}$。

答案:B

考点:土的压缩性

2-4-9 **解**:基底下 4~6m 的自重应力平均值为

$$\sigma=(18-9.8)\times6=49.2\text{kPa}$$

$$e_1=1.15-0.00125\times49.2=1.089$$

$$e_2=1.15-0.00125\times(49.2+75)=0.995$$

$$s=\frac{1.089-0.995}{1+1.089}\times2=0.09\text{m}$$

答案:B

考点:压缩量计算

2-4-10 **解**:土的压缩系数是土在有侧限条件下压缩性的一个指标,定义为 $a=(e_1-e_2)/(p_2-p_1)$,故其单位为 1/kPa。

答案:C

考点:压缩系数定义

2-4-11 **解**:前期固结压力 p_c 和土层自重应力 p_0,超固结比定义为:$OCR=p_c/p_0$;$OCR>1$ 时为超固结土,则 $p_c>p_0$。

答案:A

考点:超固结土的应力关系

2-4-12 **解**:土的压缩性指的是土受压时体积缩小的性能,主要是其中孔隙体积被压缩而引起,题中提到对于 w 相同的,但 S_r 不同的三种土,其中 S_r 越大,说明孔隙中水的体积越大,就越不能被压缩,压缩性越小。

答案:B

考点:土的压缩性的影响因素

2-4-13　解:测试变形模量时,土样周围没有约束,测试压缩模量时,土样的周围有环刀约束,故在应力相等时,测试变形模量时的应变较大,故变形模量小于压缩模量。

答案:C

考点:压缩模量与变形模量的关系

2-4-14　解:不固结不排水试验,在施加围压以及偏压的时候,排水阀门始终关闭,围压的变化只会引起孔隙水压力的变化,而莫尔应力圆的直径保持不变,土的抗剪强度相似。

答案:C

考点:三轴不固结不排水试验

2-4-15　解:侧限压缩试验所得的压缩曲线(e-p 曲线)越平缓,说明体积变化越小,则可被压缩性就越小。

答案:B

考点:侧限压缩试验

2-4-16　解:由莫尔—库仑强度理论得出破裂面与大主应力的作用面成 $45° + \varphi/2$ 的夹角,则与大主应力方向的夹角为 45°。

答案:C

考点:极限平衡状态时剪切破坏面与大主应力的关系

2-4-17　解:由抗剪公式 $\tau = c + \sigma\tan\varphi$,得知土体的抗剪强度由 c(黏聚力)和 φ(内摩擦角)决定,由砂土的特性 $c=0$,则只由土的内摩擦角决定。所以砂土的抗剪强度是由土的内摩阻力构成。

答案:D

考点:砂土的抗剪强度

2-4-18　解:三轴试验主要步骤如下:将土切成圆柱体套在橡胶膜内,放在密封的压力室中,然后向压力室内压入水,使试件在各个方向受到周围压力,并使液压在整个试验过程中保持不变,这时试件内各向的三个主应力都相等,因此不产生剪应力。然后再通过传力杆对试件施加竖向压力,这样,竖向主应力就大于水平向主应力,当水平向主应力保持不变,而竖向主应力逐渐增大时,试件终于受剪而破坏。设剪切破坏时由传力杆加在试件上的竖向压应力为 q,则试件上的小主应力为 σ_3,大主应力为 $\sigma_1 = \sigma_3 + q$。

答案:D

考点:三轴试验

2-4-19　解:抗剪强度有效应力法表示为:$\tau = c' + \sigma'\tan\varphi'$,$c'$和 φ'分别为有效黏聚力和有效内摩擦角,统称为有效应力抗剪强度指标。由于考虑了孔隙水压力的影响,因此,对同种土,不论采取哪一种试验方法,只要能准确量测出土样破坏时的孔隙水压力,则均可用有效应力法来表示强度关系,而且所得的有效抗剪强度指标应该是相同的。即在理论上,抗剪强度和有效应力有对应关系。

答案:B

考点:抗剪强度与有效应力的关系

2-4-20 **解**:水—弹簧模型主要用于模拟饱和土压缩时土骨架和孔隙水的分担作用,或有效应力原理。

答案:A

考点:水—弹簧模型

2-4-21 **解**:试验证明,最优含水率与压实能量有关。对同一种土,用人力夯实时,因能量小,要求土粒之间有较多的水分使其更为润滑。因此,最优含水率较大而得到的最大干重度却较小。

答案:B

考点:土的压实特性

(五)地基沉降计算与地基承载力

2-5-1 地基塑性区的最大开展深度 $z_{max}=b/4$ 时,地基承载力应选择(　　)。

A. p_{cr}　　B. $p_{1/4}$　　C. $p_{1/3}$　　D. p_u

2-5-2 若地基表面产生较大隆起,基础发生严重倾斜,则地基的破坏形式为(　　)。

A. 局部剪切破坏　　B. 整体剪切破坏

C. 刺入剪切破坏　　D. 冲剪破坏

2-5-3 在 $\varphi=15°$($N_r=1.8, N_q=4.45, N_c=12.9$),$c=15\text{kPa}$,$\gamma=18\text{kN/m}^3$ 的地表面有一个宽度为3m的条形均布荷载,对于整体剪切破坏的情况,按太沙基承载力公式计算的极限承载力为(　　)。

A. 80.7kPa　　B. 193.5kPa　　C. 242.1kPa　　D. 50.8kPa

2-5-4 下列选项中不是地基剪切破坏形式的是(　　)。

A. 整体剪切破坏　　B. 局部剪切破坏

C. 刺入剪切破坏　　D. 斜拉破坏

2-5-5 下列说法错误的是(　　)。

A. 固结变形(固结沉降)s_c:即孔隙水排出,孔隙压力转换成有效应力,土体逐渐压密产生的体积压缩变形,计算方法可采用分层总和法

B. 深层平板载荷试验的承压板采用直径为0.8m的刚性板,紧靠承压板周围外侧的土层高度应不少于80cm

C. 整体剪切破坏明显存在三个变形阶段

D. 地基在外力作用下的变形为固结变形和瞬时变形

2-5-6 当基础最小边的宽度超过(　　),埋置深度超过(　　)时,且埋置深度与最小边宽度比小于等于4时,须进行修正。

A. 2m,3m　　B. 2m,4m　　C. 3m,2m　　D. 2m,2m

2-5-7 浅基础的极限承载力是指(　　)。

A. 地基中将要出现但尚未出现塑性区时的荷载

B. 地基中塑性区开展的最大深度为1/4基底宽时的荷载

C. 地基中塑性区开展的最大深度为1/3基底宽时的荷载

D. 地基中达到整体剪切破坏时的荷载

2-5-8 在摩擦角为零的黏土地基上,有两个埋置深度相同、宽度不同的条形基础,两者的极限荷载大小情况为(　　)。

A. 基础宽度大的极限荷载大

B. 基础宽度小的极限荷载大

C. 两者基础极限荷载一样大

D. 不确定

2-5-9 下列不能用于计算地基沉降量的是(　　)。

A. 分层总和法　　B. 应力面积法　　C. e-lg$p$ 法　　D. 库仑定律

2-5-10 下列不属于单向固结理论基本假定的(　　)。

A. 压缩土体为均质、各向同性的饱和土体

B. 饱和土体中的水体和土颗粒不可压缩

C. 土体中水的流动属于紊流

D. 一次性加荷

2-5-11 次固结变形(　　)。

A. 与主固结变形同时发生　　B. 主固结变形完成后发生

C. 与加载过程同时发生　　D. 不确定

2-5-12 用分层总和法计算地基沉降时,附加应力曲线表示(　　)。

A. 总应力　　B. 孔隙水压力

C. 有效应力　　D. 超孔隙水压力

2-5-13 所谓临界荷载,是指(　　)。

A. 持力层中将出现塑性区时的荷载
B. 持力层中将出现连续滑动面时的荷载
C. 持力层中出现某一允许大小值的塑性区时的荷载
D. 破坏荷载

2-5-14 荷载试验的中心曲线形态上,从线性关系开始变成非线性关系的界限荷载称为(　　)。

A. 允许荷载　　　　B. 临界荷载
C. 临塑荷载　　　　D. 极限荷载

题解及参考答案

2-5-1 **解:**参考《土力学》教材中"塑性荷载"。

答案:B

2-5-2 **解:**整体剪切破坏:有轮廓分明的从地基到地面的连续剪切滑动面,邻近基础的土体有明显的隆起,可使上部结构随基础发生突然倾斜,造成灾难性破坏。由题可知为整体剪切破坏的特征。

答案:B

2-5-3 **解:**将已知条件带入太沙基公式计算。$p_u = 0.5\gamma bN_r + qN_q + cN_c$

答案:C

2-5-4 **解:**地基剪切破坏形式的是:整体剪切破坏、局部剪切破坏和刺入剪切破坏。

答案:D

2-5-5 **解:**地基在外力作用下的变形为固结变形、瞬时变形和次固结变形。

答案:D

2-5-6 **解:**当基础最小边的宽度超过2m,埋置深度超过3m时,且埋置深度与最小边宽度比小于等于4时,须进行修正。

答案:A

2-5-7 **解:**浅基础的地基极限承载力是指使得地基达到完全剪切破坏时的最小压力,也就是相应于$p-s$曲线中地基从塑性变形阶段转为整体剪切破坏的界限荷载。

答案:D

2-5-8 **解:**已知条形基础在中心荷载下的地基承载力公式为$p_u = 0.5\gamma bN_r + qN_q + cN_c$。当$\varphi = 0$时,$N_r = 0$,所以两者承载力一样。

答案:C

考点:地基承载力

2-5-9 解:地基沉降的计算方法包括弹性力学方法、分层总和法、应力面积法等。e-lg$p$ 曲线法计算地基的沉降与 e-p 曲线法一样,都是以无侧限变形条件下压缩量的基本公式和分层总和法为前提的,所不同的是 Δe 应由现场压缩曲线来获得,初始孔隙比应取 e,压缩指数也应由现场压缩曲线求得。

答案:B

考点:地基沉降量的计算方法

2-5-10 解:固结理论的基本假设如下:①土是均质、各向同性和完全饱和的;②土粒和孔隙水都是不可压缩的;③土中附加应力沿水平面是无限均匀分布的,因此土层的压缩和土中水的渗流都是一维的;④土中水的渗流服从于达西定律;⑤在渗透固结中,土的渗透系数 k 和压缩系数 a 都是不变的常数;⑥外荷是一次骤然施加的。

答案:C

考点:太沙基一维固结理论的基本假设

2-5-11 解:次固结沉降是指超静孔隙水压力消散为零,在有效应力基本不变的情况下,随时间继续发生的沉降量,一般认为这是在恒定应力状态下,土中的结合水以黏滞流动的形态缓慢移动,造成水膜厚度相应地发生变化,使土骨架产生徐变的结果。

答案:B

考点:次固结变形

2-5-12 解:饱和土中总应力是由上面土体的重力、静水压力及外荷载所产生的应力部分由土颗粒间的接触面承担,称为有效应力;而由于建筑物荷重使基底增加的压力称为基底附加压力。所以基地附加应力是外荷载对地基产生的有效应力。

答案:C

考点:附加应力

2-5-13 解:使地基中塑性开展区达到一定深度或范围,但未与地面贯通,地基仍有一定的强度,能够满足建筑物的强度变形要求的荷载,此时作用于基础底面的荷载,被称为临界荷载。

答案:C

考点:临界荷载

2-5-14 解:临塑荷载(比例界限):指基础边缘地基中刚要出现塑性区时基底单位面积上所承担的荷载,它相当于地基从压缩阶段过渡到剪切阶段时的界限荷载,即 p-s 曲线上第一个转折点所对应的荷载,称为地基临塑荷载。

答案:C

考点:临塑荷载

（六）土坡稳定分析

2-6-1 若某砂土坡的稳定安全系数 $K=1.0$，则该土坡稳定应满足的条件为（　　）。

A. 坡角＝天然休止角　　B. 坡角＜1.5 倍天然休止角
C. 坡角＞1.5 倍天然休止角　　D. 1.5 倍坡角＜天然休止角

2-6-2 分析黏性土坡稳定时，假定滑动面为（　　）。

A. 斜平面　　B. 曲面
C. 圆筒面　　D. 水平面

2-6-3 无黏性土坡的稳定性（　　）。

A. 与坡高无关，与坡角有关　　B. 与坡角有关，与坡高无关
C. 与坡高和坡角都无关　　D. 与坡高和坡角都有关

2-6-4 下列说法错误的是（　　）。

A. 瑞典条分法假定滑动面为圆柱面及滑动土体为不变形的刚体
B. 毕肖普假定各土条底部滑动面上的抗滑安全系数均相同，即等于整个滑动面的平均安全系数，取单位长度土坡按平面问题计算
C. 砂性土坡稳定性系数 $K \geqslant 1.0 \sim 1.2$
D. 一般情况下，土的抗剪强度由黏聚力 c 和摩擦力 $\sigma\tan\varphi$ 两部分组成，砂性土黏聚力为零

2-6-5 大堤护岸边坡，当河水低水位骤涨到高水位时，边坡稳定性将（　　）。

A. 降低　　B. 升高
C. 不变　　D. 都有可能

2-6-6 填方边坡的瞬时稳定性与长期稳定性安全度的关系是（　　）。

A. $F_{瞬} > F_{长}$　　B. $F_{瞬} = F_{长}$　　C. $F_{瞬} < F_{长}$　　D. 无关

2-6-7 挖方边坡的瞬时稳定性与长期稳定性安全度的关系是（　　）。

A. $F_{瞬} > F_{长}$　　B. $F_{瞬} = F_{长}$
C. $F_{瞬} < F_{长}$　　D. 无关

2-6-8 在成层（非均质）土层中开挖边坡时，理论上（　　）采用稳定因数分析法。

A. 不能　　B. 能
C. 进行加权处理后可以　　D. 以上都对

2-6-9 一均质无黏性土土坡,土的饱和重度 $\gamma_{sat}=20.2\text{kN/m}^3$,内摩擦角 $\varphi=30°$,若要该土坡的稳定安全系数为1.2,试问在干坡或完全浸水条件下以及沿坡面有顺坡渗流时,土坡的安全坡角分别是(　　)。

A. 25°35′,26°35′　　B. 33°25′,26°35′
C. 24°54′,13°25′　　D. 36°25′,43°26′

2-6-10 砂性土坡稳定性分析中假定滑动面是(　　)。

A. 平面　　B. 折线
C. 不规则面　　D. 曲面

2-6-11 均质黏土土坡稳定性分析中假定滑动面是(　　)。

A. 平面　　B. 圆弧
C. 复合滑动面　　D. 不规则曲面

2-6-12 费伦纽斯确定最危险滑动面圆心时认为土的内摩擦角 $\varphi=0$,此时最危险圆弧为(　　)。

A. 中点圆　　B. 坡面圆　　C. 试算确定　　D. 坡脚圆

2-6-13 由(　　)构成的土坡进行稳定分析时需要采用条分法。

A. 细砂土　　B 粗砂土　　C. 碎石土　　D. 黏性土

2-6-14 某无黏性土坡坡角 $\beta=24°$,内摩擦角 $\varphi=36°$,则稳定安全系数为(　　)。

A. $K=1.46$　　B. $K=1.50$
C. $K=1.63$　　D. $K=1.70$

2-6-15 简化毕肖普公式忽略了(　　)。

A. 土条间的作用力　　B. 土条间的法向作用力
C. 土条间的切向作用力　　D. 一切作用力

2-6-16 下列因素中,导致土坡失稳的因素是(　　)。

A. 坡脚挖方　　B. 动水力减小
C. 土的含水率降低　　D. 土体抗剪强度提高

2-6-17 瑞典条分法在分析时忽略了(　　)。

A. 土条间的作用力　　B. 土条间的法向作用力
C. 土条间的切向作用力　　D. 一切作用力

2-6-18 分析均质无黏性土坡稳定时,稳定安全系数 K 为(　　)。

A. K = 抗滑力/滑动力　　B. K = 滑动力/抗滑力
C. K = 抗滑力矩/滑动力矩　　D. K = 滑动力矩/抗滑力矩

2-6-19 地基的稳定性可采用圆弧滑动面法进行验算,《建筑地基基础设计规范》(GB 50007—2011)规定(　　)。

A. $M_R/M_S \geqslant 1.5$　　B. $M_R/M_S \leqslant 1.5$　　C. $M_R/M_S \geqslant 1.2$　　D. $M_R/M_S \leqslant 1.2$

2-6-20 某无黏性土坡坡角 $\beta = 30°$,内摩擦角 $\varphi = 42°$,则稳定安全系数为(　　)。

A. 1.56　　B. 1.70　　C. 1.66　　D. 1.46

2-6-21 土坡失稳的一般形式为(　　)。

A. 崩塌　　B. 平移　　C. 转动　　D. 倾斜

2-6-22 关于无渗流的无黏性土坡整体稳定安全系数,下列叙述错误的是(　　)。

A. 与天然休止角有关　　B. 与该土坡的高度有关
C. 与该土坡的坡角有关　　D. 与土坡宽度无关

2-6-23 人工土坡的构成原因为(　　)。

A. 挖方　　B. 火山地壳运动　　C. 填方　　D. A 和 C

2-6-24 无渗流时,无黏性土坡的整体稳定安全系数与(　　)有关。

A. 坡与水平面夹角 β　　B. 砂土内摩擦角 φ
C. A 和 B　　D. 计算时选取的单元体体积 Δv

2-6-25 有渗流时,无黏性土坡的整体稳定安全系数与(　　)有关。

A. 坡与水平面夹角 β　　B. 砂土内摩擦角 φ
C. 砂土重度 γ　　D. 以上三者

题解及参考答案

2-6-1 **解:**对于均质无黏性土坡,理论上土坡的稳定性与坡高无关,只要坡角小于土的内摩擦角,稳定安全系数 $K>1$,土体就是稳定的。当坡角与土的内摩擦角相等时,稳定安全系数 $K=1$,此时抗滑力等于滑动力,土坡处于极限平衡状态,相应的坡角就等于松散无黏性土的内摩擦角,称之为自然休止角。

答案:A

2-6-2 **解**:简化为圆筒面计算,实际破坏面为曲面。

答案:C

2-6-3 **解**:无黏性土坡的稳定性与坡角有关,与坡高无关。

答案:B

2-6-4 **解**:砂性土坡稳定性系数 $K \geqslant 1.3 \sim 1.5$。

答案:C

2-6-5 **解**:水位骤涨,边坡抗剪强度明显降低,渗透性增加,含水率增加,稳定性下降。

答案:A

2-6-6 **解**:填方边坡的瞬时稳定性小于长期稳定性安全度。

答案:C

2-6-7 **解**:挖方边坡的瞬时稳定性大于长期稳定性安全度。

答案:A

2-6-8 **解**:在成层(非均质)土层中开挖边坡时,理论上进行加权处理后可以用稳定因数分析法。

答案:C

2-6-9 **解**:干坡或完全浸水时,得

$$\tan\beta = \tan\varphi / K_s = 0.557/1.2 = 0.464, \beta = 24°54'$$

有顺坡渗流时,得

$$\tan\beta = \gamma' \tan\varphi / \gamma_{sat} K_s = 10.4 \times 0.557/(20.2 \times 1.2) = 0.239$$

$$\beta = 13°25'$$

上述计算结果表明,在稳定安全系数相同的条件下,有顺坡渗流作用的土坡稳定角要比无渗流作用时的稳定坡角小得多。也就是说,在相同坡角的情况下,有顺坡渗流的土坡,其安全系数必然小。

答案:C

考点:砂性土坡稳定性分析

2-6-10 **解**:砂性土坡稳定性分析基本假定有:①假定滑动面是平面;②滑体为刚性体;③滑面处于极限平衡。

答案:A

考点:砂性土坡稳定性分析

2-6-11 **解**:黏性土坡稳定性分析基本假定有:①均质黏性土土坡;②滑动面为圆弧;③滑体为刚性体;④滑面处于极限平衡。

答案:B

考点:黏性土坡稳定性分析

2-6-12 **解**:费伦纽斯提出当土的内摩擦角 $\varphi=0$ 时,土坡的最危险圆弧滑动面通过坡脚。

答案:D

考点:费伦纽斯确定最危险滑动面圆心的方法

2-6-13 **解**:黏性土土坡稳定性分析时一般采用条分法。

答案:D

2-6-14 **解**:无黏性土坡稳定性系数 $K_s=\tan\varphi/\tan\beta=1.63$。

答案:C

2-6-15 **解**:简化毕肖普公式忽略了土条间的切向作用力。

答案:C

2-6-16 **解**:坡脚挖方会直接导致土坡边坡失稳。

答案:A

2-6-17 **解**:瑞典条分法又称为费伦纽斯法,该法假定土坡沿着圆弧面滑动,并认为土条间的作用力对土坡的整体稳定性影响不大,可以忽略(由此而引起的误差一般在10%~15%之间),即假定土条两侧的作用力大小相等、方向相反且作用于同一直线上。是条分法中最简单、最古老的一种。

答案:A

2-6-18 **解**:无黏性土坡稳定安全系数 K 为抗滑力/滑动力。

答案:A

2-6-19 **解**:《建筑地基基础设计规范》(GB 50007—2011)规定 $M_R/M_S \geqslant 1.2$。

答案:C

2-6-20 **解**:无黏性土坡稳定性系数 $K_s=\tan\varphi/\tan\beta=1.56$。

答案:A

2-6-21 **解**:土坡失稳的一般形式为崩塌。

答案:A

2-6-22 **解**:无渗流的无黏性土坡整体稳定安全系数与土坡高度无关。

答案:B

2-6-23 **解**:土坡可分为两大类:一类为自然形成的,称为天然土坡,或自然土坡;一类由挖方或填方形成的土坡,称为人工土坡。

答案:D

2-6-24 **解**:无渗流时,无黏性土坡的整体稳定安全系数 $K_s=\tan\varphi/\tan\beta$。

答案:C

2-6-25 **解**:土坡(或土石坝)在很多情况下,会受到由水位差的改变所引起的水力坡降或水头梯度,从而在土坡(或土石坝)内形成渗流场,对土坡稳定性带来不利影响,此时在坡面上渗流溢出处以下取一单元体,它除了本身重量外,还受到渗流力 $J=\gamma_w i$(i 是水头梯度,$i=\sin\beta$)的作用。若渗流为顺坡出流,则溢出处渗流及渗流力方向与坡面平行,此时使土单元体下滑的剪切力为 $T+J=G\sin\beta+\gamma_w i$,且此时对于单位土体来说,土体自重 G 就等于有效重度 γ',故土坡的稳定安全系数变为

$$K=T_f/(T+J)=\gamma'\cos\beta\tan\varphi/(\gamma'+\gamma_w)\sin\beta=\gamma'\tan\varphi/\gamma_{sat}\tan\beta$$

答案:D

三 工 程 地 质

复习指导

本章应重点掌握的内容主要包括：

(1)掌握矿物的性质、三大类岩石的结构与构造、常见的三大类岩石、岩石的工程地质性质、影响岩石工程地质性质的因素。

(2)掌握构造的类型以及性质、各种构造类型在地质图上的表现方式以及判别方法。掌握水平构造、倾斜构造、褶皱构造、褶皱的要素、褶皱的形态、、断裂构造、裂隙、断层要素、断层类型、"V"字形法则等重点概念。

(3)掌握残积层、坡积层、洪积层、冲积层的特点,流水地质作用及其特点。

(4)掌握河流阶地的类型与公路建设的关系、平原地貌、山岭地貌的形态和类型、内外动力地质作用、地形与地貌的区别。

(5)掌握地下水的埋藏类型及其特点,地下水的工程性质。掌握潜水、上层滞水、承压水、岩溶水等重点概念。

(6)掌握桥梁基础的类型和埋置深度与河流侵蚀作用的关系、边坡稳定性的影响因素、各种特殊性土的工程特性。

(7)掌握工程地质勘察在道路、桥梁、隧道工程中的运用。掌握挖探、钻探、地球物理勘探、室内试验、原位试验等重点概念。

练习题、题解及参考答案

(一)矿物与岩石

3-1-1 解理是指(　　)。

A. 岩石受力后形成的平行破裂面
B. 岩石中不规则的裂隙
C. 矿物受力后沿不规则方向裂开的性质
D. 矿物受力后沿一定方向裂开成光滑平面的性质

3-1-2 条痕是指矿物的(　　)。

A. 固有颜色　　　　　　B. 粉末的颜色

C. 杂质的颜色　　　　D. 表面氧化物的颜色

3-1-3 呈菱面体、白色、玻璃光泽,具有 3 组完全解理,硬度为 3,且遇稀盐酸剧烈起泡的矿物是(　　)。

A. 石英　　B. 白云母　　C. 方解石　　D. 正长石

3-1-4 呈无色透明、玻璃光泽、无解理、硬度为 7,贝壳状断口的矿物是(　　)。

A. 石英　　B. 白云母　　C. 方解石　　D. 正长石

3-1-5 岩石中具有晶粒或颗粒状、油脂光泽、小钢刀刻不动、浅色特征的矿物是(　　)。

A. 方解石　　B. 长石　　C. 石英　　D. 石膏

3-1-6 (　　)是矿物混入了某些杂质所引起的,与矿物的本身性质无关。

A. 自色　　B. 他色　　C. 假色　　D. 颜色

3-1-7 (　　)是由于矿物内部的裂隙或表面的氧化薄膜对光的折射、散射所引起的。

A. 自色　　B. 他色　　C. 假色　　D. 颜色

3-1-8 矿物表面呈现的光亮程度,称为(　　)。

A. 颜色　　B. 条痕　　C. 光泽　　D. 反光

3-1-9 矿物表面不平,致使光线散射,如石英断口上呈现的光泽是(　　)。

A. 油脂光泽　　B. 蜡状光泽　　C. 玻璃光泽　　D. 珍珠光泽

3-1-10 矿物硬度的确定,是根据(　　)种矿物对刻时互相是否刻伤的情况而定。

A. 1　　B. 2　　C. 3　　D. 4

3-1-11 野外工作中,常用指甲、铁刀刃、玻璃、钢刀刃鉴别矿物的硬度。其中铁刀刃的硬度大约为(　　)。

A. 2 ~ 2.5　　B. 3 ~ 3.5　　C. 5 ~ 5.5　　D. 6 ~ 6.5

3-1-12 下列为极完全解理的是(　　)。

A. 云母　　B. 方解石　　C. 正长石　　D. 磷灰石

3-1-13 常出现断口,解理面很难出现的是(　　)。

A. 云母　　B. 方解石　　C. 正长石　　D. 磷灰石

3-1-14 以下无解理的是(　　)。

A. 石英　　B. 黑云母　　C. 橄榄石　　D. 磷灰石

3-1-15 形状为短柱状、板状、粒状,颜色为肉色、浅玫瑰色或近于白色,玻璃光泽,二向完全解理,近于正交,硬度为6是(　　)。

A. 白云母　　B. 斜长石　　C. 正长石　　D. 石英

3-1-16 形状为长柱状、板条状,颜色为白色或灰白色,玻璃光泽,二向完全解理,斜交,硬度为6的是(　　)。

A. 白云母　　B. 斜长石　　C. 正长石　　D. 石英

3-1-17 形状为长柱状、纤维状,颜色为深绿至黑色,玻璃光泽,二向完全解理,交角为56°,硬度为5.5~6的是(　　)。

A. 角闪石　　B. 白云石　　C. 辉石　　D. 橄榄石

3-1-18 形状为鳞片状,细粒状,颜色为白、灰白或其他色,土状光泽,一向完全解理,硬度为1的是(　　)。

A. 滑石　　B. 白云石　　C. 石膏　　D. 高岭石

3-1-19 形状为菱形十二面体、二十四面体、粒状的是(　　)。

A. 滑石　　B. 绿泥石　　C. 白云石　　D. 石榴石

3-1-20 石灰岩是由(　　)组成的单矿岩。

A. 云母　　B. 方解石　　C. 正长石　　D. 高岭石

3-1-21 玄武岩是属于(　　)。

A. 浅成岩　　B. 深成岩　　C. 喷出岩　　D. 火山碎屑岩

3-1-22 某岩石呈肉红色、全晶质的中粒结构、块状构造,主要由石英、长石组成,并含有少量的黑云母和角闪石矿物,该岩石为(　　)。

A. 花岗岩　　B. 玄武岩　　C. 石灰岩　　D. 石英岩

3-1-23 按照冷凝成岩浆岩的地质环境分类,浅成岩是(　　)。

A. 岩浆侵入地壳某深处冷凝而成的岩石
B. 岩浆沿地表裂缝上升到距离地表较浅处冷凝而成的岩石
C. 岩浆沿地表裂缝上升喷出地表冷凝而成的岩石

D. 岩浆沿地表裂缝侵入到地表某部位冷凝而成的岩石

3-1-24 以下不属于岩浆岩的是(　　)。

A. 浅成岩　　B. 深成岩
C. 喷出岩　　D. 火山碎屑岩

3-1-25 岩石全部由结晶微小的矿物组成,用肉眼和放大镜均看不见晶粒,只有在显微镜下可识别的是(　　)。

A. 玻璃质结构　　B. 隐晶质结构
C. 显晶质结构　　D. 等粒结构

3-1-26 岩石中的矿物全部是显晶质(肉眼或放大镜可辨别的)颗粒,同种主要矿物结晶颗粒大小大致相等的结构,该结构是(　　)特有的结构。

A. 浅成岩　　B. 深成岩体的边缘
C. 深成岩　　D. 喷出岩

3-1-27 以下具有气孔状构造的岩石是(　　)。

A. 花岗岩　　B. 安山岩　　C. 闪长岩　　D. 浮岩

3-1-28 具有气孔状构造与杏仁状构造的是(　　)。

A. 花岗岩　　B. 安山岩　　C. 闪长岩　　D. 浮岩

3-1-29 呈岩流状产出,颜色一般较浅,常呈灰白、灰红、浅黄褐等色的喷出岩是(　　)。

A. 正长岩　　B. 花岗岩　　C. 闪长岩　　D. 流纹岩

3-1-30 以下不属于深成岩的是(　　)。

A. 辉长岩　　B. 花岗岩　　C. 闪长岩　　D. 辉绿岩

3-1-31 以下不属于喷出岩的是(　　)。

A. 大理岩　　B. 安山岩　　C. 玄武岩　　D. 流纹岩

3-1-32 地壳表面分布最广的岩石是(　　)。

A. 岩浆岩　　B. 玄武岩　　C. 变质岩　　D. 沉积岩

3-1-33 根据物质组成的特点,沉积岩一般分为(　　)。

A. 碎屑岩类、化学岩类、生物岩类
B. 碎屑岩类、黏土岩类、化学及生物化学岩类

C. 黏土岩类、化学岩类、生物化学岩类
D. 碎屑岩类、生物化学岩类、黏土岩类

3-1-34 石英砂岩的结构是(　　)。

A. 变晶结构　　B. 碎屑结构
C. 晶质等粒结构　　D. 斑状结构

3-1-35 页岩的构造是(　　)。

A. 千枚状　　B. 块状　　C. 层状　　D. 板状

3-1-36 在下列岩石中能含有三叶虫化石的岩石是(　　)。

A. 花岗岩　　B. 玄武岩　　C. 粉砂岩　　D. 石英岩

3-1-37 力学强度低,遇水易软化、泥化的岩石是(　　)。

A. 大理岩　　B. 泥灰岩　　C. 黏土页岩　　D. 流纹岩

3-1-38 从所含物质角度区别沉积岩与岩浆岩,主要看其是否含有(　　)。

A. 黏土矿物,有机质　　B. 方解石
C. 白云石　　D. 以上全部

3-1-39 常见胶结物的强度排列顺序正确的是(　　)。

A. 硅质 > 铁质 > 钙质 > 泥质
B. 硅质 > 钙质 > 铁质 > 泥质
C. 钙质 > 铁质 > 硅质 > 泥质
D. 铁质 > 硅质 > 钙质 > 泥质

3-1-40 颜色深,呈红色,强度较好的胶结物为(　　)。

A. 硅质　　B. 泥质　　C. 铁质　　D. 钙质

3-1-41 碎屑颗粒互不接触,散布于胶结物中,称为(　　)。

A. 基底式胶结　　B. 孔隙式胶结
C. 接触式胶结　　D. 其他胶结形式

3-1-42 各胶结方式的强度大小排列关系正确的是(　　)。

A. 基底式胶结 > 孔隙式胶结 > 接触式胶结
B. 基底式胶结 > 接触式胶结 > 孔隙式胶结
C. 接触式胶结 > 基底式胶结 > 孔隙式胶结

D. 孔隙式胶结 > 接触式胶结 > 基底式胶结

3-1-43 碎屑岩的胶结类型有(　　)。
①孔隙式;②基底式;③片理式;④板状式;⑤接触式。

A. ①②③　B. ②③④　C. ②③④⑤　D. ①②⑤

3-1-44 细粒砂岩不属于(　　)。

A. 细粒结构　B. 碎屑结构　C. 结晶结构　D. 砂质结构

3-1-45 有些岩层一端较厚,而另一端逐渐变薄以至消失,这种现象称为(　　)。

A. 夹层　B. 尖灭　C. 透镜体　D. 三角体

3-1-46 当层理面平直时称为(　　)。

A. 平行层理　B. 波状层理　C. 水平层理　D. 斜层理

3-1-47 黏土沉积物表面,由于失水收缩而形成不规则的多边形裂缝叫作(　　)。

A. 波痕　B. 泥裂　C. 雨痕　D. 风化

3-1-48 化石属于(　　)。

A. 喷出岩　B. 深成岩　C. 变质岩　D. 沉积岩

3-1-49 (　　)是介于喷出岩和沉积岩之间的过渡类型。

A. 喷出岩　B. 深成岩　C. 火山碎屑岩　D. 沉积碎屑岩

3-1-50 (　　)分布很广,易于开采加工,是工程上广泛采用的建筑石料。

A. 砂岩　B. 深成岩　C. 火山碎屑岩　D. 沉积碎屑岩

3-1-51 分布最广的沉积岩是(　　)。

A. 生物化学岩类　B. 化学岩类　C. 黏土岩类　D. 碎屑岩类

3-1-52 纯质(　　)为白色,随所含杂质的不同,可出现不同的颜色。性质与石灰岩相似,但强度和稳定性比石灰岩高,是一种良好的建筑石料。

A. 玄武岩　B. 白云岩　C. 泥灰岩　D. 页岩

3-1-53 下列矿物中属于变质矿物的是(　　)。

A. 石榴子石　B. 长石　C. 石英　D. 方解石

3-1-54 大理岩是由(　　)变质而成的岩石。

A. 石灰岩　　B. 石英砂岩　　C. 泥岩　　D. 花岗岩

3-1-55 石英岩的结构是(　　)。

A. 变晶结构　　B. 碎屑结构　　C. 斑状结构　　D. 化学结构

3-1-56 以下全部都是变质矿物的是(　　)。

A. 硅灰石,长石,石榴子石　　B. 石英,石墨,滑石
C. 绢云母、云母、蓝晶石　　D. 绿泥石,石墨,石榴子石

3-1-57 以下不属于变质岩的是(　　)。

A. 片麻岩　　B. 板岩　　C. 石英岩　　D. 花岗岩

3-1-58 (　　)多由黏土岩变质而成,矿物成分主要为石英、绢云母、绿泥石等。晶粒极细,肉眼不能直接辨别,外表常呈黄绿褐红、灰黑等色。质地松软,强度低,抗风化能力差,容易风化剥落,沿片理倾向容易产生塌落。

A. 片麻岩　　B. 板岩　　C. 大理岩　　D. 千枚岩

3-1-59 由石灰岩或白云岩经重结晶变质而成,等粒变晶结构,块状构造。主要矿物成分为方解石,遇稀盐酸强烈起泡,可与其他浅色岩石区别的是(　　)。

A. 片麻岩　　B. 板岩　　C. 大理岩　　D. 千枚岩

3-1-60 岩石在水的作用下,强度降低的性质是指岩石的(　　)。

A. 抗冻性　　B. 软化性　　C. 流变性　　D. 饱水率

3-1-61 岩石允许水流通过的能力称为(　　)。

A. 给水性　　B. 持水性　　C. 透水性　　D. 容水性

3-1-62 岩石的相对密度,是固体岩石的质量与同体积(　　)水的质量的比值。在数值上,等于固体岩石的单位体积的质量。

A. －4℃　　B. 0℃　　C. 4℃　　D. 10℃

3-1-63 岩石的吸水率与饱水率的比值,称为岩石的饱水系数。饱水系数越大,岩石的抗冻性越(　　)。

A. 差　　B. 好
C. 无影响　　D. 好,但是有特殊情况

3-1-64 一般认为饱水系数小于(　　)的岩石是抗冻的。

A. 0.6　　B. 0.8　　C. 1.0　　D. 1.2

3-1-65 岩石的抗冻性,有不同的表示方法,一般用岩石的抗冻试验前后抗压强度的降低率表示。抗压强度降低率大于(　　)的岩石,认为是非抗冻的。

A. 20%　　B. 25%　　C. 30%　　D. 40%

3-1-66 抗压、抗剪、抗拉强度都相对较高的岩石是(　　)。

A. 砂岩　　B. 页岩　　C. 花岗岩　　D. 石英岩

3-1-67 抗压、抗剪、抗拉强度都相对较差的岩石是(　　)。

A. 砂岩　　B. 页岩　　C. 花岗岩　　D. 石英岩

3-1-68 不是岩石的变形指标有(　　)。

A. 泊松比　　B. 弹性模量　　C. 变形模量　　D. 剪切强度

3-1-69 岩石的泊松比一般在(　　)之间。

A. 0.2 ~ 0.4　　B. 0.25 ~ 0.45　　C. 0.3 ~ 0.5　　D. 0.34 ~ 0.54

3-1-70 下面不是影响岩石工程地质性质的因素是(　　)。

A. 矿物成分　　B. 结构　　C. 构造　　D. 空气

题解及参考答案

3-1-1 **解**:见《应试辅导》考点一。矿物在外力作用下,沿着一定方向裂开成光滑平面的性质,称为解理。

答案:D

3-1-2 **解**:见《应试辅导》考点一。矿物的条痕是指矿物在无釉白色瓷板上划擦时留下的粉末的颜色。矿物的条痕可以消除假色,减弱他色,比矿物颜色稳定得多,是鉴定矿物的重要标志之一。

答案:B

3-1-3 **解**:见《应试辅导》考点一。表 3-2 中,方解石:硬度 3,三向完全解理,遇盐酸强烈起泡。

答案:C

3-1-4　解：见《应试辅导》考点一。表 3-2 中，石英：硬度 7，无解理，贝壳状断口、断口为油脂光泽。

答案：A

3-1-5　解：见《应试辅导》考点一。野外工作中，常用指甲(2～2.5)、铁刀刃(3～3.5)、玻璃(5～5.5)、钢刀刃(6～6.5)鉴别矿物的硬度；表 3-2 中，石英：六棱柱状或双锥状、粒状、块状，硬度 7，无解理，贝壳状断口、断口为油脂光泽。

答案：C

3-1-6　解：见《应试辅导》考点一。他色是矿物混入了某些杂质所引起的，与矿物的本身性质无关。

答案：B

3-1-7　解：见《应试辅导》考点一。假色是由于矿物内部的裂隙或表面的氧化薄膜对光的折射、散射所引起的。

答案：C

3-1-8　解：见《应试辅导》考点一。矿物表面呈现的光亮程度，称为光泽。

答案：C

3-1-9　解：见《应试辅导》考点一。矿物表面不平，致使光线散射，如石英断口上呈现的光泽是油脂光泽。

答案：A

3-1-10　解：见《应试辅导》考点一。矿物硬度的确定，是根据两种矿物对刻时互相是否刻伤的情况而定。

答案：B

3-1-11　解：见《应试辅导》考点一。野外工作中，常用指甲(2～2.5)、铁刀刃(3～3.5)、玻璃(5～5.5)、钢刀刃(6～6.5)鉴别矿物的硬度。

答案：B

3-1-12　解：见《应试辅导》考点一。极完全解理：极易裂开成薄片，解理面大而完整，平滑光亮，如云母。

答案：A

3-1-13　解：见《应试辅导》考点一。不完全解理：常出现断口，解理面很难出现，如磷灰石。

答案：D

3-1-14　解：见《应试辅导》考点一。表 3-2 中，石英：硬度 7，无解理，贝壳状断口、断口为油脂光泽。

答案：A

3-1-15 **解**:见《应试辅导》考点一。表 3-2 中,正长石:短柱状、板状、粒状,肉色、浅玫瑰或近于白,玻璃光泽,硬度 6,二向完全解理,近于正交。

答案:C

3-1-16 **解**:见《应试辅导》考点一。表 3-2 中,斜长石:长柱状、板条状,白色或灰白色,玻璃光泽,硬度 6,二向完全解理,斜交。

答案:B

3-1-17 **解**:见《应试辅导》考点一。表 3-2 中,角闪石:长柱状、纤维状,深绿至黑色,玻璃光泽,硬度 6,二向完全解理,交角近 56°。

答案:A

3-1-18 **解**:见《应试辅导》考点一。表 3-2 中,高岭石:鳞片状、细粒状,白、灰白或其他色,土状光泽,硬度 1,一向完全解理。

答案:D

3-1-19 **解**:见《应试辅导》考点一。表 3-2 中,石榴石:菱形十二面体、二十四面体、粒状,棕、棕红或黑红色,玻璃光泽,硬度 6.5 ~ 7.5,无解理,不规则断口。

答案:D

3-1-20 **解**:见《应试辅导》考点二。岩石按组成分为单矿岩、复矿岩。主要由一种矿物组成的岩石,称为单矿岩,如石灰岩就是由方解石组成的单矿岩。

答案:B

3-1-21 **解**:见《应试辅导》考点二。玄武岩:喷出岩,颜色呈灰黑至黑色。主要矿物成分与辉长岩相同,呈隐晶质细粒或斑状结构,气孔或杏仁状构造。玄武岩致密坚硬、性脆,强度很高,具有抗磨损、耐酸性强的特点。

答案:C

3-1-22 **解**:见《应试辅导》考点二。花岗岩:深成侵入岩,多呈肉红、浅灰、灰白等色。矿物成分主要为石英和正长石,其次有黑云母、角闪石和其他矿物。全晶质等粒结构,块状构造。根据所含深色矿物的不同,可进一步分为黑云母花岗岩、角闪石花岗岩等。花岗岩分布广泛,性质均匀坚固,是良好的建筑物地基和天然建筑石料。但是,在花岗岩地区进行工程建设时,要特别注意其风化程度和节理发育情况。

答案:A

3-1-23 **解**:见《应试辅导》考点二。岩浆上升侵入围岩,在地壳深处结晶形成的岩石,称为深成岩,在地面以下较浅处形成的岩石,称为浅成岩,两者统称为侵入岩。由喷出地面的熔岩凝固形成的岩石,称为喷出岩。

答案:B

3-1-24 **解**:见《应试辅导》考点二。岩浆岩可分为侵入岩和喷出岩,其中侵入岩又可分为深成岩和浅成岩。

答案:D

3-1-25 **解**:见《应试辅导》考点二。岩石全部由结晶微小的矿物组成,用肉眼和放大镜均看不见晶粒,只有在显微镜下可识别的是隐晶质结构。

答案:B

3-1-26 **解**:见《应试辅导》考点二。岩石全部由结晶矿物组成。它通常是深成侵入岩特有的结构,如花岗岩、正长岩。

答案:C

3-1-27 **解**:见《应试辅导》考点二。气孔状构造常为玄武岩、浮岩等喷出岩所具有。

答案:D

3-1-28 **解**:见《应试辅导》考点二。岩石中的气孔,为后期矿物(如方解石、石英等)充填所形成的一种形似杏仁的构造,如某些玄武岩和安山岩的构造。

答案:B

3-1-29 **解**:见《应试辅导》考点二。流纹岩是喷出岩,呈岩流状产出,颜色一般较浅,常呈灰白、灰红、浅黄褐等色。

答案:D

3-1-30 **解**:见《应试辅导》考点二。花岗岩、闪长岩、辉长岩均是深成侵入岩。

答案:D

3-1-31 **解**:见《应试辅导》考点二。安山岩、玄武岩、流纹岩均是喷出岩。

答案:A

3-1-32 **解**:见《应试辅导》考点二。沉积岩是地表面分布最广的一种岩石,体积占地壳的5%,出露面积约占陆地表面积的75%。

答案:D

3-1-33 **解**:见《应试辅导》考点二。常见的沉积岩有碎屑岩类,黏土岩类,化学及生物化学岩类。

答案:B

3-1-34 **解**:见《应试辅导》考点二。砂岩:砂质结构(属于碎屑结构),由50%以上粒径介于0.05~2mm的砂粒胶结而成,黏土含量<25%。

答案:B

3-1-35 **解**:见《应试辅导》考点二。页岩是由黏土脱水胶结而成,以黏土矿物为主,大部分有明显的薄层理,呈页片状。

答案:C

3-1-36 **解**:见《应试辅导》考点二。沉积岩中经过石化交替作用保存下来的动植物的遗骸和痕迹称为化石，如蚌壳、三叶虫、树叶等。粉砂岩属于沉积岩。

答案：C

3-1-37 **解**：见《应试辅导》考点二。黏土矿物含量高、孔隙率大、吸水率高的岩石，与水作用容易软化而丧失其强度和稳定性。页岩抗压、抗剪、抗拉强度都较弱。

答案：C

3-1-38 **解**：见《应试辅导》考点二。沉积岩主要由陆源碎屑物质、黏土矿物、化学沉积矿物和有机质及生物残骸等物质组成。

答案：D

3-1-39 **解**：见《应试辅导》考点二。常见的胶结物有以下几种：

①硅质：胶结成分为石英及其他二氧化硅。颜色浅，强度高。

②铁质：胶结成分为铁的氧化物及氢氧化物。颜色深，呈红色，强度仅次于硅质胶结。

③钙质：胶结成分为碳酸钙一类的物质。颜色浅，强度比较低，具有可溶性。

④泥质：胶结成分为黏土。多呈黄褐色，胶结松散，强度低，易湿软、风化。

答案：A

3-1-40 **解**：见《应试辅导》考点二。铁质：胶结成分为铁的氧化物及氢氧化物。颜色深，呈红色，强度仅次于硅质胶结。

答案：C

3-1-41 **解**：见《应试辅导》考点二。碎屑颗粒互不接触，散布于胶结物中，称为基底式胶结。

答案：A

3-1-42 **解**：见《应试辅导》考点二。碎屑颗粒互不接触，散布于胶结物中，称为基底式胶结。它胶结紧密，岩石孔隙度小，较其他胶结方式的岩石强度高。孔隙式胶结的工程性质与碎屑颗粒成分、形状及胶结物成分都有关系，强度变化较大。接触胶结的岩石，一般都是孔隙度大、容重小、吸水率高、强度低，透水性强。

答案：A

3-1-43 **解**：见《应试辅导》考点二。常见的胶结方式有基底式胶结、孔隙式胶结和接触式胶结三种。

答案：D

3-1-44 **解**：见《应试辅导》考点二。结晶结构：由溶液中沉淀或经重结晶所形成的结构，是石灰岩、白云岩等化学岩的主要结构。

答案：C

3-1-45 **解**：见《应试辅导》考点二。某些岩层一端较厚，而另一端逐渐变薄以至消失，这种现象称为尖灭。

答案：B

3-1-46　解:见《应试辅导》考点二。当层理与层面延长方向相互平行时,称为平行层理。其中,当层理面平直时称为水平层理。

答案:C

3-1-47　解:见《应试辅导》考点二。泥裂:黏土沉积物表面,由于失水收缩而形成不规则的多边形裂缝。

答案:B

3-1-48　解:见《应试辅导》考点二。化石:在沉积岩中经过石化交替作用保存下来的动植物的遗骸和痕迹称为化石,如蚌壳、三叶虫、树叶等。根据化石可以推断岩石形成的地理环境和地质年代。化石是沉积岩的重要特征。

答案:D

3-1-49　解:见《应试辅导》考点二。喷出岩、深成岩是岩浆岩,沉积碎屑岩是沉积岩,火山碎屑岩属于过渡类型。

答案:C

3-1-50　解:见《应试辅导》考点二。砂岩分布很广,易于开采加工,是工程上广泛采用的建筑石料。

答案:A

3-1-51　解:见《应试辅导》考点二。黏土岩是分布最广的一类沉积岩。

答案:C

3-1-52　解:见《应试辅导》考点二。纯质白云岩为白色,随所含杂质的不同,可出现不同的颜色。性质与石灰岩相似,但强度和稳定性比石灰岩高,是一种良好的建筑石料。

答案:B

3-1-53　解:见《应试辅导》考点二。变质岩的矿物成分可分为两大类:一类是与岩浆岩、沉积岩所共有的,如石英、长石、云母、角闪石、辉石、方解石等,它们大多是原岩残留下来的,有的是在变质作用中形成的;另一类是在变质作用中产生的变质岩所特有的矿物,以此将变质岩与其他岩石区别开来,如石墨、滑石、蛇纹石、石榴子石、绿泥石、绢云母、硅灰石、蓝晶石、红柱石等,称为变质矿物。

答案:A

3-1-54　解:见《应试辅导》考点二。大理岩:由石灰岩或白云岩经重结晶变质而成,等粒变晶结构,块状构造。

答案:A

3-1-55　解:见《应试辅导》考点二。石英岩:等粒变晶结构,块状构造。

答案:A

3-1-56　解:见《应试辅导》考点二。如石墨、滑石、蛇纹石、石榴子石、绿泥石、绢云母、硅灰石、蓝晶石、红柱石等,称为变质矿物。

答案:D

3-1-57 **解:**见《应试辅导》考点二。花岗岩为岩浆岩。

答案:D

3-1-58 **解:**见《应试辅导》考点二。千枚岩:结晶程度比片岩差,晶粒极细,肉眼不能直接辨别,片理面常有微弱的丝绢光泽,外表常呈黄绿褐红、灰黑等色。矿物成分主要为石英、绢云母、绿泥石等。千枚岩的质地松软,强度低,抗风化能力差,容易风化剥落。

答案:D

3-1-59 **解:**见《应试辅导》考点二。大理岩:由石灰岩或白云岩经重结晶变质而成,等粒变晶结构,块状构造。主要矿物成分为方解石。

答案:C

3-1-60 **解:**见《应试辅导》考点三。岩石的软化性,是指岩石在水的作用下,强度及稳定性降低的一种性质。

答案:B

3-1-61 **解:**见《应试辅导》考点三。岩石的透水性,是指岩石允许水通过的能力。岩石的透水性用渗透系数(K)来表示。

答案:C

3-1-62 **解:**见《应试辅导》考点三。岩石的相对密度,是固体岩石的质量 m_s 与同体积4℃水的质量 $V_s\rho_w$ 的比值。

答案:C

3-1-63 **解:**见《应试辅导》考点三。岩石的吸水率与饱水率的比值,称为岩石的饱水系数。饱水系数越大,岩石的抗冻性越差。

答案:A

3-1-64 **解:**见《应试辅导》考点三。一般认为饱水系数小于0.8的岩石是抗冻的。

答案:B

3-1-65 **解:**见《应试辅导》考点三。抗压强度降低率小于20%~25%的岩石,认为是抗冻的;大于25%的岩石,认为是非抗冻的。

答案:B

3-1-66 **解:**见《应试辅导》考点三中表3-3。

答案:D

3-1-67 **解:**见《应试辅导》考点三中表3-3。

答案:B

3-1-68 **解**:见《应试辅导》考点三。岩石的变形指标主要有弹性模量、变形模量和泊松比。

答案:D

3-1-69 **解**:见《应试辅导》考点三。岩石的泊松比一般在0.2~0.4之间。

答案:A

3-1-70 **解**:见《应试辅导》考点三。影响岩石工程地质性质的因素,一是岩石自身的内在条件所决定的,如岩石的矿物成分、结构、构造;二是来自外部的客观因素,如水的作用及风化作用等。

答案:D

(二)地 质 构 造

3-2-1 地壳运动按其运动方向分为(　　)。

A. 垂直运动和拉张运动　　B. 水平运动和挤压运动
C. 挤压运动和拉张运动　　D. 水平运动和垂直运动

3-2-2 以下作用中属于内力地质作用的是(　　)。
①构造运动;②地震作用;③风化作用;④岩浆及火山作用;⑤搬运作用;⑥变质作用。

A. ①②③④　　B. ②③④⑤　　C. ③④⑤⑥　　D. ①②④⑥

3-2-3 以下作用中不属于外力地质作用的是(　　)。

A. 剥蚀作用　　B. 沉积作用　　C. 岩浆作用　　D. 固结成岩作用

3-2-4 由地球内动力地质作用引起地壳变化,使岩层或岩体发生变形和变位的运动称为(　　)。

A. 搬运作用　　B. 地震作用　　C. 变质作用　　D. 地壳运动

3-2-5 (　　)指使松散沉积物变为坚硬岩石的作用,包括胶结作用、压实作用和结晶作用。

A. 搬运作用　　B. 风化作用　　C. 固结成岩作用　　D. 沉积作用

3-2-6 (　　)是地壳表层岩石受风力、地表流水、地下水、湖泊、海洋或冰川等动力作用,而遭受破坏并被剥离原地的作用。

A. 搬运作用　　B. 风化作用　　C. 剥蚀作用　　D. 沉积作用

3-2-7 地壳表层岩石在太阳辐射、水、大气和生物等因素的共同作用下,发生物理和化学的变化,使岩石崩解破碎以至逐渐分解的作用,称为(　　)。

A. 搬运作用　　B. 风化作用　　C. 固结成岩作用　　D. 沉积作用

3-2-8　(　　)是国际通用的地质年代单位。

A. 代,纪,世　　B. 纪,世,期　　C. 代,世,期　　D. 代,纪,期

3-2-9　国际上统一使用的地层单位是(　　)。

A. 界、系、统　　B. 界、纪、统　　C. 代、系、世　　D. 代、纪、统

3-2-10　发生在晚第三纪 N 的主要地壳运动是(　　)。

A. 海西运动　　B. 印支运动　　C. 燕山运动　　D. 喜马拉雅运动

3-2-11　燕山运动所处的年代为(　　)。

A. 白垩纪　　B. 三叠纪　　C. 第四纪　　D. 第三纪

3-2-12　以下地质年代由老至新的顺序正确的是(　　)。

A. 志留纪、石炭纪、奥陶纪　　B. 石炭纪、奥陶纪、志留纪
C. 奥陶纪、石炭纪、志留纪　　D. 奥陶纪、志留纪、石炭纪

3-2-13　以下术语中相对地质年代最新的是(　　)。

A. 志留纪　　B. 侏罗纪　　C. 石炭纪　　D. 奥陶纪

3-2-14　以下术语中相对地质年代最老的是(　　)。

A. 志留纪　　B. 白垩纪　　C. 三叠纪　　D. 奥陶纪

3-2-15　(　　)是指在一定地质时期内先后形成的具有一定层状或非层状岩石的总称。

A. 岩层　　B. 岩石体　　C. 地层　　D. 地壳

3-2-16　(　　)指岩层在空间位置的展布状态。它是分析研究各种地质构造形态的最基本依据。

A. 水平构造　　B. 岩层的产状　　C. 倾斜构造　　D. 穿插构造

3-2-17　岩层的走向和倾向相差(　　)。

A. 45°　　B. 60°　　C. 90°　　D. 30°

3-2-18　任何一个视倾角都(　　)该层面的真倾角。

A. 小于　　　　　B. 等于　　　　　C. 大于　　　　　D. 没有关系

3-2-19　下列有关岩层倾向叙述正确的是(　　)。

A. 岩层倾向与岩层走向无关
B. 岩层的倾向有两个数值,且两数值相差 180°
C. 岩层的倾向只有一个数值
D. 岩层的倾向可由走向线的方位角表示

3-2-20　罗盘仪适合测量(　　)。

A. 岩层产状　　　　　B. 沉积岩相对地质年代的确定
C. 褶皱构造　　　　　D. 岩浆岩相对地质年代的确定

3-2-21　“200°∠30°”读作(　　)。

A. 倾角 200°、倾向 30°　　　　　B. 倾向 200°、倾角 30°
C. 200°角 30°　　　　　D. 都不正确

3-2-22　陕北的中生界地层属于(　　)。

A. 水平构造　　　　　B. 单斜构造　　　　　C. 褶皱构造　　　　　D. 断裂构造

3-2-23　较新的岩层分布在地势较高的地方,较老的岩层出露在地势较低的地方为(　　)。

A. 水平构造　　　　　B. 单斜构造　　　　　C. 褶皱　　　　　D. 断裂

3-2-24　岩层在构造运动中受力形成连续弯曲而未丧失连续性的构造是(　　)。

A. 水平构造　　　　　B. 单斜构造　　　　　C. 褶皱构造　　　　　D. 断裂构造

3-2-25　下列关于褶皱的叙述不正确的是(　　)。

A. 褶皱构造使同一岩层产生明显的错动
B. 褶皱核部为老地层,翼部为新地层
C. 褶皱的基本类型有背斜和向斜
D. 褶皱使岩层产生了一系列波状弯曲

3-2-26　褶皱结构的两种基本形态是(　　)。
①倾伏褶曲;②背斜;③向斜;④平卧褶曲。

A. ①和②　　　　　B. ②和③　　　　　C. ①和④　　　　　D. ③和④

3-2-27　褶皱构造形体的各个组成部分称为褶皱要素,它是用以描述和研究褶皱构造的形态特征和空间展布规律的。褶皱要素中泛指核部两侧的岩层的是(　　)。

A. 翼　　B. 轴面　　C. 枢纽　　D. 转折端

3-2-28　轴面倾斜，两翼岩层倾向相反，倾角不相等为(　　)。

A. 直立褶皱　　B. 倾斜褶皱
C. 倒转褶皱　　D. 平卧褶皱

3-2-29　枢纽近于水平，呈直线状延伸较远，两翼岩层界线基本平行的是(　　)。

A. 直立褶皱　　B. 倾斜褶皱
C. 水平褶皱　　D. 平卧褶皱

3-2-30　枢纽向一端倾伏，另一端昂起，两翼岩层界线不平行，在倾伏端交汇成封闭弯曲线的是(　　)。

A. 倾斜褶皱　　B. 倾伏褶皱
C. 水平褶皱　　D. 平卧褶皱

3-2-31　褶皱构造形体的各个组成部分称为褶皱要素，它是用以描述和研究褶皱构造的形态特征和空间展布规律的。褶皱要素中以褶皱顶平分两翼的面称为褶皱的(　　)。

A. 翼　　B. 轴面　　C. 枢纽　　D. 转折端

3-2-32　褶皱构造的野外观察方法有(　　)。

A. 踏勘法　　B. 测绘法
C. 勘探法　　D. 穿越法和追索法

3-2-33　岩层向下弯曲，两侧岩层相向倾斜，核心部分岩层时代较新，两侧岩层依次变老并对称分布。具备这些特征的是(　　)。

A. 向斜　　B. 背斜　　C. 叠加　　D. 都不正确

3-2-34　对于深埋地下的隧道工程，从褶皱的(　　)通过一般比较有利。

A. 核部　　B. 翼部
C. 转折端　　D. 前面三种情况都一样

3-2-35　对于深挖路堑和高边坡来说，最不利的情况是(　　)。

A. 路线垂直于岩层走向，或路线与岩层走向平行但岩层倾向与边坡坡向相反
B. 路线与岩层走向平行，边坡坡向与岩层倾向一致
C. 路线与岩层走向平行，岩层倾向与路基边坡坡向一致，而且边坡的坡角大于岩层倾角
D. 前面三种情况都是最不利

3-2-36 若在图中选择一个相对理想的公路隧洞位置,应该是(　　)。

A. ①
B. ②
C. ③
D. 无法判断

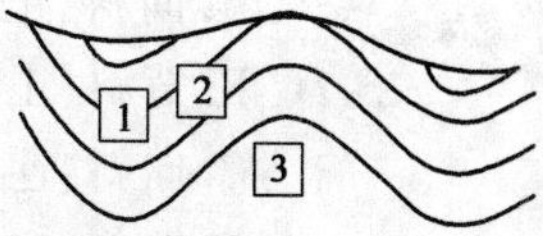

题 3-2-36 图

3-2-37 发生明显位移的断裂是(　　)。

A. 断层　　B. 解理
C. 节理　　D. 层理

3-2-38 上盘沿断层面相对上升,下盘相对下降的断层为(　　)。

A. 正断层　　B. 逆断层
C. 平推断层　　D. 都不正确

3-2-39 图示的断层为(　　)。

A. 正断层
B. 逆断层
C. 平移断层
D. 无法判断

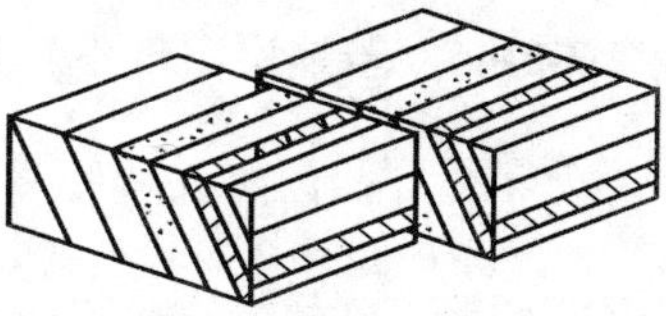

题 3-2-39 图

3-2-40 下列不属于剪裂隙特征的是(　　)。

A. 裂隙面平直光滑
B. 在砾岩中可以切穿砾石
C. 沿走向和倾向延伸较远
D. 裂隙两壁间的裂缝较宽,呈开口或楔形,并常被岩脉充填

3-2-41 关于裂隙,下列说法不正确的是(　　)。

A. 裂隙破坏了岩体的完整性,使岩体的稳定性降低
B. 裂隙常造成边坡的坍塌和滑动,以及地下室围岩的冒落
C. 裂隙是地下水的良好通道,水文地质意义重大
D. 在挖方和采石中,裂隙的存在降低工作效率

3-2-42 图示为平面图,图中构造为(　　)。

A. 向斜、正断层
B. 背斜、正断层
C. 向斜、逆断层
D. 背斜、逆断层

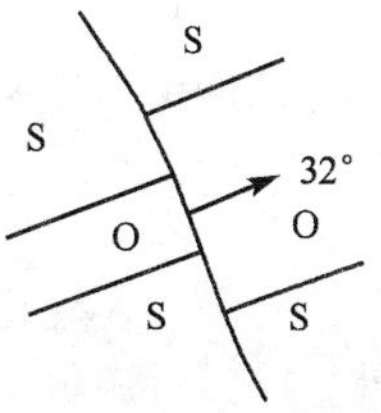

题 3-2-42 图

3-2-43 图示为平面图,图中构造为(　　)。

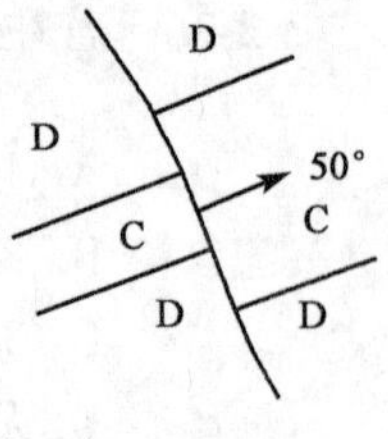

A. 向斜、正断层
B. 背斜、正断层
C. 向斜、逆断层
D. 背斜、逆断层

题 3-2-43 图

3-2-44 断层两盘相对错动,可引起断层面上的温度升高,使一些铁、锰、钙、硅等成分的物质粉末重熔,敷在断层面上形成一层光滑的薄膜称为(　　)。

A. 断层破碎带　　B. 断层擦痕　　C. 断层阶步　　D. 断层滑面

3-2-45 关于断层的工程地质评价,下列说法不正确的是(　　)。

A. 断层破碎带力学强度低、压缩性低
B. 断裂面对岩质边坡、坝基及桥基均有重要影响
C. 隧道工程通过断层时易发生坍塌
D. 隧道工程穿越断层带时,必须采取相应的工程加固措施,以免发生崩塌

3-2-46 若地层出现不对称性的重复现象,则此处存在的地质构造为(　　)。

A. 褶皱　　B. 断层　　C. 节理　　D. 单斜构造

3-2-47 水平岩层的岩层分界线与地形等高线(　　)。

A. 平行
B. 弯曲方向相反
C. 弯曲方向一致,但岩层界线的弯曲度大于地形等高线的弯曲度
D. 弯曲方向一致,但岩层界线的弯曲度小于地形等高线的弯曲度

3-2-48 (　　)的地层分界线在地质平面图上是一条与地形等高线相交的“V”字形曲线。

A. 水平构造　　B. 单斜构造　　C. 褶皱构造　　D. 断裂构造

3-2-49 当岩层的倾向与地面倾斜的方向相反时,在山脊处“V”字形的尖端朝向(　　)。

A. 山麓　　B. 上游　　C. 山里　　D. 下游

3-2-50 当岩层的倾向与地面倾斜的方向一致而倾角小于地面坡度时,“V”字形的尖端朝向沟谷的(　　)。

A. 山麓　　B. 上游　　C. 山里　　D. 下游

3-2-51 由于断层倾角一般较大,所以断层线在地质平面图上通常是一段(　　)。

A. 圆弧　　B. 波浪线　　C. 直线　　D. 抛物线

3-2-52 (　　)上下两套岩层之间的地质年代不连续,而且产状也不相同。

A. 水平构造　　B. 单斜构造
C. 断层　　D. 角度不整合

3-2-53 假整合是指(　　)。

A. 角度不整合　　B. 平行不整合　　C. 整合接触　　D. 都不正确

3-2-54 图示地层中缺失了(　　)地层。

A. O(奥陶系)
B. J(侏罗系)
C. Q_4(第四系)
D. N(晚第三系)

题 3-2-54 图

3-2-55 地质构造在地质图中的表现形式不存在(　　)。

A. 水平构造　　B. 单斜构造　　C. 褶皱　　D. 破裂

3-2-56 (　　)指上下两套岩层产状一致,相互平行,连续沉积形成,其间不缺失某个时代的岩层,上下岩层的岩性或所含化石都是一致的或递变的。

A. 整合接触　　B. 不整合接触
C. 平行不整合　　D. 角度不整合

3-2-57 图示为地质平面图,图中 O-D 与 J-K 两套地层的接触关系为(　　)。

A. 整合接触
B. 平行不整合接触
C. 角度不整合接触
D. 侵入接触

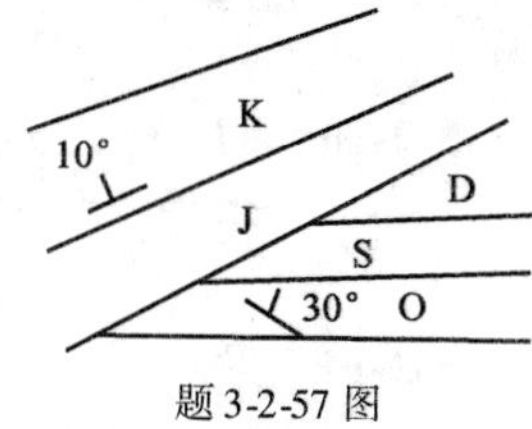

题 3-2-57 图

题解及参考答案

3-2-1 **解:**见《应试辅导》考点一。地壳运动按其运动方向分为水平运动和垂直运动两种基本形式。

答案:D

3-2-2 **解:**见《应试辅导》考点一。根据内动力地质作用方式的不同,可以分为构造运动、地震作用、岩浆及火山作用和变质作用四种类型。

答案:D

3-2-3 **解:**见《应试辅导》考点一。根据外动力地质作用方式的不同,可以分为风化作用、剥蚀作用、搬运作用、沉积作用和固结成岩作用五种类型。

答案:C

3-2-4 **解:**见《应试辅导》考点一。构造运动使地壳发生变形、变位的动力作用,如地壳的垂直升降运动及水平运动。

答案:D

3-2-5 **解:**见《应试辅导》考点一。固结成岩作用:指使松散沉积物变成坚硬岩石的作用,包括胶结作用、压实作用和结晶作用。

答案:C

3-2-6 **解:**见《应试辅导》考点一。剥蚀作用:地壳表层岩石受风力、地表流水、地下水、湖泊、海洋或冰川等动力作用,而遭受破坏并被剥离原地的作用,如风蚀作用、河流的侵蚀作用、地下水的潜蚀作用、冰川的刨蚀作用等。

答案:C

3-2-7 **解:**见《应试辅导》考点一。地壳表层岩石在太阳辐射、水、大气和生物等因素的共同作用下,发生物理和化学的变化,使岩石崩解破碎以至逐渐分解的作用,称为风化作用。

答案:B

3-2-8 **解:**见《应试辅导》考点二中表 3-4。

答案:A

3-2-9 **解:**见《应试辅导》考点二中表 3-4。

答案:A

3-2-10 **解:**见《应试辅导》考点二中表 3-5。

答案:D

3-2-11 **解:**见《应试辅导》考点二中表 3-5。

答案:A

3-2-12 **解:**见《应试辅导》考点二中表 3-5。

答案:D

3-2-13 **解:**见《应试辅导》考点二中表 3-5。

答案:B

3-2-14 **解:**见《应试辅导》考点二中表 3-5。

答案:D

3-2-15 **解**:见《应试辅导》考点二。在特定的时间间隔内所形成的岩石体,称为时间地层单位。由此可得出地层的概念。

答案:C

3-2-16 **解**:见《应试辅导》考点三。岩层的产状是指岩层在空间位置的展布状态。岩层产状用岩层面的走向、倾向和倾角三个要素的数值来表示。岩层产状通常是用地质罗盘仪在野外测量得到。任何面状构造或地质体界面的产状,都可用产状三要素来表示。

答案:B

3-2-17 **解**:见《应试辅导》考点三。岩层的走向和倾向相差 90°。

答案:C

3-2-18 **解**:见《应试辅导》考点三。视倾斜线和它在水平面上投影的夹角称视倾角。真倾角只有一个,而视倾角可有无数个,任何一个视倾角都小于该层面的真倾角。

答案:A

3-2-19 **解**:见《应试辅导》考点三。倾斜线在水平面上的投影所指示的方向称岩层的倾向(图 3-4 中的 OD' 线),又称真倾向,真倾向只有一个。它表示岩层在空间的倾斜方向。

答案:C

3-2-20 **解**:见《应试辅导》考点三。岩层产状通常是用地质罗盘仪在野外测量得到。

答案:A

3-2-21 **解**:见《应试辅导》考点三。前面是倾向的方位角,后面是倾角,读作"倾向 200°、倾角 30°"。

答案:B

3-2-22 **解**:见《应试辅导》考点三。水平构造多分布在大范围内均匀抬升或下降的地区,如陕北的中生界地层等。

答案:A

3-2-23 **解**:见《应试辅导》考点三。先沉积的老岩层在下,后沉积的新岩层在上,形成产状近于水平的岩层称水平构造,亦称水平岩层。因此,对于水平构造始终是较新的岩层分布在地势较高的地方,较老的岩层出露在地势较低的地方。

答案:A

3-2-24 **解**:见《应试辅导》考点三。组成地壳的岩层,受构造应力的强烈作用,使岩层形成一系列波状弯曲而未丧失其连续性,这种弯曲的地层形态称为褶皱构造。

答案:C

3-2-25 **解**:见《应试辅导》考点三。岩石受力作用断裂后,两侧岩块沿断裂面发生了显著位移的断裂构造,称为断层。褶皱是一系列波状弯曲而未丧失其连续性的岩层。

答案:A

3-2-26 **解:**见《应试辅导》考点三。褶皱构造的基本形态是背斜和向斜(如图3-11所示)。

答案:B

3-2-27 **解:**见《应试辅导》考点三。翼泛指核部两侧的岩层。

答案:A

3-2-28 **解:**见《应试辅导》考点三。轴面以褶皱顶平分两翼的面称为褶皱轴面。轴面是为了标定褶皱方位及产状而划定的一个假想面。轴面可以是直立的,也可以是倾斜的或平卧的。题目中的轴面倾斜的,因此为倾斜褶皱。

答案:B

3-2-29 **解:**见《应试辅导》考点三。枢纽:轴面与褶皱同一岩层层面的交线称为褶皱的枢纽。褶皱枢纽有水平的、倾斜的,也有波状起伏的。枢纽可以反映褶皱在延伸方向产状的变化情况。此处枢纽近水平,因此为水平褶皱。

答案:C

3-2-30 **解:**见《应试辅导》考点三。题中枢纽向一端倾伏,因此为倾伏褶皱。

答案:B

3-2-31 **解:**见《应试辅导》考点三。轴面以褶皱顶平分两翼的面称为褶皱轴面。

答案:B

3-2-32 **解:**见《应试辅导》考点三。在野外常采用穿越的方法和追索的方法进行综合观察褶皱。

答案:D

3-2-33 **解:**见《应试辅导》考点三。向斜:岩层向下弯曲,核心部分岩层时代较新,两侧岩层依次变老并对称分布。

答案:A

3-2-34 **解:**见《应试辅导》考点三。对于深埋地下的隧道工程,从褶皱的翼部通过一般比较有利,如图3-12中b的位置。因为隧道通过均一岩层有利于稳定,而背斜顶部岩层受张力作用可能塌落,向斜核部则是储水较丰富的地段,但如果中间有松软岩层或软弱构造面时,则在顺倾向一侧的洞壁,有时会出现明显的偏压现象,甚至导致支撑破坏,发生局部坍塌。

答案:B

3-2-35 **解:**见《应试辅导》考点三。最不利情况:路线与岩层走向平行,岩层倾向与路基边坡坡向一致,而且边坡的坡角大于岩层倾角,特别是在软硬岩互层,且有地下水作用时,如路堑开挖过深,边坡过陡,或者由于开挖使软弱构造面暴露,都容易引起斜坡岩层发生大规模的顺层滑动,从而破坏路基稳定。

答案:C

3-2-36　解:见《应试辅导》考点三。褶皱的核部是岩层强烈变形部位,变形强烈时,沿褶皱核部常有断层产生,造成岩石破碎或形成构造角砾岩带;地下水多聚积在向斜核部,背斜核部的裂隙也往往是地下水富集和流动的通道,必须注意岩层的坍落、漏水及涌水问题;在石灰岩地区往往岩溶较为发育。由于岩层构造变形和地下水的影响,所以公路、隧道工程或桥梁工程在褶皱核部易遇到工程地质问题,如图3-12中a、c的位置。

答案:B

3-2-37　解:见《应试辅导》考点三。岩石受力作用断裂后,两侧岩块沿断裂面发生了显著位移的断裂构造,称为断层。

答案:A

3-2-38　解:见《应试辅导》考点三。正断层:上盘沿断层面相对下降,下盘相对上升的断层。逆断层:上盘沿断层面相对上升,下盘相对下降的断层。

答案:B

3-2-39　解:见《应试辅导》考点三。平移断层:由于岩体受水平扭应力作用,使两盘沿断层面发生相对水平位移的断层。

答案:C

3-2-40　解:见《应试辅导》考点三。张裂隙两壁间的裂缝较宽,呈开口或楔形,并常被岩脉充填;张裂隙一般发育较稀,裂隙间距较大,很少密集成带;张裂隙往往是渗漏的良好通道,在砾岩中常绕开砾石。

答案:D

3-2-41　解:见《应试辅导》考点三。裂隙的工程地质评价:①裂隙破坏了岩体的完整性,使岩体的稳定性降低;②裂隙为大气和水进入岩体内部提供了通道,加速了岩石的风化和破坏;③裂隙会降低岩石的承载能力;④裂隙常造成边坡的坍塌和滑动,以及地下室围岩的冒落;⑤在挖方和采石中,裂隙的存在可以提高工作效率;⑥裂隙是地下水的良好通道,水文地质意义重大。

答案:D

3-2-42　解:见《应试辅导》考点三。中间岩层老,两侧岩层新,为背斜。如果断层横切褶皱轴表现为断层两侧核部岩层的宽窄度突然发生变化,在背斜核部相对变窄的一侧为下降盘,而向斜核部相对变窄的一侧为上升盘,如图3-18所示。本题图中的褶皱为背斜,窄盘是下盘,下盘相对下降,因此为逆断层。

答案:D

3-2-43　解:见《应试辅导》考点三。中间岩层新,两侧岩层老,为向斜。如果断层横切褶皱轴表现为断层两侧核部岩层的宽窄度突然发生变化,在背斜核部相对变窄的一侧为下降盘,而向斜核部相对变窄的一侧为上升盘,如图3-18所示。本题图中的褶皱为向斜,窄盘是下盘,下盘相对上升,因此为正断层。

答案:A

3-2-44 **解**:见《应试辅导》考点三。断层滑(镜)面:铁、锰、钙、硅等成分的物质粉末重熔,敷在断层面上形成一层光滑的薄膜,称为断层滑(镜)面。

答案:D

3-2-45 **解**:见《应试辅导》考点三。断层导致岩体裂隙增多、岩石风化破碎、风化严重、地下水充分发育,从而降低了岩石的强度和稳定性,对建筑工程造成不利影响。主要表现为:①跨越断裂构造带的建筑物,由于上、下盘的岩性可能不同,易产生不均匀沉降。②隧道工程通过断层时易发生坍塌。在断层发育地段修建隧道,是最不利的情况。③施工穿越断层带时,会使施工十分困难。因此在确定隧道平面位置时,要尽量避开断层。④隧道工程穿越断层带时,必须采取相应的工程加固措施,以免发生崩塌。⑤断裂构造带在新的地壳运动影响下,可能发生新的移动,降低地基岩体的强度和稳定性,从而影响建筑物的稳定。⑥断层破碎带力学强度低、压缩性大,建于其上的建筑物地基沉降较大,易产生断裂或倾斜。⑦断裂面对岩质边坡、坝基及桥基均有重要影响。

答案:A

3-2-46 **解**:见《应试辅导》考点三。当地层走向与岩层走向大致平行时,断层使一盘上升或下降,地面遭受剥蚀夷平后,沿着地表顺倾向方向观察,会看到相同地层的不对称重复出现,或者该出现的地层却没有出现的现象。

答案:B

3-2-47 **解**:见《应试辅导》考点四。在地质平面图上,水平构造的地层分界线与地形等高线平行或者一致。

答案:A

3-2-48 **解**:见《应试辅导》考点四。单斜构造的地层分界线在地质平面图上是一条与地形等高线相交的"V"字形曲线。

答案:B

3-2-49 **解**:见《应试辅导》考点四。当岩层倾向与地面倾斜方向相反时,在山脊处"V"字形的尖端朝向山麓,在沟谷处"V"字形的尖端朝向上游。

答案:A

3-2-50 **解**:见《应试辅导》考点四。当岩层倾向与地面倾斜方向一致且倾角小于地面坡度时,"V"字形的尖端朝向沟谷的上游。此时,沟里的等高线也指向上游,因此它们的弯曲方向相同。

答案:B

3-2-51 **解**:见《应试辅导》考点四。断层在地质图上用断层线表示。由于断层倾角一般较大,所以断层线在地质平面图上通常是一段直线,或近于直线的曲线。

答案:C

3-2-52 **解**:见《应试辅导》考点四。角度不整合不仅上下两套岩层之间的地质年代不连续,而且产状也不相同。

答案:D

3-2-53　解:见《应试辅导》考点四。不整合接触指上下岩层间的层序有了间断,即先后沉积的地层之间缺失了一部分地层。它分为平行不整合(也称假整合)和角度不整合(即狭义的不整合)。

答案:D

3-2-54　解:见《应试辅导》考点二中表3-5。

答案:B

3-2-55　解:见《应试辅导》考点四。本考点内容讲述了水平构造、单斜构造、褶皱等在地图上的表现形式,但未没有提及破裂。

答案:D

3-2-56　解:见《应试辅导》考点四。整合接触指上下两套岩层产状一致,相互平行,连续沉积形成,其间不缺失某个时代的岩层。它在地质图上的表现是相邻岩层的界线弯曲特征一致,相邻岩层时代连续。

答案:A

3-2-57　解:见《应试辅导》考点四。角度不整合不仅上下两套岩层之间的地质年代不连续,而且产状也不相同。角度不整合在地质图上的特征是新岩层的分界线遮断了下部老岩层的分界线,如图3-28b)所示。

答案:C

(三)外动力地质作用及其产物特征

3-3-1　属于物理风化作用的方式有(　　)。

A. 水化作用　　B. 冰劈作用

C. 水解作用　　D. 碳酸化作用

3-3-2　因强烈蒸发使地下水浓缩结晶,导致岩石裂缝被结晶力扩大,称为(　　)。

A. 热胀冷缩作用　　B. 盐类结晶作用

C. 冰劈作用　　D. 碳酸化作用

3-3-3　岩石在自然因素作用下发生机械破碎,而无明显成分变化的作用是(　　)。

A. 化学风化作用　　B. 物理风化作用

C. 碳酸化作用　　D. 微生物作用

3-3-4　新疆吐鲁番以(　　)为主。

A. 冰冻风化　　B. 温差风化　　C. 氧化作用　　D. 水解作用

3-3-5　(　　)不是在风化作用的基础上逐渐形成和发展起来的。

A. 滑坡　　B. 崩塌　　C. 泥石流　　D. 断层

3-3-6　以下不是温差风化强弱影响因素的是(　　)。

A. 昼夜温差幅度　　B. 岩石性质
C. 温差变化速度　　D. 岩石大小

3-3-7　岩石由于液态水变为固态冰,体积膨胀使岩石逐渐崩解成碎块的作用称为(　　)。

A. 撑裂作用　　B. 氧化作用
C. 冰劈作用　　D. 岩石释重

3-3-8　以下矿物溶解能力从易到难的排列顺序正确的是(　　)。

A. 石膏 > 岩盐 > 石灰岩　　B. 岩盐 > 硬石膏 > 白云岩
C. 石膏 > 钾盐 > 硬石膏　　D. 石灰岩 > 硬石膏 > 白云岩

3-3-9　不可以使岩石在水中的溶解速度变快的是(　　)。

A. 水的温度升高　　B. 水的压力增大
C. 加入 CO_2 气体　　D. 加入 O_2

3-3-10　若岩层中含有(　　)时,发生水化作用而体积膨胀,对围岩会产生很大的压力,促使岩层破碎。在隧道施工中,这种压力甚至能引起支撑倾斜、衬砌开裂,应当引起足够的注意。

A. 石膏　　B. 硬石膏　　C. 石灰岩　　D. 瓦斯

3-3-11　正长石经水解作用后形成的(　　)残留在原地。

A. KOH　　B. SiO_2 胶体
C. 蛋白石($SiO_2 \cdot nH_2O$)　　D. 前述三种物质都可以残留在原地

3-3-12　当水中的(　　)含量增加,可以促进化学风化作用。

A. O_2　　B. SiO_2　　C. CO_2　　D. N_2

3-3-13　化学风化作用中是低价元素转为高价的风化作用为(　　)。

A. 水化作用　　B. 水解作用
C. 碳酸化作用　　D. 氧化作用

3-3-14 树根生长对岩石的压力可达(　　)kg/cm^2。

A. 1　　B. 10　　C. 100　　D. 1000

3-3-15 影响岩石风化的内部因素是(　　)。

A. 湿度和压力　　B. 化学活泼性流体
C. 岩石的性质和构造　　D. 矿物的联结力

3-3-16 雨水、融雪水对整个坡面所进行的比较均匀、缓慢并且在短期内并不显著的地质作用,称为(　　)。

A. 洗刷作用　　B. 山洪急流
C. 冲积作用　　D. 侵蚀作用

3-3-17 大气降雨沿坡面细流,将坡面风化物质搬运到坡脚平缓处堆积,形成(　　)。

A. 洪积层　　B. 冲积层　　C. 残积层　　D. 坡积层

3-3-18 暴雨期间在短暂时间内,在地表沟谷中汇聚暂时性水流,将沟谷中物质侵蚀、搬运,并沉积在沟谷口的过程称为(　　)。

A. 洗刷作用　　B. 冲刷作用
C. 淋滤作用　　D. 河流地质作用

3-3-19 下列不属于洪流地质作用造成的工程危害是(　　)。

A. 截断路基　　B. 中断交通　　C. 冲刷岸坡　　D. 掩埋道路

3-3-20 河流的侵蚀能力与(　　)关系最大。

A. 河床宽度　　B. 河流流量　　C. 河流流速　　D. 河床粗糙率

3-3-21 河流两岸洪水期被淹没,平水期露出水面的部分称为(　　)。

A. 河漫滩　　B. 河流阶地　　C. 河谷斜坡　　D. 河床

3-3-22 河流中下游可能出现的蛇曲现象的主要形成原因是(　　)。

A. 垂向侵蚀　　B. 岸坡滑动
C. 侧向侵蚀　　D. 差异侵蚀

3-3-23 河流的侵蚀、搬运、沉积作用,被称为(　　)。

A. 第四纪地质作用　　B. 冲刷作用
C. 成岩作用　　D. 河流地质作用

3-3-24 河流的袭夺是由河流的向源侵蚀作用形成的,向源侵蚀作用属于河流地质作用中的(　　)。

A. 化学溶蚀作用　　B. 机械侵蚀作用
C. 下蚀作用　　D. 侧蚀作用

3-3-25 造成河流袭夺现象的主要形成原因是(　　)。

A. 岸坡滑动　　B. 垂向侵蚀
C. 溯源侵蚀　　D. 侧向侵蚀

3-3-26 河流的地质作用一般表现为(　　)。

A. 侵蚀、沉积　　B. 沉积、搬运
C. 侵蚀、搬运　　D. 侵蚀、搬运、沉积

3-3-27 残积土是由(　　)形成的。

A. 风化作用　　B. 雨、雪水的地质作用
C. 洪流的地质作用　　D. 河流的地质作用

3-3-28 洪积扇是由(　　)形成的。

A. 山坡细流的堆积作用　　B. 山谷洪流堆积作用
C. 降雨淋滤作用　　D. 淋滤与漫流堆积作用

3-3-29 第四纪松散沉积物中,(　　)是河流地质作用形成的产物。

A. 黄土　　B. 冲积物　　C. 洪积物　　D. 残积物

3-3-30 牛轭湖相沉积是(　　)造成的。

A. 冲刷作用　　B. 洗刷作用　　C. 河流下蚀作用　　D. 河流侧蚀作用

3-3-31 具有更好的分选性和磨圆度的土是(　　)。

A. 坡积物　　B. 冲积物　　C. 洪积物　　D. 残积物

3-3-32 (　　)是平水期不被河水淹没但可被洪水淹没的谷底部分。

A. 河漫滩　　B. 河流阶地　　C. 河谷斜坡　　D. 河床

3-3-33 平水期河水占据的谷底称为(　　)。

A 河漫滩　　B. 河流阶地　　C. 河谷斜坡　　D. 河槽

3-3-34 由于河流的长期作用,形成了河床、河漫滩、河流阶地和河谷等各种河流地貌,同

时也形成了第四纪陆相堆积物的另一个成因类型(　　)。

A. 冲积层　　B. 坡积层　　C. 洪积层　　D. 残积层

3-3-35　高山峡谷中河谷断面多呈(　　)形。

A. U　　B. V　　C. L　　D. 三角洲

3-3-36　瀑布常常由(　　)形成的。

A. 溯源侵蚀　　B. 侧蚀作用　　C. 搬运作用　　D. 沉积作用

3-3-37　以下说法错误的是(　　)。

A. 河流的下蚀作用是无止境的
B. 到一定的基准面后,河流的侵蚀作用将趋于消失
C. 流入湖泊海洋的河流,则以湖面或海水面为其侵蚀基准面
D. 随着下蚀作用的发展,侵蚀能力削弱

3-3-38　路基发生水毁现象常常是因为(　　)。

A. 溯源侵蚀　　B 侧蚀作用　　C. 搬运作用　　D. 沉积作用

3-3-39　关于残积层的说法错误的是(　　)。

A. 作为路堑边坡时,应考虑可能出现的坍塌和冲刷等问题
B. 作为建筑物的地基时,应考虑其承载能力和可能产生的不均匀沉陷
C. 残积层具有较多的孔隙和裂缝,易遭冲刷,强度和稳定性较差
D. 在垂直剖面上,上部碎屑的粒径较大,向下部逐渐细小

3-3-40　关于坡积层的叙述错误的是(　　)。

A. 坡积层可分为山地坡积层和山麓平原坡积层两个亚组
B. 坡积层多由碎石和黏性土组成,其成分与下伏基岩有关
C. 由于从山坡上部到坡脚搬运距离较短,故坡积层层理不明显
D. 坡积层松散、富水,作为建筑物地基强度很低

3-3-41　关于洪积层的叙述错误的是(　　)。

A. 组成物质分选不良,粗细混杂,碎屑物质多带棱角,磨圆度不佳
B. 有不规则的交错层理、透镜体、尖灭及夹层等
C. 山前洪积层由于周期性的干燥,常含有可溶盐类物质,形成局部软弱结晶联结
D. 从地形上看,洪积层是不利于工程建筑的

3-3-42　三角洲属于(　　)。

A. 残积层　　　　B. 坡积层　　　　C. 洪积层　　　　D. 冲积层

题解及参考答案

3-3-1　解:见《应试辅导》考点一。物理风化作用的方式主要有温差风化、水的冻结与融化、盐类的结晶与潮解、岩石的卸荷。

答案:B

3-3-2　解:见《应试辅导》考点一。一些具有很大吸湿性的盐类能从空气中吸收大量的水分而潮解为溶液。温度升高,水分蒸发,盐分又结晶析出,体积显著增大对岩石的空隙和裂隙起到撑裂作用,使得裂隙逐渐扩大,导致岩石松散破坏。

答案:B

3-3-3　解:见《应试辅导》考点一。在地表或接近地表条件下,岩石、矿物在原地发生物理或机械破碎而不改变化学成分、不形成新矿物的作用,称为物理风化作用或机械风化作用。

答案:B

3-3-4　解:见《应试辅导》考点一。温温差风化的强弱主要决定于温差变化的速度和幅度,昼夜温差变化的幅度越大,温差风化则越强烈。吐鲁番的昼夜温差很大,因此为温差风化。

答案:B

3-3-5　解:见《应试辅导》考点一。崩塌、滑坡、泥石流都可能是风化导致的后果,而断层是由岩石断裂造成的。

答案:D

3-3-6　解:见《应试辅导》考点一。温差风化的强弱主要决定于温差变化的速度和幅度,昼夜温差变化的幅度越大,温差风化则越强烈。此外,温差风化的强弱还取决于岩石的性质,如矿物成分与岩石结构等。

答案:D

3-3-7　解:见《应试辅导》考点一。当岩石温度低到0℃以下时,水结冰,体积膨胀约9%,对裂隙产生膨胀压力,使原有裂隙进一步扩大,同时产生更多的新裂隙。

答案:C

3-3-8　解:见《应试辅导》考点一。根据化学知识,最容易溶解的矿物是卤化盐类(岩盐,钾盐),其次是硫酸盐类(石膏、硬石膏),再次是碳酸盐类(石灰岩、白云岩)。

答案:B

3-3-9　解:见《应试辅导》考点一。根据化学知识,当水的温度升高以及压力增大时,水的溶解作用会比较活跃。特别是当水中含有侵蚀性的CO_2而发生碳酸化作用时,水的溶解作用会显著增强。

答案:D

3-3-10 **解**:见《应试辅导》考点一。含水矿物的硬度一般低于无水矿物,同时由于在水化过程中吸入水分子引起的体积膨胀,对岩石也具有一定的破坏作用。硬石膏发生水化时体积膨胀60%。

答案:B

3-3-11 **解**:见《应试辅导》考点一。正长石经水解作用后,K^+与水中$(OH)^-$离子结合,形成KOH随水流失,析出的SiO_2可呈胶体溶液随水流失,或形成蛋白石($SiO_2 \cdot nH_2O$)残留于原地,其余部分可形成难溶于水的高岭石而残留于原地。

答案:C

3-3-12 **解**:见《应试辅导》考点一。当水中溶有CO_2时,水溶液中除H^+和$(OH)^-$离子外,还有CO_3^{2-}和HCO_3^-离子,碱金属及碱土金属与之相遇会形成碳酸盐,这种作用称为碳酸化作用。尤其是在石灰岩地区,经常会产生溶洞、溶穴等岩溶现象。

答案:C

3-3-13 **解**:见《应试辅导》考点一。矿物中的低价元素与大气中的游离氧化合变为高价元素的作用,称为氧化作用。氧化作用是地表极为普遍的一种自然现象。在湿润的情况下,氧化作用更为强烈。

答案:D

3-3-14 **解**:见《应试辅导》考点一。树根生长对于岩石的压力可达$10kg/cm^2$,这能使根深入岩石裂缝,劈开岩石,从而引起岩石崩解。

答案:B

3-3-15 **解**:见《应试辅导》考点一。影响岩石风化速度、深度、程度以及分布规律的因素可分为内因和外因两大因素。内因是指岩石的地质特征,包括岩石的矿物成分、结构和构造等。外因主要包括气候、地形、地下水以及地质构造等。

答案:C

3-3-16 **解**:见《应试辅导》考点一。雨水、融雪水对整个坡面所进行的这种比较均匀、缓慢的地质作用,称为洗刷作用。

答案:A

3-3-17 **解**:见《应试辅导》考点一。雨水或积雪融化时,地表水一部分渗入地下,其余的沿坡面形成网状坡面细流,携带着坡面上细小的风化岩屑和黏土物质沿坡面向下移动,最后在坡脚或山坡中下部低凹处沉积下来形成坡积层。

答案:D

3-3-18 **解**:见《应试辅导》考点一,山洪急流沿沟谷流动时的沟底坡度大,流速快,拥有巨大的动能,如果地表岩石或土比较疏松、裂隙发育,地面坡度较陡,再加上地面缺少植物覆盖,则该地区极易形成冲沟(由冲刷作用形成的沟底狭窄、两壁陡峭的沟谷称为冲沟)。

答案:B

3-3-19 **解**:见《应试辅导》考点一。冲沟使地形变得支离破碎,路线布局往往受到冲沟的控制,不仅增加路线长度和跨沟工程、增大工程费用,而且经常由于冲沟的不断发展,截断路基,中断交通,或者由于洪积物掩埋道路,淤塞涵洞,影响正常运输。

答案:C

3-3-20 **解**:见《应试辅导》考点一。河流地质作用的强弱,主要与河水的动能有关。河水的动能与流量和流速平方的乘积成正比。

答案:C

3-3-21 **解**:见《应试辅导》考点一。平水期不被河水淹没但可被洪水淹没的谷底称为河漫滩。

答案:A

3-3-22 **解**:见《应试辅导》考点一。横向环流使凹岸岸壁不断坍塌后退,并将冲刷下来的碎屑物质由底层流束带向凸岸堆积下来[图3-34b)],其结果使河湾的曲率增大,蛇曲属于侧向侵蚀的结果。

答案:C

3-3-23 **解**:见《应试辅导》考点一。河流地质作用包括河流的侵蚀、搬运和沉积作用。

答案:D

3-3-24 **解**:见《应试辅导》考点一。河流的侵蚀过程总是从河的下游逐渐向河源方向发展的,这种溯源推进的侵蚀过程称为溯源侵蚀,属于下蚀作用。

答案:C

3-3-25 **解**:见《应试辅导》考点一。溯源侵蚀使分水岭不断遭到剥蚀切割,河流长度不断增加,以及产生河流的袭夺现象。

答案:C

3-3-26 **解**:见《应试辅导》考点一。河流地质作用包括河流的侵蚀、搬运和沉积作用。

答案:D

3-3-27 **解**:见《应试辅导》考点二。地表岩石经过长期风化作用以后,改变了矿物成分、结构和构造,形成和原来岩石性质不同的风化产物,其中除一部分易溶物质被水溶解流失外,大部分物质残留在原地,这种物质称为残积物,这种风化层称为残积层。

答案:A

3-3-28 **解**:见《应试辅导》考点二。洪积层是由山洪急流搬运的碎屑物质组成的,多堆积在沟口外围一带。由于山洪急流的长期作用,在沟口一带就形成了扇形展布的堆积体,在地貌上称为洪积扇。

答案:B

3-3-29 **解**:见《应试辅导》考点二。河流的沉积物称冲积层。

答案:B

3-3-30 **解**:见《应试辅导》考点一。有些处于蛇曲形态的河湾,彼此之间十分靠近,一旦流量增大,河水会裁弯取直,流入新开拓的局部河道,而残留的原河湾的两端因逐渐淤塞而与原河道隔离,形成状似牛轭的静水湖泊,称为牛轭湖。

答案:D

3-3-31 **解**:见《应试辅导》考点二。冲积层物质分选性好,磨圆度高,且发育近水平层理。

答案:B

3-3-32 **解**:见《应试辅导》考点一。平水期不被河水淹没但可被洪水淹没的谷底称为河漫滩。

答案:A

3-3-33 **解**:见《应试辅导》考点一。平水期河水占据的谷底称为河床(也称河槽)。

答案:D

3-3-34 **解**:见《应试辅导》考点二。由于河流的长期作用,形成了河床、河漫滩、河流阶地和河谷等各种河流地貌,同时也形成了第四纪陆相堆积物的另一个成因类型,即冲积层。

答案:A

3-3-35 **解**:见《应试辅导》考点一。上游多位于高山峡谷中,急流险滩多,河道较直,流量不大但流速很大,河谷横断面多呈"V"字形。

答案:B

3-3-36 **解**:见《应试辅导》考点一。河流溯源侵蚀过程中的差异下蚀常常形成瀑布。

答案:A

3-3-37 **解**:见《应试辅导》考点一。河流的下蚀作用达到一定的基准面后,河流的侵蚀作用将趋于消失。

答案:A

3-3-38 **解**:见《应试辅导》考点二。由于河流的水位变化及侧蚀,常使沿河布设的公路路基发生水毁现象。

答案:B

3-3-39 **解**:见《应试辅导》考点二。残积物不具有层理,碎屑物质大小不均匀、棱角显著,无分选,粒度和成分受气候条件和母岩岩性控制。

答案:D

3-3-40 **解**:见《应试辅导》考点二。坡积层多由碎石和黏性土组成,其成分与下伏基岩无关,而与山坡上部基岩成分有关。

答案:B

3-3-41 解: 见《应试辅导》考点二。洪积层主要分布于山麓坡脚的沟谷出口地带及山前平原,从地形上看,是有利于工程建筑的。

答案: D

3-3-42 解: 见《应试辅导》考点二。在河流入海的河口处,流速几乎降到零,河流携带的泥砂绝大部分都要沉积下来。沉积物在水面以下呈扇形分布,扇顶位于河口,扇缘则伸入海中,露出水面的部分形如一个顶角指向河口的倒三角形,故称河口冲积层为三角洲。

答案: D

(四)地 貌

3-4-1 地貌学是研究(　　)的科学。

A. 地表的形态特征、成因
B. 地表的分布及其发育规律
C. 地表的形态特征、成因及其发育规律
D. 以上答案都对

3-4-2 构造平原分布极广,依照其所处的绝对高程进行划分,绝对高程在600m以上的平展地带是(　　)。

A. 洼地　　B. 平原　　C. 高原　　D. 盆地

3-4-3 不是四大高原的是(　　)。

A. 青藏高原　　B. 内蒙古高原　　C. 黄土高原　　D. 云南高原

3-4-4 桂林山水是(　　)地貌。

A. 岩溶地貌　　B. 峰林地貌　　C. 崖壁地貌　　D. 风成地貌

3-4-5 下列不属于外力地貌的是(　　)。

A. 冰川地貌　　B. 火山地貌　　C. 岩溶地貌　　D. 重力地貌

3-4-6 低平原的绝对高程大约是(　　)。

A. >600m　　B. >200m
C. 0 ~ 200m　　D. 低于海平面高度

3-4-7 下列诗句中能体现河流堆积地貌的是(　　)。

A. 黄河之水天上来,奔流到海不复回
B. 三山半落青天外,二水中分白鹭洲

C. 孤帆远影碧空尽，唯见长江天际流

D. 两岸猿声啼不住，轻舟已过万重山

3-4-8 气候（主要为温度和降水量）决定着外力的性质和强度，从而影响其塑造的地貌。（　　）与气候关系强烈。

A. 流水地貌、喀斯特地貌　　B. 风成地貌、黄土地貌

C. 冰川地貌、冻土地貌　　D. 海岸地貌、重力地貌

3-4-9 从河漫滩向上依次称为（　　）。

A. 一级阶地、二级阶地、三级阶地　　B. 三级阶地、二级阶地、一级阶地

C. 一级阶地、三级阶地、二级阶地　　D. 三级阶地、一级阶地、二级阶地

3-4-10 阶地级数越高，其形成时代和所处的位置分别为（　　）。

A. 越早、越低　　B. 越晚、越低　　C. 越早、越高　　D. 越晚、越高

3-4-11 主要由被侵蚀的岩石构成的阶地叫作（　　）。

A. 侵蚀阶地　　B. 基座阶地　　C. 堆积阶地　　D. 纵向阶地

3-4-12 上部为冲积阶层，下部为基岩裸露的河流阶地称为（　　）。

A. 侵蚀阶地　　B. 基座阶地　　C. 堆积阶地　　D. 纵向阶地

3-4-13 如果地壳经历多次的间断性上升，则可在河谷上形成若干级河谷阶地，（　　）的工程性质最好。

A. 四级阶地　　B. 三级阶地　　C. 二级阶地　　D. 一级阶地

3-4-14 图示为河谷断面，图中阶地为（　　）。

A. 侵蚀阶地

B. 基座阶地

C. 上叠阶地

D. 内叠阶地

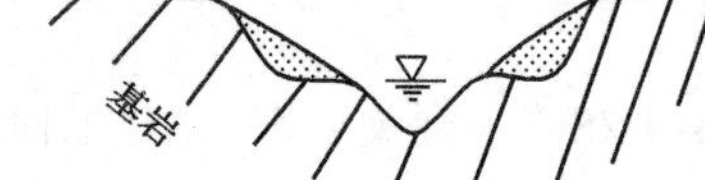

题 3-4-14 图

3-4-15 图示为河谷断面，图中阶地为（　　）。

A. 侵蚀阶地

B. 上叠阶地

C. 堆积阶地

D. 内叠阶地

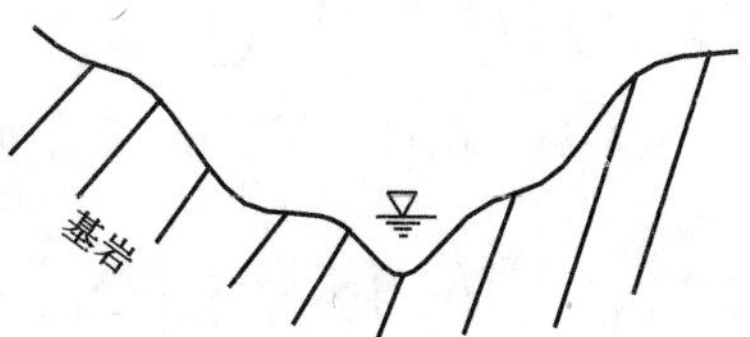

题 3-4-15 图

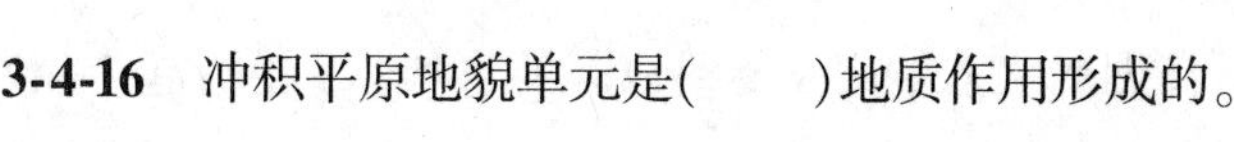

3-4-16 冲积平原地貌单元是（　　）地质作用形成的。

A. 河流　　B. 风化作用　　C. 坡面细流　　D. 洪流

3-4-17　下列平原中工程地质条件较好的是(　　)。

A. 洪积平原　　B. 冲积平原　　C. 剥蚀平原　　D. 湖泊平原

3-4-18　华北平原的地貌类型属于(　　)。

A. 剥蚀平原　　B. 冲积平原　　C. 洪积平原　　D. 构造平原

3-4-19　分水岭属于(　　)形成的山岭。

A. 剥蚀作用　　B. 构造变动　　C. 火山作用　　D. 河流堆积作用

3-4-20　猪背岭的岩层倾角超过(　　)。

A. 30°　　B. 35°　　C. 40°　　D. 45°

3-4-21　(　　)是指山脊上呈马鞍状的明显下凹处。

A. 垭口　　B. 阶地　　C. 悬崖　　D. 陡坡

3-4-22　以下工程地质条件较差的垭口类型是(　　)。

A. 剥蚀型垭口　　B. 背斜张裂带型垭口
C. 断层破碎带型垭口　　D. 单斜较稳定型垭口

3-4-23　(　　)通常以低填或浅挖的断面形式通过。

A. 剥蚀型垭口　　B. 背斜张裂带型垭口
C. 断层破碎带型垭口　　D. 剥蚀—堆积型垭口

3-4-24　下列关于垭口在公路建设中的作用,说法错误的是(　　)。

A. 降低公路高程　　B. 减少展线工程量
C. 节约建设成本　　D. 提高公路造价

3-4-25　下列关于垭口中,工程地质条件最好的是(　　)。

A. 构造型垭口　　B. 背斜张裂带型垭口
C. 单斜软弱层型垭口　　D. 无法确定

3-4-26　山坡上缓下陡,自上而下坡度渐增的山坡称为(　　)。

A. 直线形坡　　B. 凸形坡　　C. 凹形坡　　D. 阶梯形坡

3-4-27　坡脚受到强烈冲刷或不合理的切坡,或者受到地震的影响,可能引起古滑坡复活，威胁建筑物稳定的是(　　)。

A. 直线形坡　　B. 凸形坡　　C. 凹形坡　　D. 阶梯形坡

3-4-28　(　　)稳定性最差。

A. 均匀的直线形山坡　　B. 单斜岩层构成的直线形山坡
C. 坡面堆积而形成的直线形山坡　　D. 缓坡

3-4-29　坡度介于31°～70°的为(　　)。

A. 微坡　　B. 缓坡　　C. 陡坡　　D. 垂直形坡

3-4-30　地震后的地貌调查表明，(　　)在各种山坡地貌形态中稳定性比较差。

A. 直线形坡　　B. 凸形坡　　C. 凹形坡　　D. 阶梯形坡

题解及参考答案

3-4-1　**解**：见《应试辅导》考点一。"地貌"含义广泛，它不仅包括地表形态的全部外部特征，还涉及这些形态的地质结构，以及这些形态的成因和发展。

答案：C

3-4-2　**解**：见《应试辅导》考点二中表3-6。

答案：C

3-4-3　**解**：见《应试辅导》考点二。我国四大高原是青藏高原、内蒙古高原、黄土高原、云贵高原。

答案：D

3-4-4　**解**：见《应试辅导》考点二。岩溶地貌：岩溶地貌以地表水和地下水的溶蚀作用为地貌形成和发展的基本因素。其所形成的地貌如溶沟、石芽、溶洞、峰林、地下暗河等。桂林山水为岩溶地貌。

答案：A

3-4-5　**解**：见《应试辅导》考点二。火山地貌为内力地貌。

答案：B

3-4-6　**解**：见《应试辅导》考点二中表3-6。

答案：C

3-4-7　**解**：见《应试辅导》考点二。B选项的诗句意思是：高耸的三山有半截露出青天之外，白鹭洲把秦淮河分割成二条支流。因此，该诗句中的白鹭洲是河流堆积地貌。

答案:B

3-4-8 **解**:见《应试辅导》考点二。流水地貌、喀斯特地貌与气候关系强烈。

答案:B

3-4-9 **解**:见《应试辅导》考点三。阶地有多级时,从河漫滩向上依次称为一级阶地、二级阶地、三级阶地等。

答案:A

3-4-10 **解**:见《应试辅导》考点三。阶地级数编号越大,出露时间越早,受风化剥蚀越严重,保存得越不完整,工程地质条件越差。

答案:C

3-4-11 **解**:见《应试辅导》考点三。侵蚀阶地:也称基岩阶地。由基岩石构成,阶地面较窄,没有或零星有冲积物。一般形成于构造抬升的山区河谷中。

答案:A

3-4-12 **解**:见《应试辅导》考点三。基座阶地:阶地面上为冲积层,下部为基岩,说明河流下蚀的深度大于原生沉积物的厚度,反映了后构造上升较大的特点。

答案:B

3-4-13 **解**:见《应试辅导》考点三。阶地级数编号越大,出露时间越早,受风化剥蚀越严重,保存得越不完整,工程地质条件越差。由此可推断出,阶地级数编号越小,出露时间越晚,受风化剥蚀越弱,保存得越完整,工程地质条件越好。

答案:D

3-4-14 **解**:见《应试辅导》考点三。由本题图可以看出,阶地面上为冲积层,下部为基岩,故为基座阶地。

答案:B

3-4-15 **解**:见《应试辅导》考点三。由本题图中要以看出,阶地没有冲积物,且阶地面较窄,故为侵蚀阶地。

答案:A

3-4-16 **解**:见《应试辅导》考点四。堆积平原又可分为河流冲积平原、山前洪积冲积平原、湖积平原、风积平原和冰碛平原,其中较为常见的是前面三种。

答案:A

3-4-17 **解**:见《应试辅导》考点四。剥蚀平原的工程地质条件一般较好。

答案:C

3-4-18 **解**:见《应试辅导》考点四。华北平原为冲积平原。

答案:B

3-4-19 **解**:见《应试辅导》考点五。地表流水侵蚀作用形成河间分水岭,冰川刨蚀作用形成刃脊、角峰,地下水溶蚀作用形成峰林等。

答案:A

3-4-20 **解**:见《应试辅导》考点五。如果岩层倾角超过40°,则两坡的坡度和长度均相差不大,其所形成的山岭外形很像猪背,所以又称猪背岭。

答案:C

3-4-21 **解**:见《应试辅导》考点五。垭口是指山脊上呈马鞍状的明显下凹处。

答案:A

3-4-22 **解**:见《应试辅导》考点五。断层破碎带型垭口:这种垭口的工程地质条件比较差。岩体的整体性被破坏,经地表水侵入和风化,岩体破碎严重,一般不宜采用隧道方案,如采用路堑,也需控制开挖深度或考虑边坡防护,以防止边坡发生崩塌。

答案:C

3-4-23 **解**:见《应试辅导》考点五。剥蚀—堆积型垭口是以剥蚀和堆积作用为主导因素所形成的垭口。其开挖后的稳定条件主要决定于堆积层的地质特征和水文地质条件。这类垭口外形浑缓,垭口宽厚,宜于公路展线,但松散堆积层的厚度较大,有时还发育有湿地或高地沼泽,水文地质条件较差,故不宜降低过岭高程,通常多以低填或浅挖的断面形式通过。

答案:D

3-4-24 **解**:见《应试辅导》考点五。越岭的公路路线若能寻找合适的垭口,可以降低公路高程和减少展线工程量。

答案:D

3-4-25 **解**:见《应试辅导》考点五。背斜张裂带型垭口两侧岩层外倾,有利于排除地下水,有利于边坡稳定,一般可采用较陡的边坡坡度,使挖方工程量和防护工程量都比较小。如果选用隧道方案,施工费用和洞内衬砌也比较节省,是一种较好的垭口类型。

答案:B

3-4-26 **解**:见《应试辅导》考点五。凸形坡:山坡上缓下陡,自上而下坡度渐增,下部甚至呈直立状态,坡脚界限明显。

答案:B

3-4-27 **解**:见《应试辅导》考点五。阶梯形坡:由软硬不同的水平岩层或微倾斜岩层组成的基岩山坡,其表面剥蚀强烈,覆盖层薄,基岩外露,稳定性一般比较高;滑坡变形造成的阶梯状斜坡,多存在于山坡中下部,如果坡脚受到强烈冲刷或不合理的切坡,或受到地震的影响,可能引起古滑坡复活,威胁建筑物的稳定。

答案:D

3-4-28 **解**:见《应试辅导》考点五。经长期剥蚀碎落和坡面堆积而形成的直线形山坡,这种山坡在青藏高原和川西峡谷比较发育,其稳定性最差,选作傍山公路的路基,应注意避免挖方内侧的坍方和路基沿山坡滑坍。

答案:C

3-4-29 **解**:见《应试辅导》考点五。陡坡:坡度介于 31°~70°

答案:C

3-4-30 **解**:见《应试辅导》考点五。凹形山坡在各种山坡地貌形态中是稳定性比较差的一种。

答案:C

(五)水 文 地 质

3-5-1 下列不是地下水富集必须具备的条件的是( )。

A. 较多的储水空间　　B. 有充足的补给水源
C. 有良好的汇水条件　　D. 有良好的排水条件

3-5-2 下列不属于地下水埋藏类型的是( )。

A. 上层滞水　　B. 孔隙水　　C. 潜水　　D. 承压水

3-5-3 上层滞水的主要补给来源是( )。

A. 大气降水　　B. 河流水　　C. 承压水　　D. 地表水

3-5-4 潜水是埋藏在第一个稳定隔水层上的( )。

A. 包气带水　　B. 毛细水　　C. 重力水　　D. 上层滞水

3-5-5 埋藏并充满两个隔水层之间的重力水称为( )。

A. 潜水　　B. 承压水　　C. 上层滞水　　D. 包气带水

3-5-6 根据潜水等水位线图判断潜水与河水的补给关系是( )。

A. 河水补给潜水
B. 一侧潜水补给河水,另一侧相反
C. 潜水补给河水
D. 无法判断

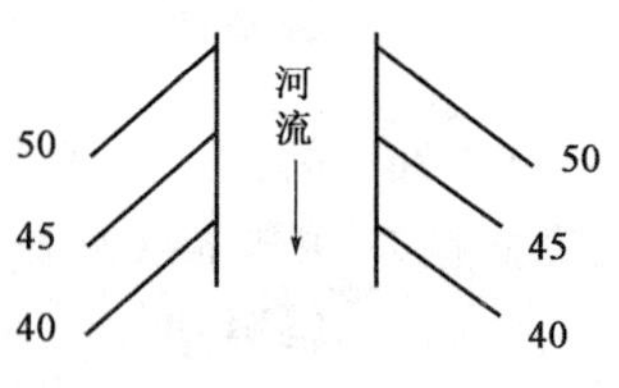

题 3-5-6 图

3-5-7 根据潜水等水位线图判断潜水与河水的补给关系是( )。

A. 潜水补给河水
B. 河水补给潜水
C. 一岸潜水补给河水,另一岸河水补给潜水
D. 无法判断

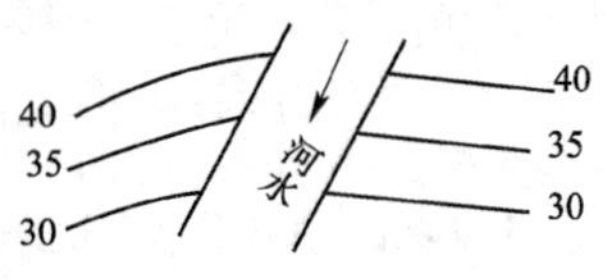

题 3-5-7 图

3-5-8 地下水降低可使降水周围的地面(　　)。

A. 下降　　B. 上升　　C. 不变　　D. 不确定

3-5-9 从潜水等水位线图上不能获取的信息是(　　)。

A. 潜水的埋藏深度　　B. 潜水的流向
C. 潜水的水力梯度　　D. 潜水的化学成分

3-5-10 决定地下水流向的是(　　)。
A. 压力的大小　　B. 位置的高低
C. 水头的大小　　D. 含水层类型

3-5-11 在坝轴线河床段打一钻孔,钻孔涌水的水位高于河水位,则钻孔涌出的水是(　　)。

A. 潜水　　B. 上层滞水　　C. 承压水　　D. 裂隙水

3-5-12 对地下水动态起主导作用的影响因素是(　　)。

A. 气候因素　　B. 水文因素　　C. 地质因素　　D. 植被因素

3-5-13 在饱水带之上未被水充满的地带称为(　　)。

A. 包气带　　B. 饱水带　　C. 潜水带　　D. 承压水带

3-5-14 承压水通常的排泄形式是(　　)。

A. 泉　　B. 直接排入地表
C. 通过蒸发逸入大气　　D. 通过透水通道排入潜水层

3-5-15 水质最好的水是(　　)。

A. 潜水　　B. 上层滞水　　C. 承压水　　D. 裂隙水

3-5-16 以下说法错误的是(　　)。

A. 气候、水文因素的变化对承压水的影响较小
B. 过量抽取地下承压水使得含水层空隙压缩变形,是导致地面沉陷的主要原因
C. 承压水可以泉或溢流的形式排向地表或地表水体
D. 承压水一般水量较小,施工时只需稍做处理

3-5-17 涌水事故是由于(　　)产生的。

A. 风化裂隙水　　B. 成岩裂隙水　　C. 构造裂隙水　　D. 其他

3-5-18 以下关于岩溶水叙述错误的是(　　)。

A. 水力联系密切
B. 具有分布均匀的特点
C. 岩溶水可以是潜水,也可以是承压水
D. 水量动态多变、随季节变化大

3-5-19 以下关于孔隙水叙述正确的是(　　)。

A. 水力联系较弱　　B. 分布不均匀
C. 水质好　　D. 水量动态多变、随季节变化大

题解及参考答案

3-5-1 **解:**见《应试辅导》考点一。地下水的富集必须具备三个条件:有较多的储水空间,有充足的补给水源,有良好的汇水条件。

答案:D

3-5-2 **解:**见《应试辅导》考点一、考点二。根据地下水的埋藏条件,可以把地下水划分为包气带水、潜水和承压水。按含水层空隙性质(含水介质)的不同,可将地下水划分为孔隙水、裂隙水和岩溶水。在包气带内局部隔水层上积聚的具有自由水面的重力水称为上层滞水。

答案:B

3-5-3 **解:**见《应试辅导》考点二。上层滞水接近地表,接受大气降水的补给,以蒸发形式或向隔水底板边缘排泄。

答案:A

3-5-4 **解:**见《应试辅导》考点二。饱水带中第一个连续隔水层之上具有自由表面的含水层中的水称为潜水,潜水的水面为自由水面,称为潜水面。潜水在重力作用下,通常由水位高的地方向水位低的地方径流。

答案:C

3-5-5 **解:**见《应试辅导》考点二。充满于两个隔水层之间的含水层中的地下水称为承压水。

答案:B

3-5-6 **解:**见《应试辅导》考点二。相邻两等水位线间作一垂直连线,即得此范围内的潜水的流向。由本题图可知为潜水补给河水。

答案:C

3-5-7 **解:**见《应试辅导》考点二。相邻两等水位线间作一垂直连线,即得此范围内的潜水的流向。由本题图可知,左岸潜水补给河水,右岸河水补给潜水。

答案:C

3-5-8 **解**:见《应试辅导》考点二。地下水降低、土中有效应力增加,沉降增大,可以使降水周围地面下降。

答案:A

3-5-9 **解**:见《应试辅导》考点二。等水位线图能表明潜水的埋藏深度、流向、水力梯度、含水层厚度及其动态变化等,因此,潜水等水位线图不能获取潜水的化学成分。

答案:D

3-5-10 **解**:见《应试辅导》考点二。潜水在重力作用下,通常由水位高的地方向水位低的地方径流。流动快慢取决于含水层的渗透性能力和水力坡度,而水力梯度是水头差与渗流路径的比值。

答案:C

3-5-11 **解**:见《应试辅导》考点二。承压性是承压水的一个重要特征。用钻孔揭露含水层,水位将上升到含水层顶板以上一定高度才静止下来。静止水位高出含水层顶板的距离便是承压水头。

答案:C

3-5-12 **解**:见《应试辅导》考点二。上层滞水接近地表,接受大气降水的补给;潜水含水层直接与包气带相接,在其分布范围内,通过包气带接受大气降水、地表水或凝结水的补给。由此得出,气候因素对地下水动态起主导作用。

答案:A

3-5-13 **解**:见《应试辅导》考点一。饱水带之上未被水充满的地带为包气带。

答案:A

3-5-14 **解**:见《应试辅导》考点二。承压含水层在地形适宜处露出地表时,可以泉或溢流形式排向地表或地表水体。

答案:A

3-5-15 **解**:见《应试辅导》考点二。承压水受隔水层的限制,与地表水联系较弱。由此可以得出承压水不易受到地表水影响,其水质最好。

答案:C

3-5-16 **解**:见《应试辅导》考点二。承压水一般水量较大,会造成突然而猛烈的涌水,需重视。

答案:D

3-5-17 **解**:见《应试辅导》考点三。构造裂隙水一般水量比较丰富,常常是良好的供水水源,但对隧道施工往往造成危害,如产生突然涌水事故等。构造裂隙水可以是潜水,也可以是承压水。

答案:C

3-5-18 **解**:见《应试辅导》考点三。岩溶水分布不均匀、水力联系密切。由于地下溶洞与溶洞、溶洞与溶蚀裂隙之间相互连通,因而使岩溶水具有密切的水力联系和较强的传递能力、水量动态多变、随季节变化大等特点。

答案:B

3-5-19 **解**:见《应试辅导》考点三。岩土体颗粒粗大且均匀,则孔隙含水层的透水性好,地下水储量大、流速快、水质好;反之,则透水性差、地下水储量小、流速慢、水质差。由此可知D选项错误。

答案:D

(六)道路工程地质问题

3-6-1 在陡峻的斜坡上,巨大岩块在重力作用下突然而猛烈地向下倾倒、翻滚、崩落的现象,称为( )。

A. 滑坡　　B. 崩塌　　C. 泥石流　　D. 岩溶

3-6-2 产生崩塌的地形条件,一般斜坡( )。

A. 坡度大于20°,高度大于10m
B. 坡度大于35°,高度大于30m
C. 坡度大于45°,高度大于15m
D. 坡度大于45°,高度大于30m

3-6-3 关于崩塌形成条件说法错误的是( )。

A. 高陡边坡　　B. 岩石坚硬　　C. 构造发育　　D. 碎散土体

3-6-4 从地质构造条件分析,( )为崩塌的发生创造了有利条件。

A. 沉积岩层的整合接触　　B. 岩体破碎
C. 软弱结构面与坡向相反　　D. 无结构面切割的完整岩体

3-6-5 以下主要用于治理崩塌的技术是( )。

A. 拦挡坝　　B. 抗滑桩　　C. 落石网　　D. 排导槽

3-6-6 斜坡大量土体和岩体在重力作用下,沿着一定滑动面(或带)整体向下滑动的现象,称为( )。

A. 滑坡　　B. 崩塌　　C. 泥石流　　D. 岩溶

3-6-7 从滑坡形成的地形地貌条件分析,(　　)地段不易发生滑坡。

A. 高陡斜坡
B. 山地缓坡,地表水易渗入
C. 山区河流的凸岸
D. 黄土地区高阶地前级坡角被地下水侵蚀和地下水浸润

3-6-8 影响滑坡形成的主要因素有(　　)。
①岩性;②构造;③水;④岩溶;⑤气候。

A. ①②③　　B. ①②④　　C. ①③⑤　　D. ②④⑤

3-6-9 发生在均质黏性土中的滑坡,滑动面多呈(　　)。

A. 圆弧形　　B. 直线形　　C. 矩形　　D. 折线形

3-6-10 以下主要用于治理滑坡的技术是(　　)。

A. 拦挡坝　　B. 抗滑桩　　C. 落石网　　D. 排导槽

3-6-11 不属于形成泥石流基本条件的是(　　)。
A. 有丰富的固体物质补给泥石流
B. 有陡峭的地形和较大的沟床纵坡
C. 有强大的暴雨或冰雪强烈消融等形成的充沛水源
D. 封山育林、植树造林

3-6-12 泥石流活动的触发条件是(　　)。

A. 地质条件　　B. 地形条件
C. 水文气象条件　　D. 岩性条件

3-6-13 以下主要用于治理泥石流的技术是(　　)。

A. 排水沟　　B. 抗滑桩　　C. 落石网　　D. 拦挡坝

3-6-14 地表水和地下水对地表及地下可溶性岩石所进行的以化学溶解作用为主,机械侵蚀作用为辅的作用称为(　　)。

A. 滑坡　　B. 崩塌　　C. 泥石流　　D. 岩溶

3-6-15 岩溶的发育条件及影响因素不包括(　　)。

A. 完整的岩石　　B. 循环交替流动的水
C. 构造发育　　D. 降雨充沛

3-6-16 以下主要用于治理岩溶的技术是(　　)。

A. 锚杆　　B. 抗滑桩　　C. 落石网　　D. 疏导

3-6-17 软土的天然含水率一般为(　　)。

A. 30% ~50%　　B. 0% ~70%
C. 60% ~80%　　D. 70% ~90%

3-6-18 软土受到振动，海绵状结构破坏，土体强度降低，甚至呈现流动状态，称为(　　)。

A. 触变性　　B. 流变性　　C. 压缩性　　D. 湿陷性

3-6-19 软土在长期荷载作用下，变形可以持续很长时间，最终引起破坏，这种性质称为(　　)。

A. 触变性　　B. 流变性　　C. 压缩性　　D. 湿陷性

3-6-20 不是软土地基处理方法的是(　　)。

A. 换填法　　B. 抛石挤泥法　　C. 反压护道法　　D. 碾压法

3-6-21 有关软土叙述错误的是(　　)。

A. 评价软土抗剪强度时，应根据建筑物加荷情况选用不同的试验方法
B. 软土地基的变形破坏主要是因承载力低、地基变形大或发生挤出
C. 软土地基处理，多采用几种方法综合处理
D. 软土是指某一种特定的土

3-6-22 黄土中粉粒约占(　　)。

A. 60% ~70%　　B. 1% ~29%　　C. 8% ~26%　　D. 40% ~50%

3-6-23 黄土湿陷性(　　)。

A. 西北强、东南弱　　B. 西北弱、东南强
C. 西南弱、东北强　　D. 都一样

3-6-24 黄土的相对密度一般为(　　)。

A. 2.24 ~2.54　　B. 2.54 ~2.84　　C. 2.84 ~3.14　　D. 3.14 ~3.44

3-6-25 一般含水率超过(　　)时就不再具有湿陷性了。

A. 20%　　B. 21%　　C. 25%　　D. 26%

3-6-26 (　　)是黄土的最不良性质。

A. 压缩性　　B. 抗剪强度　　C. 湿陷性　　D. 黄土陷穴

3-6-27　浸水压缩试验方法适用于评价(　　)。

A. 压缩性　　B. 抗剪强度　　C. 湿陷性　　D. 黄土陷穴

3-6-28　下列关于黄土路基变形破坏中不正确的是(　　)。

A. 黄土地区进行道路建设和道路病害治理必须重视排水问题
B. 黄土陷穴、人工坑洞、地下墓穴等人工洞穴在黄土地区较为多见
C. 黄土路堤沉陷的原因只是地基湿陷和洞穴坍陷
D. 排水问题,包括地表排水和地下排水

3-6-29　黄土地基存在湿陷和压缩两种不同性质的变形。对于饱和黄土,则主要应考虑(　　)变形进行计算。

A. 湿陷　　B. 压缩　　C. 湿陷与压缩　　D. 长期

3-6-30　当湿陷系数 δ_{sh} 满足(　　)条件时,应定为湿陷性黄土。

A. $\delta_{sh} > 0.015$　　B. $\delta_{sh} > 0.030$
C. $\delta_{sh} > 0.050$　　D. $\delta_{sh} > 0.0015$

3-6-31　具有特殊大孔隙、垂直节理发育的土是(　　)。

A. 软土　　B. 黄土　　C. 膨胀土　　D. 盐渍土

3-6-32　膨胀土遇水后膨胀,是因为膨胀土中含有较多的(　　)。

A. 蒙脱石　　B. 高岭石　　C. 白云石　　D. 长石

3-6-33　初期强度极高,经过几个干湿循环后强度极低的土是(　　)。

A. 黄土　　B. 膨胀土　　C. 软土　　D. 盐渍土

3-6-34　(　　)滑坡多为牵引式,呈叠瓦状,成群发生。

A. 黄土　　B. 膨胀土　　C. 软土　　D. 盐渍土

3-6-35　固结系数 $R > 1$ 的土是(　　)。

A. 正常土　　B. 固结土　　C. 超固结土　　D. 欠固结土

3-6-36　盐渍土因溶蚀作用而下陷是盐渍土的(　　)。

A. 湿陷性　　B. 压实性　　C. 力学性质　　D. 毛细水作用

3-6-37 当盐渍土中(　　)含量较高时,土的物理力学性质和筑路性质会发生显著变化,引起许多路基病害。

A. 硫酸盐　　B. 碳酸盐　　C. 水　　D. 黏土

3-6-38 盐渍土地区的路基出现胀缩现象的主要原因是(　　)。

A. 水　　B. 风　　C. 温度变化　　D. 气体

3-6-39 影响路基盐胀的主要因素是(　　)。

A. 土质　　B. 含盐量　　C. 温度　　D. 以上都正确

3-6-40 水分冻结成固态的冰,冰与土冻结成整体,形成一种特殊的土是(　　)。

A. 黄土　　B. 冻土　　C. 盐渍土　　D. 软土

3-6-41 关于冻土的描述,以下错误的是(　　)。

A. 气温、地温越低,地表植被越好,冻土稳定性越好
B. 温度越低、含冰量越大,冻土稳定性越差
C. 冻土年均气温低于0℃
D. 持续三年以上处于冻结不融化的土称为多年冻土

3-6-42 冻土的指标测定中(　　)是关键。

A. 总含水量　　B. 含冰量　　C. 未冻结水含量　　D. 相对密度

3-6-43 冻土在地温为 -4℃时砂类土的修正值 K 是(　　)。

A. 0　　B. 0.6　　C. 0.75　　D. 0.95

3-6-44 冻胀率大于6%的是(　　)。

A. 强冻胀土　　B. 冻胀土　　C. 弱冻胀土　　D. 不冻胀土

3-6-45 冻土融化下沉由(　　)组成。

A. 压缩形变、融化下沉　　B. 压缩形变、沉降
C. 融化下沉、沉降　　D. 都不正确

3-6-46 弱融沉的是(　　)。

A. 少冰冻土　　B. 多冰冻土　　C. 富冰冻土　　D. 饱冰冻土

3-6-47 控制冻土变形速率和变形总量是指(　　)。

A. 保护原则　　B. 主动原则　　C. 不保护原则　　D. 一般保护原则

3-6-48　不稳定冻土一般采取(　　)。

A. 保护原则　　B. 主动原则　　C. 不保护原则　　D. 一般保护原则

3-6-49　以下属于纵向不均匀沉降的是(　　)。

A. 山坡线半填半挖路段
B. 填方路堤及挖方路堑交替出现
C. 沟谷内地基较松软在外力下产生沉降
D. 不同填方高度的路基

3-6-50　风化剥落、落石、冲刷和表层滑塌属于(　　)。

A. 坡面变形　　B. 整体失稳　　C. 坡面冲刷　　D. 坡面防护

3-6-51　经济、简便,效果较好的坡面防护措施是(　　)。

A. 喷混凝土　　B. 浆砌片石
C. 植物防护　　D. 石灰炉渣浆抹面

3-6-52　道路桥梁应选在(　　)。

A. 河道扩散段　　B. 河道弯曲段
C. 河道顺直段　　D. 河道游荡段

3-6-53　确保桥梁安全的方面不包括(　　)。

A. 桥位选择　　B. 桥梁基坑稳定
C. 正确选定桥基承载力　　D. 水文勘测

3-6-54　一般情况下,桥梁的轴线与河流方向(　　)。

A. 平行　　B. 倾斜　　C. 垂直　　D. 呈45°

3-6-55　以下说法错误的是(　　)。

A. 桥头及其引线应避开滑坡、崩塌、泥石流等地质灾害发生场所
B. 桥渡线应避免在两河交汇或支流汇入主流的河口段通过
C. 桥渡线尽可能选在河道顺直、水流通畅地段
D. 桥渡线宜选在河槽较宽的峡谷段通过

3-6-56　应尽可能避开在(　　)上建桥。

A. 上游狭窄河段　　B. 下游收缩河段

C. 中游扩散河段　　D. 平缓河段

3-6-57　地基承载力的确定方法是(　　)。

A. 载荷试验法　B. 公式计算法　C. 规范查表法　D. 以上都是

3-6-58　隧道洞口位置选择不影响(　　)。

A. 洞门的沉降变形　　B. 洞门仰坡的稳定
C. 隧道的位置　　D. 隧道洞口的大小

3-6-59　在倾斜岩层中,沿岩层走向布置隧道一般是(　　)的。

A. 不利　B. 有利　C. 无关系　D. 无影响

3-6-60　在富水的岩土体中开挖隧道,当遇到互相贯通又含水的孔隙时,大量的地下水涌入洞内,新开挖的隧道就成为排泄地下水的新通道的现象是指(　　)。

A. 隧道涌水　B. 隧道渗水　C. 隧道浸水　D. 其他

题解及参考答案

3-6-1　**解**:见《应试辅导》考点一。崩塌是指陡峻的斜坡上的巨大岩块在重力作用下突然而猛烈地向下倾倒、翻滚、崩落的现象。

答案:B

3-6-2　**解**:见《应试辅导》考点一。调查表明,规模较大的崩塌,一般多产生在高度大于30m,坡度大于45°(大多数介于55°~75°之间)的陡峻斜坡上。

答案:D

3-6-3　**解**:见《应试辅导》考点一。斜坡高、陡是形成崩塌的必要条件;坚硬的岩石具有较大的抗剪强度和抗风化能力,能形成高峻的斜坡,易发生崩塌;各种构造面对坡体的切割、分离,为产生崩塌创造了条件。因此D选项错误。

答案:D

3-6-4　**解**:见《应试辅导》考点一。各种构造面对坡体的切割、分离,为产生崩塌创造了条件。由此得出B选项正确。

答案:B

3-6-5　**解**:见《应试辅导》考点一。崩塌常见的防治措施有:①清除坡面危石。②坡面加固:如坡面喷浆、抹面、砌石铺盖等以防治软弱岩层进一步风化;灌浆、勾缝、镶嵌、锚栓以恢复和增强岩体的完整性。③危岩支顶:如用石砌或用混凝土作支垛、护壁、支柱、支墩、支墙等以增加斜坡的稳定性。④拦截防御:如修筑落石平台、落石网、落石槽、拦石网、拦石堤、拦石墙等。⑤调整水流:如修筑截水沟、堵塞裂隙、封底加固附近的灌溉引水、排水沟渠等。⑥遮盖:如修筑明洞、棚洞将公路工程保护起来。

答案:C

3-6-6 **解**:见《应试辅导》考点一。滑坡的发生,是斜坡岩(土)体平衡条件遭到破坏的结果。

答案:A

3-6-7 **解**:见《应试辅导》考点一。滑坡主要发生在易于亲水软化的土层中和一些软质岩层中,当坚硬岩层或岩体内存在有利于滑动的软弱面时,在适当的条件下也可能形成滑坡。斜坡高、陡是形成崩塌的必要条件。

答案:A

3-6-8 **解**:见《应试辅导》考点一。影响滑坡形成的因素:岩性、构造、水。此外,如风化作用,降雨,人为不合理地切坡或坡顶加载,地表水对坡脚的冲刷以及地震等,都能促使上述条件发生有利于斜坡土石向下滑动的变化,激发斜坡产生滑动现象。

答案:A

3-6-9 **解**:见《应试辅导》考点一。一般地,均质无黏性土滑坡的滑动面为平面,均质黏性土滑坡的滑动面为圆弧面,其余滑坡多为复合滑动面。

答案:A

3-6-10 **解**:见《应试辅导》考点一。滑坡常见的防治措施有:①排水:修截排水沟排除地表水,截水盲沟、盲洞、渗管、渗井、垂直钻孔等排除滑坡体内的地下水。②力学平衡法:如在滑坡体下部修筑抗滑片石垛、抗滑挡墙、抗滑桩、锚索抗滑桩、锚固框架等支挡建筑物,以增加滑坡下部的抗滑力。在滑坡体的上部刷方减载以减小其滑动力,在滑体下部填方压脚以增大抗滑力等。③改善滑动面(带)的土石性质:一般采用焙烧、压浆及化学加固等物理化学方法。

答案:B

3-6-11 **解**:见《应试辅导》考点一。形成泥石流有三个基本条件:①流域中有丰富的固体物质补给泥石流。②有陡峭的地形和较大的沟床纵坡。③流域的中、上游有强大的暴雨或冰雪强烈消融等形成的充沛水源。

答案:D

3-6-12 **解**:见《应试辅导》考点一。水既是泥石流的组成部分之一,也是泥石流活动的基本动力和触发条件。

答案:C

3-6-13 **解**:见《应试辅导》考点一。泥石流的防治措施有:①水土保持工程:在形成区内,封山育林、植树造林。②滞流措施:在泥石流沟中修筑一系列低矮的拦挡坝。③排导工程:包括渡槽、排导沟、导流堤等。④桥梁:适用于跨越流通区的泥石流。⑤防护工程:主要有护坡、挡墙、顺坝和丁坝等措施。

答案:D

3-6-14 **解**:见《应试辅导》考点一。岩溶是指地表水和地下水对地表及地下可溶性岩石所进行的以化学溶解作用为主、机械侵蚀作用为辅的溶蚀作用、侵蚀—溶蚀作用以及与之相伴生的堆积作用的总称。

答案:D

3-6-15 **解**:见《应试辅导》考点一。①岩溶发育条件归结为:可溶岩层的存在,可溶岩必须是透水的,具有侵蚀能力的水和水是流动的。②影响岩溶发育的因素很多,除上述基本条件外,地质的因素还有地层(包括地层的组合、厚度)、构造(包括地层产状、大地构造、地质构造等)。地理因素有气候、覆盖层、植被和地形等。其中,气候因素对岩溶影响最为显著。

答案:A

3-6-16 **解**:见《应试辅导》考点一。疏导:对经常有水和季节性有水的空洞,宜疏不宜堵。

答案:D

3-6-17 **解**:见《应试辅导》考点二。软土具有较大的孔隙比和高含水率,孔隙比一般大于1.0,高的可达5.8(滇池淤泥),含水率大于液限达50%~70%,最大可达300%。

答案:B

3-6-18 **解**:见《应试辅导》考点二。软土受到振动,海绵状结构破坏,土体强度降低,甚至呈现流动状态,称为触变,也称振动液化。

答案:A

3-6-19 **解**:见《应试辅导》考点二。软土在长期荷载作用下,变形可以延续很长时间,最终引起破坏,这种性质称为流变性。

答案:B

3-6-20 **解**:见《应试辅导》考点二。碾压法适用于碎石土、砂土、粉土、低饱和度黏土和杂填土等,对饱和黏性土应慎重采用。对软土不适用。

答案:D

3-6-21 **解**:见《应试辅导》考点二。软土是一类土的总称,并非指某一种特定的土,一般将软土分为软黏性土、淤泥质土、淤泥、泥炭质土和泥炭等,即其性质大体与上述概念相近的土都可以归为软土。

答案:D

3-6-22 **解**:见《应试辅导》考点二。黄土的粒度成分以粉粒为主,约占60%~70%。

答案:A

3-6-23 **解**:见《应试辅导》考点二。根据我国地域特点,黄土湿陷性在西北强、东南弱。

答案:A

3-6-24 **解**:见《应试辅导》考点二。黄土的比重一般在2.54~2.84之间,结构疏松,具有大孔隙,密度为1.5~1.8g/cm^3,干密度约为1.3~1.6g/cm^3,一般认为干密度小于1.5g/cm^3

的黄土具有湿陷性。

答案:B

3-6-25 **解**:见《应试辅导》考点二。含水率与湿陷性有一定关系,含水率低,湿陷性强,含水率增加,湿陷性减弱。一般,含水率超过25%时就不再具有湿陷性了。

答案:C

3-6-26 **解**:见《应试辅导》考点二。如果湿陷发生在土的饱和自重压力下称为自重湿陷,如果湿陷发生在自重压力和建筑物的附加压力下称为非自重湿陷。黄土的非自重湿陷比较普遍,其工程意义比较大。

答案:C

3-6-27 **解**:见《应试辅导》考点二。黄土湿陷性评价目前都采用浸水压缩试验方法。

答案:C

3-6-28 **解**:见《应试辅导》考点二。黄土地区进行道路建设和道路病害治理必须重视排水问题,包括地表排水和地下排水。黄土陷穴、人工坑洞、地下墓穴等人工洞穴在黄土地区较为多见。

答案:C

3-6-29 **解**:见《应试辅导》考点二。含水率与湿陷性有一定关系,含水率低,湿陷性强,含水率增大,湿陷性减弱,一般含水率超过25%时就不再具有湿陷性了。因此对于饱和黄土应主要考虑压缩变形进行计算。

答案:B

3-6-30 **解**:见《应试辅导》考点二。将黄土原状土样放入固结仪内,在无侧限膨胀条件下进行压缩试验,测出天然湿度下变形稳定后的试样高度 h_2 及浸水饱和条件下变形稳定后的试样高度 h'_2,然后计算相对湿陷系数 $\delta_{sh} = (h_2 - h'_2)/h_2$。当 $\delta_{sh} > 0.015$ 时,判定为湿陷性黄土。

答案:A

3-6-31 **解**:见《应试辅导》考点二。黄土因其特殊的大孔隙、垂直节理发育等结构特性,强渗透和遇水崩解的水理特性,干燥时高强度、浸水后强度明显降低的强度特性,造成路基常出现路堤下沉、坡面冲刷、边坡滑塌和滑坡、冲沟侵蚀路基等工程病害。

答案:B

3-6-32 **解**:见《应试辅导》考点二。膨胀土是一种黏性土,具有明显的膨胀、收缩特性。它的粒度成分以黏粒为主,黏粒的主要矿物是蒙脱石、伊利石。

答案:A

3-6-33 **解**:见《应试辅导》考点二。膨胀土是一种黏性土,它的粒度成分以黏粒为主,黏粒的主要矿物是蒙脱石、伊利石,这两类矿物有强烈的亲水性,吸收水分后体积膨胀,失水后收缩,多次膨胀、收缩,强度很快衰减,导致修建在膨胀土上的工程建筑物开裂、下沉、失稳破坏。

答案:B

3-6-34 **解:**见《应试辅导》考点二。膨胀土在水的淋滤作用下,裂面附近蒙脱石含量显著增高,呈白色,构成膨胀土的软弱面,这种灰白土是引起膨胀土边坡失稳滑动的主要原因。

答案:B

3-6-35 **解:**见《应试辅导》考点二。膨胀土的固结程度用土的超固结比 R(前期固结压力 p_c 与目前土层的上覆自重压力 p_0 之比)来表示。正常土 $R=1$,超固结土 $R>1$。

答案:C

3-6-36 **解:**见《应试辅导》考点二。盐渍土不仅遇水发生膨胀,易溶盐遇水还会发生溶解,地基也会因溶蚀作用而下陷。

答案:A

3-6-37 **解:**见《应试辅导》考点二。各种盐类中,以硫酸盐的胀缩最为明显,其中又以 Na_2SO_4 最强烈,氯盐和碳酸盐类的胀缩性较小。

答案:A

3-6-38 **解:**见《应试辅导》考点二。盐渍土地区的路基随着温度的变化出现胀缩现象,低温季节土体膨胀,路面出现鼓包、开裂;高温季节,由于硫酸盐脱水,路基出现松软和泥泞。

答案:C

3-6-39 **解:**见《应试辅导》考点二。影响路基盐胀的主要因素有土质、含盐类型、含盐量、土的含水率、土体密度、温度及其变化过程等。

答案:D

3-6-40 **解:**见《应试辅导》考点二。冻土是指温度等于或低于0℃,并含有冰的各类土。

答案:B

3-6-41 **解:**见《应试辅导》考点二。一般地讲,气温、地温越低,地表植被越好,冻土稳定性越好。这句话表明,温度越低、含冰量越大,冻土稳定性越好。

答案:B

3-6-42 **解:**见《应试辅导》考点二。在评价土的工程性质时,必须测定天然冻土结构下的重度、相对密度、总含水量(冰及未冻水)和相对含冰量(土中冰重与总含水量之比)四项指标。其中未冻结水含量 W_c($W_c=KW_p$ 为土的塑限含水量,K 为温度修正系数,由表3-9选用)的获取是关键。

答案:C

3-6-43 **解:**见《应试辅导》考点二中表3-9。

答案:A

3-6-44 **解:**见《应试辅导》考点二。冻胀率 n 为土在冻结过程中土体积的相对膨胀量,以

百分率表示，$n = \frac{h_2 - h_1}{h_1} \times 100\%$

$n > 6\%$为强冻胀土，$6\% \geqslant n > 3.5\%$为冻胀土，$3.5\% \geqslant n > 2\%$为弱冻胀土，$n \leqslant 2\%$为不冻胀土。

答案:A

3-6-45 **解**:见《应试辅导》考点二。冻土融化下沉由两部分组成，一是外力作用下的压缩变形，二是温度升高引起的自身融化下沉。

答案:A

3-6-46 **解**:见《应试辅导》考点二中表3-10。

答案:B

3-6-47 **解**:见《应试辅导》考点二。一般保护原则是采取工程措施控制冻土变形速率和变形总量，适用于受变形影响不敏感的工程，适用的冻土类型为较稳定型。

答案:D

3-6-48 **解**:见《应试辅导》考点二。不保护是采取措施加速冻土融化或清除冻土以及不采取任何工程保护措施的原则，适用于不稳定冻土。

答案:C

3-6-49 **解**:见《应试辅导》考点二。坡线半填半挖路段，通常外侧路基为填方、内侧为挖方。在荷载及其他因素的影响下，路基填挖方部位产生的沉降量不同，导致路基产生纵向不均匀变形。

答案:A

3-6-50 **解**:见《应试辅导》考点二。坡面变形是指路堑(或路堤)边坡坡面的局部破坏，包括风化剥落、落石、冲刷和表层滑塌等类型。

答案:A

3-6-51 **解**:见《应试辅导》考点二。植物能覆盖表土、防止雨水冲刷，固结土壤，有效地防止坡面风化剥落。

答案:C

3-6-52 **解**:见《应试辅导》考点三。理想的桥位应选择在岸坡稳定、地基条件良好、无不良地质现象、水流集中、河床稳定、河道顺直、河谷较窄的地段。

答案:C

3-6-53 **解**:见《应试辅导》考点三。桥位选择、桥梁基坑稳定性和正确选定桥基承载力，是确保桥梁安全的三个重要方面。

答案:D

3-6-54 **解**:见《应试辅导》考点三。理想的桥梁轴线应与河流方向垂直。

答案:C

3-6-55 **解:**见《应试辅导》考点三。选择山区河流的桥位时,应考虑以下几个原则:①桥渡线尽可能选在河道顺直、水流通畅地段。②桥渡线宜选在河槽较窄的峡谷段通过,并应同时考虑施工方法与施工场地的布置问题。③桥渡线应避免在两河交汇或支流汇入主流的河口段通过。④桥头及其引线应避开滑坡、崩塌、泥石流等地质灾害发生场所。

答案:D

3-6-56 **解:**见《应试辅导》考点三。中游扩散河段,此处水流经常变化,冲淤次数较多,尤其是逐年淤高,是一个复杂而危害很大的问题。在此建桥,造价高,养护困难。因此,应尽可能避开在此河段上建桥。

答案:C

3-6-57 **解:**见《应试辅导》考点三。地基承载力的确定有三种方法,载荷试验法,公式计算法和规范查表法。

答案:D

3-6-58 **解:**见《应试辅导》考点四。隧道洞口位置选择合理与否,直接影响洞门的沉降变形及稳定、洞门仰坡的稳定等。隧道位置与洞门直接相连。

答案:D

3-6-59 **解:**见《应试辅导》考点四。在倾斜岩层中,沿岩层走向布置隧道一般是不利的。

答案:A

3-6-60 **解:**见《应试辅导》考点四。在向斜轴部常是地下水富集之处,开挖后会造成大量地下水涌出。

答案:A

(七)道路工程地质勘察

3-7-1 道路工程地质勘查的方法不包括(　　)。

A. 研究既有资料　　B. 调查与测绘
C. 勘探试验　　D. 短期观测

3-7-2 工程地质测绘不包含的基本内容是(　　)。

A. 地形、地貌　　B. 地层、岩性、第四纪地质
C. 地质构造、地表水、地下水　　D. 地基承载力

3-7-3 测绘的比例尺在初勘段为(　　)。

A. 1∶2000～1∶10000　　B. 1∶5000～1∶50000
C. 1∶200～1∶2000　　D. 1∶8000～1∶80000

3-7-4 区域水文资料不包括(　　)。

A. 地下水类型　　B. 分带及分布情况　　C. 埋藏深度　　D. 降水

3-7-5 工程地质测勘探的方法有(　　)。
①坑探;②钻探;③地球物理勘探;④地质雷达勘探;⑤采样。

A. ①④⑤　　B. ②③⑤　　C. ①②③　　D. 以上全部

3-7-6 工程地质的勘探常用的钻探方法主要包括(　　)。
①冲击钻进;②回旋钻进;③冲击—回旋钻进;④振动钻进。

A. ①②③　　B. ①③④　　C. ②③④　　D. ①②③④

3-7-7 坑探的深度(　　)。

A. 1 ~ 2m　　B. 2 ~ 3m　　C. 4 ~ 5m　　D. 0.8 ~ 1m

3-7-8 坑探断面一般采用(　　)。

A. 1.5m × 2.0m 的矩形　　B. 直径 1.0m 的圆形
C. 2.0m × 3.0m 的矩形　　D. 直径 2.0m 的圆形

3-7-9 槽探的断面和深度是(　　)。

A. 宽度一般为 0.4 ~ 0.6m,深度通常小于 2m
B. 宽度一般为 0.6 ~ 1.0m,深度通常小于 2m
C. 宽度一般为 1.0 ~ 1.2m,深度通常大于 2m
D. 宽度一般为 1.2 ~ 1.5m,深度通常大于 2m

3-7-10 常用的简易钻探工具不包括(　　)。

A. 洛阳铲　　B. 锥铲　　C. 小螺纹钻　　D. 铁锤

3-7-11 小螺纹钻是用人工加压转钻进,钻探深度小于(　　)。

A. 3m　　B. 4m　　C. 5m　　D. 6m

3-7-12 锥探是用锥具向下冲入土中,探深一般可达(　　)。

A. 5m　　B. 6m　　C. 8m　　D. 10m

3-7-13 洛阳铲勘探是借助洛阳铲的重力冲入土中,冲进深度一般为 10m,在黄土层中可达(　　)。

A. 15m　　B. 20m　　C. 30m　　D. 40m

3-7-14 不宜用物探的场合是(　　)。

A. 作为钻探的先行手段　　B. 作为钻探的辅助手段
C. 作为原位测试手段　　D. 作为钻探的主要手段

3-7-15 人力冲击钻进,适用于(　　)。

A. 砾卵石层　　B. 基岩　　C. 岩石　　D. 黄土

3-7-16 机械冲击钻进,适用于(　　)。

A. 黄土　　B. 黏性土　　C. 砂性土　　D. 基岩

3-7-17 物探的优点不包括(　　)。

A. 效率高　　B. 成本低　　C. 工具轻便　　D. 安全性好

3-7-18 物探的方法不包含(　　)。

A. 直达波法　　B. 反射波法　　C. 折射波法　　D. 电池法

3-7-19 物探按其工作条件不同可分为地面物探、井下物探、航空物探与(　　)。

A. 电法勘探　　B. 池法勘探　　C. 地震法勘探　　D. 航天物探

3-7-20 (　　)不属于原位测试。

A. 地基静载荷试验　　B. 固结试验
C. 旁压试验　　D. 触探试验

3-7-21 道路工程勘察的不同阶段所采用的测试技术也不同,其中原位测试通常是(　　)阶段采用的。

A. 选址勘察　　B. 初步勘察　　C. 详细勘察　　D. 施工勘察

3-7-22 道路野外试验主要包括(　　)。
①岩土的透水试验;②岩土的物性试验;③岩土的力学试验;④岩土的导电试验。

A. ①②③　　B. ①③④　　C. ①③　　D. ②③④

3-7-23 土的试验一般不包括土的(　　)。

A. 成分　　B. 物理性质　　C. 水理性质　　D. 土的密实度

3-7-24 岩石的试验一般包括(　　)试验。

A. 化学性质　　B. 力学性质　　C. 水理性质　　D. 热学性质

3-7-25 岩土的力学试验不包括(　　)。

A. 触探试验　　B. 载荷试验　　C. 剪切试验　　D. 压水试验

3-7-26 野外原位试验不包括(　　)。

A. 载荷试验　　B. 静力触探试验
C. 动力触探试验与标准贯入试验　　D. 模拟试验

3-7-27 物理地质现象长期观测点不应该选择在(　　)。

A. 典型的地段　　B. 影响因素比较复杂的地段
C. 便于观测地点　　D. 发生灾害性的物理地质现象的地段

题解及参考答案

3-7-1 **解**:见《应试辅导》考点一。道路工程地质勘察的方法,主要有研究既有资料、调查与测绘、勘探、试验与长期观测等几种。

答案:D

3-7-2 **解**:见《应试辅导》考点二。道路工程地质调查测绘的基本内容主要包括以下几个方面:①地形、地貌;②地层、岩性;③地质构造;④第四纪地质;⑤地表水及地下水;⑥特殊地质、不良地质;⑦地震;⑧工程经验。

答案:D

3-7-3 **解**:见《应试辅导》考点二。测绘的比例尺:可行性研究阶段 1∶5000 ~1∶50000,初勘阶段 1∶2000 ~1∶10000,详勘阶段 1∶200 ~1∶2000。

答案:A

3-7-4 **解**:见《应试辅导》考点一。区域水文地质资料,如地下水的类型、分带及分布情况,埋藏深度、变化规律等。

答案:D

3-7-5 **解**:见《应试辅导》考点三。道路工程地质勘探的方法有挖探(含坑探)、钻探、地球物理勘探等几类。

答案:C

3-7-6 **解**:见《应试辅导》考点三。根据钻进时破碎岩石的方法,钻探可分为冲击钻进、回转钻进、冲击一回转钻进及振动钻进等几种。

答案:D

3-7-7 **解**:见《应试辅导》考点三。坑探深度一般为 2 ~3m,较深的需进行加固。

答案:B

3-7-8 **解:**见《应试辅导》考点三。坑探断面一般采用1.5m×1.0m的矩形,或直径0.8～1.0m的圆形。

答案:B

3-7-9 **解:**见《应试辅导》考点三。槽探挖掘成狭长的槽形,其宽度一般为0.6～1.0m,长度视需要而定,深度通常小于2m。

答案:B

3-7-10 **解:**见《应试辅导》考点三。常用的简易钻探工具有洛阳铲、锥铲与小螺纹钻等。

答案:D

3-7-11 **解:**见《应试辅导》考点三。小螺纹钻:是用人工加压加转钻进,适用于黏性土及亚砂土地层,可以取得扰动土样。钻探深度小于6m。

答案:D

3-7-12 **解:**见《应试辅导》考点三。锥探:是用锥具向下冲入土中,凭感觉探查疏松覆盖层的厚度或基岩的埋藏深度。探深一般可达10m左右。

答案:D

3-7-13 **解:**见《应试辅导》考点三。洛阳铲:是借助洛阳铲的重力冲入土中,钻成直径小而深度较大的圆孔,可采取扰动土样。冲进深度一般为10m,在黄土层中可达30余米。

答案:C

3-7-14 **解:**见《应试辅导》考点三。物探宜运用于下列场合:①作为钻探的先行手段,了解隐蔽的地质界线、界面或异常点;②作为钻探的辅助手段,在钻孔之间增加地球物理勘察点,为钻探成果的内插、外推提供依据;③作为原位测试手段,测定岩土体的波速、动弹性模量、特征周期、土对金属的腐蚀等参数。

答案:D

3-7-15 **解:**见《应试辅导》考点三。人力冲击钻进,适用于黄土、黏性土、砂性土等疏松的覆盖层,但劳动强度大,难以取得完整的岩心。

答案:D

3-7-16 **解:**见《应试辅导》考点三。机械冲击钻进,适用于砾、卵石层及基岩,不能取得完整岩心。

答案:D

3-7-17 **解:**见《应试辅导》考点三。没有提及安全性。

答案:D

3-7-18 **解:**见《应试辅导》考点三中表3-11。

答案:D

3-7-19 **解**:见《应试辅导》考点三。物探按其工作条件的不同可分为地面物探、井下物探与航空物探、航天物探。

答案:D

3-7-20 **解**:见《应试辅导》考点三。固结试验是室内试验。

答案:B

3-7-21 **解**:见《应试辅导》考点三。原位测试通常在详细勘察阶段采用。

答案:C

3-7-22 **解**:见《应试辅导》考点三。道路工程地质野外试验主要包括岩土的透水性试验和力学试验两个方面。

答案:C

3-7-23 **解**:见《应试辅导》考点三。土的试验一般包括土的成分、物理性质、水理性质与力学性质四个主要部分。

答案:D

3-7-24 **解**:见《应试辅导》考点三。岩石的试验一般包括物理性质和力学性质两个部分。

答案:B

3-7-25 **解**:见《应试辅导》考点三。道路工程地质野外试验主要包括岩土的透水性试验和力学试验两个方面。属于前者的有压水试验与抽水试验等,属于后者的有触探试验、载荷试验、剪切试验等。

答案:D

3-7-26 **解**:见《应试辅导》考点三。野外试验中的力学试验主要有触探试验(静力触探、动力触探与标准贯入试验),载荷试验(静力载荷与桩载荷试验)、剪切试验(直剪法、水平挤出法与十字板剪切试验),旁压试验,应力应变量测(千分表法、电阻片法、压力盒法)与弹性系数测定(地震法)等。

答案:D

3-7-27 **解**:见《应试辅导》考点三。观测点的选择,主要根据工程设计的要求而定。但应注意选择在:①典型的地段,以使观测资料具有代表性。②影响因素比较单纯的地段,以便于资料的分析整理。③便于观测的地点,能够长期坚持观测。④对于一些灾害性的地质现象,如滑坡、雪崩、泥石流等,还应注意观测人员的安全。⑤观测工作可以在勘察设计阶段进行,也可以在施工阶段进行,还可以在运营阶段进行。

答案:B

四　工　程　勘　测

复习指导

本章应重点掌握的内容主要包括：

(1)掌握各等级公路项目不同设计阶段的勘测内容与深度；控制测量桩、路线控制桩的埋设、书写等的规定与要求；桩标记录、勘测记录的规定与要求。不同设计阶段勘测新技术、新方法及其应满足的基本精度要求。

(2)掌握直线定向、水准测量、角度测量的方法；掌握测量误差和 GPS 测量的概念。

(3)掌握公路平面控制测量的主要方法，平面控制点的布设、测量、观测等技术要点；公路高程控制测量的主要方法，高程控制点的布设、测量、观测等技术要点，公路控制测量应提交的技术资料。平面控制点的布设、测量、观测等技术要点；公路高程控制测量的主要方法，高程控制点的布设、测量、观测等技术要点。

(4)掌握不同设计阶段对地形图测绘、图式、比例、精度等的技术要求，航空摄影测量、水下地形图测绘、数字地面模型等的技术要求及其应用要点。航空摄影测量、水下地形图测绘、数字地面模型等的技术要求及其应用要点。

(5)掌握依据批复的工程可行性研究初步拟定的路线起终点、中间控制点及路线基本走向，在地形图、航测像片、数字地面模型或实地对所拟定的勘测方案进行初测的技术要求；初测阶段路线、路基、路面、排水、小桥涵、大中桥、隧道、路线交叉、沿线设施、环境保护、临时工程、工程经济等的调查与勘测的基本技术要求，初测应提交的技术资料。在地形图、航测像片、数字地面模型或实地对所拟定的勘测方案进行初测的技术要求。

(6)掌握现场核对初步设计审批意见的执行与优化、调整的定测技术要求。定测阶段路线中线敷设、中桩高程测量、横断面测量、路基、路面、排水、小桥涵、大中桥、隧道、路线交叉、沿线设施、环境保护、临时工程、工程经济等的调查与勘测的基本技术要求。定测应提交的技术资料，一次定测的适用条件、勘测调查内容及其测量精度。定测阶段路线中线敷设、中桩高程测量、横断面测量、路基、路面、排水、小桥涵、大中桥、隧道、路线交叉、沿线设施、环境保护、临时工程、工程经济等的调查与勘测的基本技术要求。

练习题、题解及参考答案

(一)一 般 规 定

4-1-1　在埋设控制测量桩时，控制测量桩高出地面的位置不超过(　　)。

A. 5cm B. 10cm C. 15cm D. 20cm

4-1-2 下列说法错误的是( )。

A. 测量标志分为控制测量桩,路线控制桩和标志桩

B. 冻土地区,季节冻土层以下标志的高度大于标准高度的1/3

C. 标志桩打入地下的长度应大于15cm

D. 当路线控制桩作为控制测量桩使用时,应进行护桩,并设置指示标志

4-1-3 测量工作的基本原则是从整体到局部、从高级到低级和( )。

A. 从控制到碎部 B. 从碎部到控制

C. 控制与碎部并行 D. 测图与放样并行

4-1-4 下列不属于测量标志类别的是( )。

A. 控制测量桩 B. 路线控制桩 C. 标志桩 D. 测量控制桩

4-1-5 路线控制桩的长度不小于( )。

A. 20cm B. 25cm C. 30cm D. 35cm

4-1-6 标志桩打入地下的长度应( )。

A. 大于10cm B. 大于15cm C. 大于20cm D. 大于25cm

题解及参考答案

4-1-1 **解:**在埋设控制测量桩时,控制测量桩高出地面的位置不超过5cm。

答案:A

4-1-2 **解:**冻土地区,季节冻土层以下标志的高度大于标准高度的2/3。

答案:B

4-1-3 **解:**测量工作中为了扩展测量工作面及防止误差的积累,应遵循的原则是在布局上从整体到局部,在精度上从高级到低级,在工作程序上从控制到碎部。

答案:A

4-1-4 **解:**测量标志分为控制测量桩,路线控制桩和标志桩。

答案:D

4-1-5 **解:**路线控制桩的长度不小于30cm。

答案:C

4-1-6 **解:**标志桩打入地下的长度应大于15cm。

答案:B

(二)测 量 方 法

4-2-1 标准方向的种类不包括(　　)。

A. 真子午线方向　B. 磁子午线方向　C. 坐标纵轴方向　D. 坐标横轴方向

4-2-2 水准路线的布置形式不包括(　　)。

A. S 形路线　B. 闭合水准路线　C. 附合水准路线　D. 支水准路线

4-2-3 平整场地时,从水准仪读得后视读数后,在一个方格的四个点 A、B、C 和 D 上读得前视读数分别为 1.385m,0.568m,2.232m 和 0.336m,则方格上的最高点和最低点分别是(　　)。

A. A 和 D　B. D 和 C　C. C 和 D　D. A 和 B

4-2-4 等精度观测是指(　　)的观测。

A. 允许误差相同　B. 系统误差相同　C. 观测条件相同　D. 偶然误差相同

4-2-5 当竖直度盘为顺时针注记时,其盘左和盘右竖直角计算公式为(　　)。

A. $90° - L, R - 270°$　B. $L - 90°, 270° - R$

C. $R - 270°, 90° - L$　D. $270° - R, L - 90°$

4-2-6 下列关于偶然误差的特性说法错误的是(　　)。

A. 偶然误差的绝对值不超过一定的界限,即有界性

B. 绝对值小的误差比绝对值大的误差出现的或然率小

C. 绝对值相等的正负误差出现的或然率相等

D. 当观测次数趋于无穷大时,偶然误差的算术平均值的极限为零,即抵偿性

4-2-7 GPS 定位按定位方式分为相对定位与(　　)。

A. 静态定位　B. 动态定位　C. 绝对定位　D. 差分定位

4-2-8 公式(　　)用于附合水准路线的成果校核。

A. $f_h = \sum h$　B. $f_h = \sum h_{测} - (h_{终} - h_{始})$

C. $f_h = \sum h_{往} - h_{返}$　D. $\sum h = \sum a - \sum b$

4-2-9 经纬仪观测中,取盘左、盘右平均值是为了消除(　　)的误差影响,而不能消除水准管轴不垂直竖轴的误差影响。

A. 视准轴不垂直横轴　B. 横轴不垂直竖轴

B. 度盘偏心　D. 以上都是

4-2-10 由标准方向北端起顺时针量到所测直线的水平夹角，该角的名称及其取值范围是（　　）。

A. 象限角、0°～90°　　B. 象限角、0°～±90°
C. 方位角、0°～±180°　　D. 方位角、0°～360°

4-2-11 用钢尺往返丈量120m的距离，要求相对误差达到1/10000，则往返较差不得大于（　　）m。

A. 0.048　　B. 0.012　　C. 0.024　　D. 0.036

4-2-12 用DJ_6经纬仪观测水平角，要使角度平均值中误差不大于3″，应观测（　　）测回。

A. 2　　B. 4　　C. 6　　D. 8

4-2-13 测站点O与观测目标A、B位置不变，如仪器高度发生变化，则观测结果（　　）。

A. 竖直角改变、水平角不变　　B. 水平角改变、竖直角不变
C. 水平角和竖直角都改变　　D. 水平角和竖直角都不变

4-2-14 光学经纬仪有DJ_1，DJ_2，DJ_6等多种型号，数字下标1、2、6表示（　　），中误差的值以秒计。

A. 水平角测量一测回角度　　B. 竖直方向测量一测回方向
C. 竖直角测量一测回角度　　D. 水平方向测量一测回方向

4-2-15 对某一量进行n次观测，则根据公式$M=\pm\sqrt{\frac{[vv]}{n(n-1)}}$求得的结果为（　　）。

A. 算术平均值中误差　　B. 观测值中误差
C. 算术平均值真误差　　D. 一次观测中误差

4-2-16 在$\triangle ABC$中，直接观测了$\angle A$和$\angle B$，其中误差分别为$\angle A=\pm3''$和$\angle B=\pm4''$，则$\angle C$的中误差为（　　）。

A. ±8″　　B. ±7″
C. ±5″　　D. ±1″

4-2-17 过圆水准器零点的球面法线称为（　　）。

A. 水准管轴　　B. 铅垂线
C. 圆水准器轴　　D. 水平线

4-2-18 绝对高程是（　　）。

A. 地面点到假定水准面的铅垂距离　　B. 地面点到大地水准面的铅垂距离
C. 地面点到水平面的铅垂距离　　D. 地面点到任一水准面的铅垂距离

4-2-19 三角测量中,高差计算公式 $h = \tan\alpha + i + v$,式中 v 的含义是( )。

A. 仪器高　　B. 初算高程
C. 觇标高(中丝读数)　　D. 尺间隔(中丝读数)

4-2-20 从测量平面直角坐标系的规定判断,下列叙述正确的是( )。

A. 象限与数学坐标象限编号方向一致　　B. X 轴为纵坐标,Y 轴为横坐标
C. 方位角由横坐标轴逆时针量测　　D. 东西方向为 X 轴,南北方向为 Y 轴

4-2-21 光学经纬仪由基座、水平度盘和( )组成。

A. 望远镜　　B. 竖直度盘
C. 照准部　　D. 水准器

4-2-22 电子经纬仪的读数系统采用( )。

A. 光电扫描度盘自动计数,自动显示　　B. 光电扫描度盘自动计数,光路显示
C. 光学度盘,自动显示　　D. 光学度盘,光路显示

4-2-23 水准面上任一点的铅垂线都与该面相垂直,水准面是由自由静止的海水面向大陆、岛屿内延伸而成的,形成( )。

A. 闭合曲面　　B. 水平面
C. 参考椭球体　　D. 圆球体

4-2-24 施工测量中平面点位的测设方法有 ( )。

Ⅰ. 激光准直法;Ⅱ. 直角坐标法;Ⅲ. 极坐标法;Ⅳ. 平板仪测设法;Ⅴ. 角度交会法;Ⅵ. 距离交会法。

A. Ⅰ、Ⅱ、Ⅲ、Ⅳ　　B. Ⅰ、Ⅲ、Ⅳ、Ⅴ
C. Ⅱ、Ⅲ、Ⅴ、Ⅵ　　D. Ⅲ、Ⅳ、Ⅴ、Ⅵ

4-2-25 工程测量中所使用的光学经纬仪的度盘刻画注记形式为( )。

A. 水平度盘均为逆时针注记　　B. 水平度盘均为顺时针注记
C. 竖直度盘均为逆时针注记　　D. 竖直度盘均为顺时针注记

4-2-26 全圆测回法(方向观测法)观测中应顾及的限差有( )。

A. 半测回归零差　　B. 各测回间归零方向值之差
C. 二倍照准差　　D. A、B 和 C

4-2-27 水准测量时,水准尺倾斜引起的读数误差属于( )。

A. 偶然误差　　B. 系统误差

C. 粗差　　　　　　　　　　　　　　D. 相对误差

4-2-28 应用水准仪时,使圆水准器和水准管气泡居中,作用是达到(　　)。

A. 视线水平和竖轴铅直　　　　　　　B. 精确定平和粗略定平
C. 竖轴铅直和视线水平　　　　　　　D. 粗略定平和横丝水平

4-2-29 水准测量中,不属于仪器误差的是(　　)。

A. 视准轴与水准管轴不平行引起的误差
B. 调焦引起的误差
C. 水准尺的误差
D. 地球曲率和大气折光的影响

题解及参考答案

4-2-1 **解:**标准方向的种类包括:真子午线方向,磁子午线方向和坐标纵轴方向。
答案:D

4-2-2 **解:**水准路线的布置形式包括:闭合水准路线,附合水准路线和支水准路线。
答案:A

4-2-3 **解:**读数越大,点的高程越低。
答案:B

4-2-4 **解:**等精度观测是指在观测条件相同情况下的观测。
答案:C

4-2-5 **解:**当竖直度盘为顺时针注记时,其盘左和盘右竖直角计算公式分别为:$90° - L$, $R - 270°$。
答案:A

4-2-6 **解:**绝对值小的误差比绝对值大的误差出现的或然率大,即小误差密集性。
答案:B

4-2-7 **解:**GPS 定位按定位方式分为相对定位与绝对定位。
答案:C

4-2-8 **解:**根据附合水准路线的检核公式计算:$f_h = \sum h_{测} - (h_{终} - h_{始})$。
答案:B

4-2-9 **解:**水平度盘和照准部偏心差的影响可通过盘左盘右观测取平均值消除;通过观测多个测回,并在测回间变换度盘位置,使读数均匀地分布在度盘各个位置,可减小度盘分划误差的影响。视准轴误差和横轴误差,均可通过盘左、盘右观测取平均值消除。而竖轴误差不能用正倒镜观测消除。

答案:D

4-2-10 **解**:从某点的指北方向线起,依顺时针方向到目标方向线之间的水平夹角,称为方位角。标准方位角的取值范围为0°~360°。

答案:D

4-2-11 **解**:由相对中误差 $K=|m|/D$ 可知:$|m|=K\cdot D=120\times 1/10000=0.012$。

答案:B

4-2-12 **解**:由公式 $M=m/\sqrt{n}$ 可知:$n=(m/M)^2=(6\sqrt{2}/3)^2=8$。

答案:D

4-2-13 **解**:水平角是测站点至两观测目标的方向线在水平面上投影的二面角,不改变。竖直角是测站点与观测目标的方向线与水平线的夹角,改变。

答案:A

4-2-14 **解**:表示水平方向测量一测回方向。

答案:D

4-2-15 **解**:算术平均值中误差:$M=m/\sqrt{n}$。

答案:A

4-2-16 **解**:$\angle C=180°-\angle A-\angle B$,用误差传播定律计算。中误差为3和4的平方和的算术平方根,即为5。

答案:C

4-2-17 **解**:过圆水准器零点的球面法线称为圆水准器轴,圆水准器轴用来指示竖轴是否竖直。

答案:C

4-2-18 **解**:绝对高程是指地面点到大地水准面的铅垂距离。

答案:B

4-2-19 **解**:在 B 点竖立标杆,量取其高度称为觇标高 v_B。

答案:C

4-2-20 **解**:①坐标轴不同,测量中横轴为 Y 轴、纵轴为 X 轴;数学中横轴为 X 轴、纵轴为 Y 轴。②象限不同,测量中为顺时针排序,数学中为逆时针排序,右上同为第一象限。③应用方面,测量上平面直角坐标系与数学中的平面直角坐标系均相同。

答案:B

4-2-21 **解**:光学经纬仪是水平度盘和竖直度盘均用光学玻璃制成的经纬仪。

答案:B

4-2-22 **解**:电子经纬仪利用光电转换原理和微处理器对编码度盘自动进行读数,显示于屏幕,并可进行观测数据的自动记录和传输。

答案:A

4-2-23 **解**:大地水准面是平均、静止的海水面向大陆内部延伸形成的封闭曲面。

答案:A

4-2-24 **解**:测设点的平面位置的常用方法有:直角坐标法、交会法(角度交会和距离交会)、极坐标法。以方格网或建筑基线作为施工控制,适于用直角坐标法进行建筑物特征点的测设,所需测设数据为待测点相对于角点(控制点)的纵、横坐标增量。在不宜到达的场地适于用交会法进行点位的测设,常用的交会法为角度交会,所需测设数据为交会角;也可采用距离交会,所需测设数据为交会距离(至少2个)。极坐标法控制网的形式可以灵活布置,且测设方法较简单,故对一般施工场地的点位测设均适用,所需测设数据为一个水平角和一条水平距离。

答案:C

4-2-25 **解**:光学经纬仪的水平度盘刻画注记均为顺时针注记。

答案:B

4-2-26 **解**:全圆测回法顾及限差有半测回归零差;上、下半测回同一方向的方向值之差;各测回的方向差二倍照准差等。

答案:D

4-2-27 **解**:属于系统误差,不具备偶然性。

答案:B

4-2-28 **解**:水准测量中,调节圆水准气泡居中的目的是竖轴铅垂,调节管水准气泡居中的目的是使视准轴水平。

答案:C

4-2-29 **解**:地球曲率和大气折光的影响属于外界条件影响,与仪器无关。

答案:D

(三)控 制 测 量

4-3-1 根据不同情况和要求,导线布置形式有(　　)。

A. 闭合导线与附合导线　　B. 支导线

C. 导线网　　D. 以上三者

4-3-2 已知直线 AB 的方位角为 $\alpha_{AB}=56°$，$\beta_{右}=\angle ABC=280°$，则直线 BC 的方位角 β_{BC} 为(　　)。

A. $-44°$　　B. $44°$　　C. $136°$　　D. $316°$

4-3-3 测角交会法包括(　　)。

A. 前方交会　　B. 侧方交会　　C. 后方交会　　D. A、B 和 C

4-3-4 三等水准测量采用双面尺法的观测程序是(　　)。

A. 后黑—前黑—前红—后红　　B. 后黑—后红—前黑—前红
C. 后黑—前红—前黑—后红　　D. 后黑—前黑—后红—前红

4-3-5 导线测量外业包括踏勘选点与埋设标志、边长丈量、转折角测量和(　　)测量。

A. 定向　　B. 连接边和连接角　　C. 高差　　D. 定位

4-3-6 导线坐标增量闭合差调整的方法是将闭合差按与导线长度成(　　)的关系求得改正数，以改正有关的坐标增量。

A. 正比例并同号　　B. 反比例并反号
C. 正比例并反号　　D. 反比例并同号

4-3-7 公式(　　)用来计算导线全长闭合差。

A. $f_D=\sqrt{{f_x}^2+{f_y}^2}$　　B. $K=f_D/\sum D=1/M$
C. $f_x=\sum\Delta x-(x_{终}-x_{始})$　　D. $f_y=\sum\Delta y-(y_{终}-y_{始})$

4-3-8 各导线点的坐标计算公式为(　　)。

A. $X_i+1=x_i+\Delta x_i(i+1)$
　$Y_i+1=y_i+\Delta y_i(i+1)$
B. $X_i+1=x_i-\Delta x_i(i+1)$
　$Y_i+1=y_i-\Delta y_i(i+1)$
C. $X_i+1=x_i+\Delta x_i(i+1)$
　$Y_i+1=y_i-\Delta y_i(i+1)$
D. $X_i+1=x_i-\Delta x_i(i+1)$
　$Y_i+1=y_i+\Delta y_i(i+1)$

4-3-9 用经纬仪测垂直角时必须用(　　)精确地瞄准目标的特定位置。

A. 十字丝竖丝　　B. 十字丝横丝　　C. 十字丝交点　　D. 十字丝任一处

4-3-10 水准仪角误差是指水平视线视准轴与水准管轴之间(　　)。

A. 在垂直面上投影的交角　　B. 在水平面上投影的交角
C. 在空间的交角　　D. 在任意平面上投影的交角

4-3-11 导线测量中横向误差主要是由(　　)引起。

A. 大气折光　　B. 测距误差　　C. 测角误差　　D. 地球曲率

4-3-12 DJ_2是用来代表光学经纬仪的,其中下标 2 是指(　　)。

A. 我国第二种类型的经纬仪
B. 经纬仪的型号
C. 该型号仪器水平方向观测一测回方向的中误差
D. 厂家的代码

4-3-13 水准线路设置成偶数站可以消除(　　)的影响。

A. i 角误差　　B. 仪器下沉误差　　C. 标尺零点差　　D. 大气折光差

4-3-14 水准测量时,一条线路采用往返测取中数可以消除(　　)的影响。

A. 角误差　　B. 仪器下沉误差　　C. 标尺零点差　　D. 标尺下沉误差

4-3-15 消除视差的正确方法是(　　)。

A. 仔细调节目镜
B. 仔细进行物镜对光
C. 仔细进行目镜对光然后进行物镜对光
D. 仔细进行物镜对光然后进行目镜对光

4-3-16 以中央子午线北端作为基本方向顺时针量至直线的夹角称为(　　)。

A. 坐标方位角　　B. 子午线收敛角　　C. 磁方位角　　D. 真方位角

4-3-17 导线测量中纵向误差主要是由(　　)引起的。

A. 大气折光　　B. 测距误差　　C. 测角误差　　D. 地球曲率

4-3-18 在三角测量中,最弱边是指(　　)。

A. 边长最短的边　　B. 边长最长的边
C. 相对精度最低的边　　D. 边长中误差最大的边

4-3-19 已知椭球面上某点的大地坐标(L,B),求该点在高斯投影面上的直角坐标(x,y),称为(　　)。

A. 坐标正算　　B. 坐标反算　　C. 高斯正算　　D. 高斯反算

4-3-20 水准测量要求视线离地面一定的高度,可以减弱(　　)的影响。

A. i 角误差　　B. 标尺零点差　　C. 大气垂直折光　　D. 仪器下沉误差

4-3-21[2019 年考题]　公路勘测在进行一级平面控制测量时,用 DJ_2经纬仪进行水平角观测的半测回归零差应小于等于(　　)。

A. 6″　　B. 12″　　C. 24″　　D. 36″

4-3-22[2019 年考题]　高速公路的平面控制测量等级应选用(　　)。

A. 一级　　B. 二级　　C. 三等　　D 四等

4-3-23[2019 年考题]　公路工程勘测中,GPS 基线测量的中误差应小于(　　)。

A. $\sigma = \pm\sqrt{a^2 + (b \cdot d)^2}$　　B. $\sigma = \pm\sqrt{a^2 + b \cdot d^2}$

C. $\sigma = \pm\sqrt{a^2 + b^2 \cdot d}$　　D. $\sigma = \pm\sqrt{a^2 + a \cdot b \cdot d}$

4-3-24[2019 年考题]　下列说法中,符合公路工程高程控制测量一般规定的是(　　)。

A. 同一个公路项目可采用不同高程系统

B. 高程控制测量可采用视距测量的方法进行

C. 各等级公路高程控制网最弱点高程中误差不得大于 ±25mm

D. 跨越深谷和水域的大桥、特大桥最弱点高程中误差不得大于 ±25mm

题解及参考答案

4-3-1　**解:**根据不同情况和要求,导线布置形式有:闭合导线,附合导线,支导线和导线网。

答案:D

4-3-2　**解:**$\alpha_{BC} = \alpha_{AB} - \beta_{右} + 180°(\pm 360°)$。

答案:D

4-3-3　**解:**测角交会法包括前方交会、侧方交会和后方交会。

答案:D

4-3-4　**解:**三等水准测量采用双面尺法的观测程序是:后黑—前黑—前红—后红。

答案:A

4-3-5　**解:**导线测量外业包括踏勘选点与建立标志、边长丈量、转折角测量和连接测量,即连接角和连接边的测量。

答案:B

4-3-6　**解:**由导线测量的内业计算。导线坐标增量闭合差调整的方法是将闭合差按与导线成正比例并反号的关系求得的改正数。

答案:C

4-3-7　解:导线全长闭合差公式:$f_D = \sqrt{f_x^2 + f_y^2}$。

答案:A

4-3-8　解:根据起始点坐标和改正后的坐标增量,依次计算各导线点的坐标,如下:

$$X_i + 1 = x_i + \Delta x_i(i+1)$$

$$Y_i + 1 = y_i + \Delta y_i(i+1)$$

答案:A

4-3-9　解:观测竖直角时,用十字丝横丝的中心部分对准目标位,读数前应调整反光镜的位置与开合角度,使读数显微镜视场内亮度适当,然后转动读数显微镜目镜进行对光,使读数窗成像清晰,再进行读数。

答案:B

4-3-10　解:水准仪的水准管轴与视准轴是空间的两直线,投影在垂直面上所形成的夹角称为 i 角误差。

答案:A

4-3-11　解:导线点在长度的垂直方向产生的位移是由测角误差引起。

答案:C

4-3-12　解:"DJ"是"大地经纬仪"拼音缩写,下标 2 是指一测回方向中误差为 2。

答案:C

4-3-13　解:测站数本身就需要很多,所以要将测站数设置成偶数个,目的是为了抵消零点差。

答案:C

4-3-14　解:水准测量中往返测可以消除尺子下沉误差。

答案:D

4-3-15　解:(1)将望远镜对着明亮的背景,转动目镜螺旋,使十字丝清晰。

(2)松开制动螺旋,转动望远镜,采用望远镜镜筒上面的照门和准星瞄准水准尺,然后拧紧制动螺旋。

(3)从望远镜中观察,转动物镜螺旋进行对光,使目标清晰,再转动微动螺旋,使竖丝对准水准尺。

(4)眼睛在目镜端上下微微移动,若十字丝与目标影像有相对移动,则应重新仔细地进行物镜对光,直到读数不变为止。

答案:C

4-3-16　解:由坐标纵轴北端起,顺时针方向量到某直线的水平夹角,称为该直线的坐标方位角。

答案:A

4-3-17　解:导线测量中纵向误差主要是由测距误差引起的。

答案:B

4-3-18　解:在三角测量中,最弱边是指相对精度最低的边。

答案:C

4-3-19　解:(1)高斯投影正算:

已知大地坐标(L,B),求该点的直角坐标(x,y),即$(L,B)\rightarrow(x,y)$的坐标变换。

(2)投影变换必须满足的条件:

中央子午线投影后为直线;

中央子午线投影后长度不变;

投影具有正形性质,即正形投影条件。

答案:C

4-3-20　解:只要视线离地面有足够的高度,短边测距三角高程的垂直折光影响很小,在日出后1h至日落前1h,目标成像清晰、稳定,即可观测。

答案:C

4-3-21　解:公路勘测在进行一级平面控制测量时,用 DJ_2 经纬仪进行水平角观测的半测回归零差应小于等于12″。

答案:B

考点:平面控制测量(水平角观测的主要技术要求)

4-3-22　解:高速公路和一级公路的平面控制测量等级应选用不低于一级。

答案:A

考点:平面控制测量(平面控制测量等级选用)

4-3-23　解:GPS基线测量的中误差应小于按式 $\sigma=\pm\sqrt{a^2+(b\cdot d)^2}$ 计算的标准差,各等级控制测量固定误差a、比例误差系数b的取值应符合规定。计算GPS测量大地高差的精度时,a,b可放宽至2倍。

答案:A

考点:平面控制测量(平面控制测量技术要求)

4-3-24　解:同一个公路项目应采用同一个高程系统,并应与相邻项目高程系统相衔接。各等级公路高程控制网最弱点高程中误差不得大于±25mm;用于跨越水域和深谷的大桥、特大桥的高程控制网最弱点高程中误差不得大于±10mm。

答案:C

考点:高程控制测量(一般规定)

(四)地形图测绘及应用

4-4-1 中比例尺地形图采用(　　)方法测绘而成。

A. 经纬仪
B. 电磁波测距仪
C. 全站仪
D. 航空摄影测量或航天遥感数字摄影测量

4-4-2 测绘 1∶5000 比例尺的地形图时，其比例尺的精度为(　　)。

A. 0.5m　　B. 1m　　C. 5m　　D. 0.05m

4-4-3 根据所用仪器的不同，地形碎部点测绘的传统方法不包括(　　)。

A. 全站仪　　B. 大平板仪测图法
C. 经纬仪测绘法　　D. 小平板仪联合经纬仪测图法

4-4-4 1∶5000 的比例尺地形图图幅为(　　)。

A. 50cm × 50cm　　B. 40cm × 40cm　　C. 40cm × 50cm　　D. 60cm × 60cm

4-4-5 坐标增量的计算公式是(　　)。

A. $\Delta x = D\sin\alpha$
　$\Delta y = D\cos\alpha$
B. $\Delta x = D\tan\alpha$
　$\Delta y = D\cot\alpha$
C. $\Delta x = D\cos\alpha$
　$\Delta y = D\sin\alpha$
D. $\Delta x = D\cot\alpha$
　$\Delta y = D\tan\alpha$

4-4-6 大比例尺地形图按矩形分幅时常用的编号方法是以图幅的(　　)编号法。

A. 西北角坐标值公里数　　B. 西南角坐标值公里数
C. 西北角坐标值米数　　D. 西南角坐标值米数

4-4-7 既反映地物的平面位置，又反映地面高低起伏状态的正射投影图为(　　)。

A. 平面图　　B. 断面图　　C. 影像图　　D. 地形图

4-4-8 地形图上 0.1mm 的长度相应于地面的水平距离称为(　　)。

A. 比例尺　　B. 数字比例尺　　C. 水平比例尺　　D. 比例尺精度

4-4-9 地形图的等高线是地面上高程相等的相邻点连成的(　　)。

A. 闭合曲线　　B. 直线　　C. 闭合折线　　D. 折线

4-4-10 在 1:2000 地形图上量得 M、N 两点距离为 $d_{MN}=75mm$，高程为 $H_M=137.485m$，$H_N=141.985m$，则该两点坡度 i_{MN} 为(　　)。

A. +3%　　B. −4.5%　　C. −3%　　D. +4.5%

4-4-11 下面说法错误的是(　　)。

A. 等高线在任何地方都不会相交　　B. 等高线一定是闭合的连续曲线
C. 同一等高线上的点的高程相等　　D. 等高线与山脊线、山谷线正交

4-4-12 我国基本比例尺地形图采用(　　)分幅方法。

A. 正方形　　B. 矩形　　C. 梯形　　D. 平行四边形

4-4-13 按 1/2 基本等高距描绘出的等高线称为(　　)。

A. 计曲线　　B. 间曲线　　C. 首曲线　　D. 助曲线

4-4-14 在 1:2000 地形图上，设等高距为 1m，现要设计一条坡度为 5% 的等坡度路线，则路线上等高线间隔应为(　　)。

A. 0.1m　　B. 0.1cm　　C. 1cm　　D. 5mm

4-4-15 下列说法正确的是(　　)。

A. 等高线平距越大，表示坡度越小　　B. 等高线平距越小，表示坡度越小
C. 等高距越大，表示坡度越大　　D. 等高距越小，表示坡度越大

4-4-16 展绘控制点时，应在图上标明控制点的(　　)。

A. 点号与坐标　　B. 点号与高程
C. 坐标与高程　　D. 高程与方向

4-4-17 在 1:1000 地形图上，设等高距为 1m，现量得某相邻两条等高线上两点 A、B 之间的图上距离为 0.01m，则 A、B 两点的地面坡度为(　　)。

A. 1%　　B. 5%　　C. 10%　　D. 20%

4-4-18 地物符号中能表示地物的形状、大小和位置的是(　　)。

A. 比例符号　　B. 非比例符号
C. 线性符号　　D. 注记符号

4-4-19 在大比例尺 1:500 的地形图上，20cm × 30cm 的方格所对应的实际面积是(　　)。

A. $600m^2$　　B. $1500m^2$　　C. $15000m^2$　　D. $7500m^2$

4-4-20 山脊线也称为(　　)。

A. 分水线　　B. 集水线　　C. 山谷线　　D. 示坡线

4-4-21 下列叙述正确的是(　　)。

A. 江河、平原、洼地属于地物　　B. 江河、湖泊、森林属于地貌
C. 江河、平原、丘陵属于地貌　　D. 江河、湖泊、道路属于地物

4-4-22 图幅大小为 50cm × 40cm 的 1∶500 比例尺地形图,则 $1km^2$ 有(　　)。

A. 20 幅图　　B. 25 幅图　　C. 16 幅图　　D. 5 幅图

4-4-23 地形图的比例尺为 1∶2000,某一直线 *AB* 在图上线段长为 38cm,则该直线在地面上两点之间的实际距离为(　　)。

A. 190m　　B. 38m　　C. 19m　　D. 760m

4-4-24 山头与洼地的等高线可采用(　　)来区分。

A. 高程注记　　B. 等高距
C. 等高线平距　　D. 高程注记和示坡线

4-4-25[2019 年考题]　公路勘测地形图测绘图根控制测量中,图根点的点位中误差应不大于所测比例尺图上(　　)。

A. 0.05mm　　B. 0.10mm　　C. 0.15mm　　D. 0.20mm

4-4-26[2019 年考题]　数字地面模型应用于公路施工图测设阶段时,DTM 高程插值中误差应不大于(　　)。

A. ±0.1m　　B. ±0.2m　　C. ±0.3m　　D. ±0.4m

4-4-27[2019 年考题]　采用测深仪测绘公路大桥、特大桥水下地形图时,一般水域断面线上测深点图上最大间距为(　　)。

A. 1.0cm　　B. 1.0 ~ 1.5cm　　C. 1.5 ~ 3.5cm　　D. 3.5 ~ 4.5cm

题解及参考答案

4-4-1　解: 1∶10000 ~ 1∶100000 比例尺的地形图称为中比例尺地形图,采用航空摄影测量或航天遥感数字摄影测量方法测绘,由国家基尺地形图及各种资料编绘而成。

答案:D

4-4-2 **解:**正常情况下,人眼在图纸上能分辨出的最小距离为0.1mm,即在图纸上当两点间距离小于0.1mm时,人眼就无法再分辨。因此,在地形图上0.1mm所代表的实地水平距离称为地形图的比例尺精度。即:比例尺精度 $=0.1M=0.1\times5000=500\text{mm}=0.5\text{m}$。

答案:A

4-4-3 **解:**根据所用仪器的不同,地形碎部点测绘的传统方法有大平板仪(光电测距照准仪)测图法、经纬仪测绘(测记)法及小平板仪联合经纬仪测图法等。

答案:A

4-4-4 **解:**1:5000、1:2000、1:1000和1:500比例尺地形图的图幅由规范可知,1:5000的地形图的图幅为40cm×40cm,其他比例尺的地形图图幅均为50cm×50cm。

答案:B

4-4-5 **解:**坐标增量的计算公式是:$\Delta x=D\cos\alpha$,$\Delta y=D\sin\alpha$。

答案:C

4-4-6 **解:**由大比例尺地形图的图幅划分,以图幅的西南角坐标值公里数编号法编号。

答案:B

4-4-7 **解:**地形图指的是地表起伏形态和地理位置、形状在水平面上的投影图。具体来讲,将地面上的地物和地貌按水平投影的方法(沿铅垂线方向投影到水平面上),并按一定的比例尺缩绘到图纸上,这种图称为地形图。

答案:D

4-4-8 **解:**正常情况,人眼在图纸上能分辨出的最小距离为0.1mm,即在图纸上当两点间距离小于0.1mm时,人眼就无法再分辨。因此,在地形图上0.1mm所代表的实地水平距离称为地形图的比例尺精度。

答案:D

4-4-9 **解:**等高线是闭合的曲线。

答案:A

4-4-10 **解:**$i_{MN}=h_{MN}/d_{MN}=(H_N-H_M)/d_{MN}=(141.985-137.485)/150=0.03$

答案:A

4-4-11 **解:**等高线是闭合曲线。

答案:A

4-4-12 **解:**地形图分幅方法分为两类,一类是按经纬线分幅的梯形分幅法(又称为国际分幅),另一类是按坐标格网分幅的矩形分幅法。前者用于国家基本图的分幅,后者则用于城市或工程建设大比例尺地形图的分幅。

答案:C

4-4-13 **解**:(1)首曲线:在同一幅图上,按规定的等高线描绘的等高线称首曲线,也称基本等高线。

(2)计曲线:凡是高程能被5倍基本等高距整除的等高线加粗描绘,称为计曲线。

(3)间曲线和助曲线:按1/2基本等高距描绘的等高线称为间曲线,按1/4基本等高距描绘的等高线,称为助曲线。

答案:B

4-4-14 **解**:该比例尺上0.01m实际为20m,则坡度为1:20,即5%。

答案:C

4-4-15 **解**:等高线平距越小,地面坡度就越大;平距越大,则坡度越小;坡度相同,平距相等。因此,可以根据地形图上等高线的疏、密来判定地面坡度的大、小。同时还可以看出:等高距越小,显示地貌就越详细。

答案:A

4-4-16 **解**:展绘控制点时,应在图上以分数形式注上点号与高程。

答案:B

4-4-17 **解**:1:1000比例尺地形图上A、B两点间实际距离为$0.01\times1000=10\text{m}$,所以坡度为1:10,即10%。

答案:C

4-4-18 **解**:比例符号,轮廓较大的地物,能按比例尺把它们的形状、大小和位置缩绘在图上,如房屋、运动场、湖泊、森林、田地等。

答案:A

4-4-19 **解**:1:500地形图上,$20\text{cm}\times30\text{cm}$实际为$100\text{m}\times150\text{m}=15000\text{m}^2$。

答案:C

4-4-20 **解**:山脊处由于高度最大,使得水往两边分流,是分水线。山谷处地势低,四周的水往此处汇聚,是合水线。

答案:A

4-4-21 **解**:地物是指的是地面上各种有形物(如山川、森林、建筑物等)和无形物(如省、县界等)的总称,泛指地球表面上相对固定的物体。地貌即地球表面各种形态的总称,也能称为地形。地表形态是多种多样的,成因也不尽相同,是内、外力地质作用对地壳综合作用的结果。内力地质作用造成了地表的起伏,控制了海陆分布的轮廓及山地、高原、盆地和平原的地域配置,决定了地貌的构造格架。

答案:D

4-4-22 **解**:1:500的比例尺下,$50\text{cm}\times40\text{cm}$实际面积为$0.25\text{km}\times0.2\text{km}=0.05\text{km}^2$,$1\text{km}^2$有20幅。

答案:A

4-4-23 **解**:1∶2000 地形图上 38cm 实际长度为:0.38m×2000=760m。

答案:D

4-4-24 **解**:山头与洼地的等高线可采用高程注记和示坡线来区分。

答案:D

4-4-25 **解**:图根点的点位中误差应不大于所测比例尺图上 0.1mm,高程中误差应不大于测图基本等高距的 1/10。

答案:B

考点:图根控制测量

4-4-26 **解**:数字地面模型应用于施工图测设阶段时,原始三维地面数据必须野外实测采集。DTM 高程插值中误差应不大于 ±0.2m。

答案:B

考点:数字地面模型(DTM 成果应用)

4-4-27 **解**:测深点的布测可采用断面或散点形式;采用测深仪测绘公路大桥、特大桥水下地形图时,一般水域断面线上测深点图上最大间距为 1.0~1.5cm。

答案:B

考点:水下地形图测绘

(五)初　测

4-5-1 下列关于平面控制测量说法错误的是(　　)。

A. 平面控制网的布设应遵循因地制宜,技术先进,经济合理,确保质量的原则
B. 平面控制网宜全线贯通,统一平差
C. 二级及以上公路可不进行平面控制测量
D. 可首先布置首级控制网,然后加密与公路和构造物等级相适应的控制网

4-5-2 各等级公路高程控制网最弱点高程中误差不得大于(　　)。

A. ±10mm　　B. ±15mm　　C. ±20mm　　D. ±25mm

4-5-3 下列关于现场定线勘测内容说法错误的是(　　)。

A. 现场定线一般适用于一、二级公路的路线选取
B. 现场踏勘前,应在地形图上确定控制点,选择最佳路线
C. 越岭路线或受纵坡控制的路段,应选择好坡面及展线方式进行放坡展线
D. 现场定线时,可采用直接定交点法、延长直线钉设转点或交点的方法确定路线交点位置

4-5-4 高程控制点距离路线中心距离应大于(　　),小于(　　)。

A. 100,200　　B. 50,300　　C. 50,200　　D. 100,300

4-5-5 当测量等级为三等时,偶然中误差大小应满足(　　)。

A. ±3mm　　B. ±5mm　　C. ±4mm　　D. ±2mm

4-5-6 下列选项中,路线放线方法不包括(　　)。

A. 极坐标法　　B. 链距法　　C. 偏角法　　D. 三角测量法

4-5-7 地形图的测绘范围应根据公路等级、地形条件及设计需要等合理确定,应能满足线形优化及构造物布置的需要。二级及二级以上公路中线每侧不宜小于(　　)m。

A. 100　　B. 200　　C. 300　　D. 400

4-5-8 独立工程或(　　)以下公路联测有困难时,可采用假定高程。

A. 一级　　B. 二级　　C. 三级　　D. 二级或三级

4-5-9 高速公路、一级公路隧道贯通长度 L 满足(　　)。

A. $L<2000$　　B. $L<3000$　　C. $L>2000$　　D. $L>3000$

4-5-10 路线勘测工作包括(　　)阶段。

A. 粗测　　B. 初测　　C. 定测　　D. B 和 C

4-5-11[2019 年考题]　公路设计初测阶段,现场踏勘过程中,应根据项目特点及自然、地理、社会环境调整并确定(　　)。

A. 勘测方法与勘测方案
B. 起终点及中间控制点
C. 工程规模及技术等级
D. 路线比较方案

4-5-12[2019 年考题]　公路设计初测阶段,路线可采用纸上定线和现场定线,适用现场定线的是(　　)。

A. 高速公路　　B 一级公路　　C. 三、四级公路　　D. 特大桥、大桥

4-5-13[2019 年考题]　在公路设计初测阶段,公路与公路交叉应勘测与调查的内容包括(　　)。

A. 测绘 1∶10000 地形图

B. 补充调查相交公路的交通量、交通组成

C. 测量交叉点铁轨顶高、交叉角度及路基宽度

D. 勘测公路与管线交叉的位置、交叉角度、交叉点悬高或埋置深度

题解及参考答案

4-5-1 解:二级及以上公路必须进行平面控制测量。

答案:C

4-5-2 解:各等级公路高程控制网最弱点高程中误差不得大于 ±25mm,用于跨越水域和深谷的大桥、特大桥的高程控制网最弱点高程中误差不得大于 ±10mm。

答案:D

4-5-3 解:现场定线一般适用于三、四级公路的路线选取。

答案:A

4-5-4 解:高程控制点距离路线中心距离应大于 50m,小于 300m。

答案:B

4-5-5 解:由高程控制测量的技术要求可知,当测量等级为三等时,偶然中误差大小应满足 ±3mm。

答案:A

4-5-6 解:路线放线采用的方法有极坐标法、链距法、偏角法等。

答案:D

4-5-7 解:地形图的测绘范围应根据公路等级、地形条件及设计需要等合理确定,应能满足线形优化及构造物布置的需要。二级及二级以上公路中线每侧不宜小于 300m。

答案:C

4-5-8 解:独立工程或三级以下公路联测有困难时,可采用假定高程。

答案:C

4-5-9 解:高速公路、一级公路隧道贯通长度 L 满足 $L<3000$。

答案:B

4-5-10 解:道路勘测设计通常分为两个阶段,即初步设计阶段和施工图设计阶段。每个阶段都有不同的目的和要求,因此在道路勘测设计的方法上也有所不同,对应于初步设计的称为道路初测,对应于施工图设计的称为道路定测。

答案:D

4-5-11 解:公路设计初测阶段,现场踏勘过程中,应根据项目特点及自然、地理、社会环

境调整并确定勘测方法与勘测方案。

答案:A

考点:现场踏勘

4-5-12 **解**:现场定线应进行的勘测内容:

(1)现场定线一般适用于三、四级公路的线路选取。

(2)现场踏勘前,应在地形图上确定控制点、绕避点,选择路线通过的最佳位置。

(3)越岭路线或受纵坡控制的路段,应选择好坡面及展线方式进行放坡展线。

(4)现场定线时,可采用直接定交点法、延长直线钉设转点或交点的方法确定路线交点位置。

(5)选设的交点和转点作为测量控制点使用时,应进行护桩并按照二级平面控制测量的要求测定角度和长度。如不作为测量控制点使用时,应将交点和转点与路线控制测量点联测,确定交点和转点坐标。

答案:C

考点:路线勘测与调查

4-5-13 **解**:公路与公路交叉应进行以下勘测与调查:

(1)调查相交公路的名称、相关区域的路网规划、交叉位置、地名及里程、修建时间、公路等级、技术标准、路面结构类型、排水和防护工程情况及其在路网中的作用。

(2)补充调查相交公路的交通量、交通组成。

(3)测量交叉角度、交叉点高程、纵坡坡度、路基宽度、路面宽度及厚度。

答案:B

考点:路线交叉勘测与调查

(六)定　　测

4-6-1 平原或微丘路线中桩间距应为(　　)。

A. 50m　　B. 40m　　C. 30m　　D. 25m

4-6-2 中桩高程测量方法有(　　)。

A. 水准测量　　B. 三角高程测量

C. GPS-RTK 方法测量　　D. 以上都是

4-6-3 高速公路、一级和二级公路两次测量之差应满足(　　)。

A. ≤5mm　　B≤10mm　　C. ≤15mm　　D. ≤20mm

4-6-4 三级及三级以下公路横断面中的距离公式为(　　)。

A. $0.1 + L/100$　　B. $0.1 + L/50$　　C. $0.1 + L/200$　　D. $0.1 + L/150$

4-6-5　中平测量中,转点的高程等于(　　)。

A. 视线高程 - 前视读数　　B. 视线高程 + 后视读数

C. 视线高程 + 后视点高程　　D. 视线高程 - 前视点高程

4-6-6　中线测量中,转点的作用是(　　)。

A. 传递高程　　B. 传递方向　　C. 传递桩号　　D. A、B、C 都不是

4-6-7　道路纵断面图的高程比例尺通常比里程比例尺(　　)。

A. 小 50%　　B. 小 90%　　C. 大 1 倍　　D. 大 10 倍

4-6-8　对方案明确、地形地质条件比较简单的(　　)级公路的勘测,可采用一次定测。

A. 一　　B. 二　　C. 三　　D. 二、三、四

4-6-9　当涵位及其与路线的交角选定后,应自涵位中桩沿涵洞中线方向分别向上下游施测纵断面,施测长度一般各为(　　)m。

A. 10 ~ 15　　B. 15 ~ 20　　C. 20 ~ 25　　D. 25 ~ 30

4-6-10　隧道测量中,腰线的作用是控制掘进(　　)。

A. 高程与坡度　　B. 高程　　C. 坡度　　D. 方向

4-6-11　竖井联系测量的作用是(　　)。

A. 将地面点的坐标传递到井下

B. 将地面点的坐标与方向传递到井下

C. 将地面点的方向传递到井下

D. 将地面点的高程传递到井下

4-6-12　沉降观测宜采用(　　)方法。

A. 三角高程测量

B. 水准测量或三角高程测量

C. 水准测量

D. 等外水准测量

4-6-13　位移观测是在(　　)的基础上进行。

A. 高程控制网　　B. 平面控制网

C. 平面与高程控制网　　D. 不需要控制网

4-6-14 施工放样的基本工作包括测设(　　)。

A. 水平角、水平距离与高程
B. 水平角与水平距离
C. 水平角与高程
D. 水平距离与高程

4-6-15 建筑施工测量的内容包括(　　)。

A. 轴线测设与施工控制桩测设
B. 轴线测设、施工控制桩测设、基础施工测量与构件安装测量
C. 轴线测设与构件安装测量
D. 基础施工测量与构件安装测量

4-6-16 建筑工程施工测量的基本工作是(　　)。

A. 测图　　B. 测设　　C. 用图　　D. 识图

4-6-17 施工测量的内容不包括(　　)。

A. 控制测量　　B. 放样　　C. 测图　　D. 竣工测量

4-6-18 测定建筑物构件受力后产生弯曲变形的工作称为(　　)。

A. 位移观测　　B. 沉降观测
C. 倾斜观测　　D. 挠度观测

4-6-19 管线工程测量包括的方法有(　　)。

A. 给排水管道　　B. 各种介质管道
C. 长输管道　　D. 以上都是

4-6-20［2019 年考题］　公路定测路线中线敷设时,路线中桩间距不大于 10m 的线形条件是(　　)。

A. $R>60$m 曲线上
B. 不设超高的曲线上
C. 平原、微丘区直线上
D. $30<R<60$m 曲线上

4-6-21［2019 年考题］　公路勘测定测阶段,高速公路中桩高程两次测量之差应小于等于(　　)。

A. 3cm　　B. 5cm　　C. 8cm　　D. 10cm

题解及参考答案

4-6-1 解:由中桩间距规范表可知,平原或微丘路线中桩间距为50m。

答案:A

4-6-2 解:中桩高程测量方法有水准测量,三角高程测量和GPS-RTK方法测量。

答案:D

4-6-3 解:由中桩高程测量精度表可知,高速公路、一级和二级公路两次测量之差应满足≤10mm。

答案:B

4-6-4 解:三级及三级以下公路横断面中的距离公式为$0.1+L/50$。

答案:B

4-6-5 解:计算公式为$H_i=H_A+a$,$H_B=H_i-b$,即转点的高程等于视线高程－前视读数。

答案:A

4-6-6 解:转点在水准测量中起到传递高程的作用。如所需的测量工作路程较远,仪器不能一次到位读取高差,就需要用到转点。

答案:B

4-6-7 解:为了更明显地表示地面的高低起伏情况,纵断面图上的高程比例尺一般比平距比例尺大10倍。

答案:D

4-6-8 解:对方案明确、地形地质条件比较简单的二、三、四级公路的勘测,可采用一次定测。

答案:D

4-6-9 解:当涵位及其与路线的交角选定后,应自涵位中桩沿涵洞中线方向分别向上下游施测纵断面,施测长度一般各为15~20m。

答案:B

4-6-10 解:隧道腰线的作用是指示隧道在竖直面内的掘进方向。

答案:D

4-6-11 解:联系测量一般应用在矿井立井贯通方面,在地下工程中,为使地面与地下建立统一的坐标系统和高程基准,应通过平硐、斜井及竖井将地面的坐标系统及高程基准传递到地下,该项地下起始数据的传递工作称为联系测量。

答案:B

4-6-12 解:沉降观测采用水准测量,水准尺应使用受环境及温差变化影响小的高精度铝合金水准尺。在不具备铝合金水准尺的情况下，使用一般塔尺时应尽量使用第一段标尺。水准仪的精度不低于 DS_3 级别。

答案：C

4-6-13 **解**：位移观测是在平面控制网的基础上进行。

答案：B

4-6-14 **解**：施工放样的基本工作包括测设水平角、水平距离与高程。

答案：A

4-6-15 **解**：建筑施工测量的内容包括轴线测设、施工控制桩测设、基础施工测量与构件安装测量。

答案：B

4-6-16 **解**：建筑工程施工测量的基本工作是测设。

答案：B

4-6-17 **解**：施工测量是指为施工所进行的控制、放样和竣工验收等的测量工作。

答案：C

4-6-18 **解**：挠度是指建（构）筑物或其构件在水平方向或竖直方向上的弯曲值。例如桥的梁部在中间会产生向下弯曲，高耸建筑物会产生侧向弯曲。挠度观测就是通过一定的技术、仪器或方法对这种弯曲的程度进行测量和分析。

答案：D

4-6-19 **解**：管线工程测量方法，包括给水排水管道、各种介质管道、长输管道等。

答案：D

4-6-20 **解**：公路定测路线中线敷设时，路线中桩间距应符合下表规定。

中桩间距 题 4-6-20 解表

直线(m)		曲线表中为平曲线半径(m)			
平原、微丘	重丘、山岭	不设超高的曲线	$R>60$	$30<R<60$	$R<30$
50	25	25	20	10	5

答案：D

考点：路线中线敷设

4-6-21 **解**：公路勘测定测阶段，中桩高程测量精度与要求应符合下表规定。

中桩高程测量精度 题 4-6-21 解表

公路等级	闭合差(mm)	两次测量之差(mm)
高速公路，一、二级公路	$\leqslant 30\sqrt{L}$	$\leqslant 5$
三级及三级以下公路	$\leqslant 50\sqrt{L}$	$\leqslant 10$

答案：B

考点：中桩高程测量

五　结构设计原理

复习指导

本章应重点掌握的内容主要包括：

(1)掌握钢筋的应力—应变曲线,混凝土的应力—应变曲线,材料的设计强度,钢筋与混凝土的黏结机理,钢筋锚固规定,极限状态设计,承载能力极限状态,正常使用极限状态,作用(荷载)效应组合。

(2)掌握全梁承载能力校核与构造要求,正截面受力过程和破坏特征,正截面抗弯强度计算。

(3)掌握斜截面的受力特点和破坏形态,斜截面抗剪强度计算,斜截面抗剪承载能力影响因素,斜截面抗弯强度。

(4)掌握轴心受压构件、矩形截面偏心受压构件的特点,偏心受压构件的构造要求,偏心受压构件的纵向弯曲,工字形截面受压构件、圆形截面受压构件的受力特点。

(5)掌握钢筋混凝土受弯构件的应力、裂缝和变形计算,换算截面,裂缝及最大裂缝宽度验算、变形验算。

(6)掌握预应力混凝土的特点,预加应力的方法与常用设备,受弯构件的强度计算,预应力损失,有效预应力,抗裂计算,端部锚固区构造要求,受弯构件的构造要求,局部承压,挠度计算,裂缝宽度验算。

(7)掌握砌体的抗拉、抗弯、抗剪强度,轴心受压构件、偏心受压构件强度及稳定验算方法。

练习题、题解及参考答案

(一)混凝土结构的设计原则

5-1-1　在普通钢筋混凝土构件中,配置高强度钢筋(　　)。

A. 能有效提高构件的承载能力
B. 能有效提高构件的刚度
C. 能有效提高构件的抗裂度
D. 因构件开裂过宽而不能发挥其高强度的作用

5-1-2　其他条件相同的钢筋混凝土梁与素混凝土梁相比(　　)。

A. 破坏荷载和开裂荷载都有较大程度的提高

B. 破坏荷载有较大程度的提高,开裂荷载提高不大

C. 开裂荷载有较大程度的提高,破坏荷载提高不大

D. 破坏荷载和开裂荷载都提高不大

5-1-3 素混凝土构件与相同条件的钢筋混凝土构件相比较,在混凝土结硬过程中,其纵向收缩变形(　　)。

A. 视混凝土强度等级而判定谁大谁小

B. 前者大于后者

C. 前者小于后者

D. 前者等于后者

5-1-4 下列关于影响混凝土徐变大小因素的论述,错误的是(　　)。

A. 持续作用的应力越大,徐变越大

B. 骨料的弹性模量越低,徐变越大

C. 水灰比越小,徐变越大

D. 初始加载时混凝土的龄期越短,徐变越大

5-1-5 线性徐变是指(　　)。

A. 徐变与荷载持续时间呈线性关系

B. 徐变系数与初应力呈线性关系

C. 徐变变形与持续应力呈线性关系

D. 瞬时变形和徐变变形之和与初应力呈线性关系

5-1-6 使混凝土产生非线性徐变的主要因素是(　　)。

A. 水泥用量

B. 水灰比的大小

C. 应力的作用时间

D. 持续作用的应力值与混凝土轴心抗压强度比值的大小

5-1-7 对于钢筋混凝土轴心受压构件,长期持续荷载作用下混凝土的徐变,将使构件截面发生应力重分布,即(　　)。

A. 混凝土应力减小,钢筋应力减小

B. 混凝土应力减小,钢筋应力增加

C. 混凝土应力增加,钢筋应力减小

D. 混凝土应力增加,钢筋应力增加

5-1-8 同一强度等级混凝土的立方体抗压强度 f_{cu}、轴心抗压强度 f_c、抗拉强度 f_t 的大小次序为(　　)。

A. $f_{cu} > f_c > f_t$　　B. $f_c > f_{cu} > f_t$
C. $f_{cu} > f_t > f_c$　　D. $f_c > f_t > f_{cu}$

5-1-9　钢筋混凝土结构中有明显屈服点的钢筋,设计时强度取值标准是(　　)。

A. 极限抗拉强度　　B. 屈服强度
C. 极限抗压强度　　D. 条件屈服强度

5-1-10　无明显流幅的钢筋以(　　)作为其强度取值的依据。

A. 极限强度
B. 屈服强度
C. 残余应变为0.2%的应力值
D. 比例极限应力值

5-1-11　钢筋与混凝土能够共同工作,这主要是由于钢筋和混凝土的线膨胀系数相近,而且它们之间(　　)。

A. 力学性能相近　　B. 存在黏结力
C. 钢筋受拉而混凝土受压　　D. 能相互吸引

5-1-12　混凝土强度等级是按其(　　)试块抗压标准强度确定的,保证率为(　　)。

A. 立方体,95%　　B. 立方体,85%
C. 棱柱体,95%　　D. 棱柱体,85%

5-1-13　混凝土若处于三向应力作用下,当(　　)。

A. 横向受拉,纵向受压,可提高抗压强度
B. 横向受压,纵向受拉,可提高抗压强度
C. 三向受压会降低抗压强度
D. 三向受压能提高抗压强度

5-1-14　结构的重要性系数是根据结构的(　　)分别取1.1、1.0、0.9。

A. 耐久性等级的一、二、三级
B. 抗震等级
C. 建筑面积的大小
D. 安全等级为一、二、三级

5-1-15　钢筋混凝土结构承载力极限状态设计计算中取用的荷载设计值 Q 与其相应的标准值 Q_k、材料强度的设计值 f 与其相应的标准值 f_k 之间的关系为(　　)。

A. $Q > Q_k, f < f_k$　　B. $Q < Q_k, f < f_k$
C. $Q < Q_k, f > f_k$　　D. $Q > Q_k, f > f_k$

5-1-16 结构出现(　　)时,可认为此时结构已达到其承载力极限状态。

A. 出现了过大的振动
B. 裂缝宽度过大使钢筋锈蚀
C. 由于过度变形而丧失了稳定
D. 产生了明显的变形

5-1-17 结构可靠性是指(　　)。

A. 安全性　　B. 适用性
C. 耐久性　　D. 以上全部

5-1-18 混凝土强度等级由150mm立方体抗压试验,按(　　)确定。

A. 平均值f_m　　B. $f_m(1-1.645\delta_f)$
C. $f_m(1-2\delta_f)$　　D. $f_m(1-\delta_f)$

5-1-19 边长为100mm的非标准立方体试块的强度换算成标准试块的强度,则需乘以换算系数(　　)。

A. 1.05　　B. 1.0　　C. 0.95　　D. 0.90

5-1-20 规范规定的受拉钢筋锚固长度l_a(　　)。

A. 随混凝土强度等级的提高而增大
B. 随钢筋等级提高而降低
C. 随混凝土等级提高而减少,随钢筋等级提高而增大
D. 随混凝土及钢筋等级提高而减小

题解及参考答案

5-1-1 **解**:钢筋混凝土中不宜采用高强度材料。
答案:D

5-1-2 **解**:钢筋混凝土开裂前钢筋与混凝土共同变形,故钢筋对开裂荷载影响不大;但开裂后钢筋代替混凝土受拉,适当配筋的钢筋混凝土梁的破坏荷载可以显著提高。
答案:B

5-1-3 **解**:钢筋可以限制收缩变形。
答案:B

5-1-4 **解**:混凝土的徐变是在荷载长期作用下,混凝土凝胶体的水分逐渐压出,水泥石逐渐发生黏性流动,微细空隙逐渐闭合,结晶体内部逐渐滑动,微细裂缝逐渐发生等各种因素的

综合结果。水灰比越大,空隙越多,徐变越大。

答案:C

5-1-5 **解**:当持续作用的应力小于 $\sigma_c \leqslant 0.5f_c$ 时,徐变大致与应力成正比,称为线性徐变。

答案:C

5-1-6 **解**:当持续作用的应力介于 $0.5f_c \sim 0.8f_c$ 时,徐变的增长较应力的增长快,称为非线性徐变。

答案:D

5-1-7 **解**:徐变作用使受压构件产生应力重分布,钢筋压应力增大,混凝土压应力减小。

答案:B

5-1-8 **解**:同一强度等级的混凝土立方体强度大于轴心抗压强度,轴心抗压强度大于抗拉强度。

答案:A

5-1-9 **解**:对有明显流幅的热轧钢筋,钢筋的抗拉强度标准值采用国家标准中规定的屈服强度标准值。

答案:B

5-1-10 **解**:对于无明显流幅的钢筋,取相对残余应变为0.2%对应的条件屈服强度作为标准强度值。

答案:C

5-1-11 **解**:钢筋和混凝土共同工作的三要素为:钢筋与混凝土之间存在良好的黏结力,钢筋与混凝土的温度线膨胀系数接近,混凝土保护钢筋免受锈蚀。

答案:B

5-1-12 **解**:我国是依据立方体抗压强度标准值进行强度等级的划分,立方体抗压强度标准值具有不低于95%的保证值。

答案:A

5-1-13 **解**:混凝土处于三向受压时,混凝土的轴心抗压强度随另外两向压应力增加而增加。

答案:D

5-1-14 **解**:设计计算时,根据桥涵结构破坏所产生后果的严重程度,按三个安全等级进行设计,以体现不同情况的可靠度差异。不同安全等级用结构重要性系数来体现。

答案:D

5-1-15 **解**:结构或结构的一部分超过某一特定状态而不能满足设计规定的某一功能要求,此特定状态称为该功能的极限状态。设计时应满足 $Z=R-S\geqslant 0$,即最不利荷载效应组合应小于结构最小抗力。

答案:A

5-1-16 **解**:承载能力极限状态是指结构或结构构件达到最大承载能力或不适于继续承载的变形或变位的状态。

答案:C

5-1-17 **解**:结构的可靠性是指结构在规定的时间内,在规定的条件下,完成预定功能的能力。是安全性、适用性和耐久性的总称。

答案:D

5-1-18 **解**:混凝土立方体强度标准值按照立方体试验结果经数理统计以概率分布的0.05分位值确定的强度值,具有95%的保证率。应满足$f_k = f_m(1-1.645\delta_f)$。

答案:B

5-1-19 **解**:混凝土抗压强度试验中由于尺寸效应,试件尺寸越小,测得的强度值越大。实际工程中采用边长为100mm或200mm的混凝土立方体试件测得的立方体强度应分别乘以0.95和1.05换算为边长为150mm的立方体抗压强度。

答案:C

5-1-20 **解**:钢筋的锚固长度取决于钢筋与混凝土之间的黏结力。混凝土强度等级越高黏结力越大,锚固长度越小。带肋钢筋比光圆钢筋的黏结力要高,锚固长度可减小。

答案:D

(二)受弯构件正截面承载能力计算

5-2-1 下列(　　)不能用来判断适筋破坏与超筋破坏的界限。

A. $\xi \leqslant \xi_b$　　B. $x \leqslant \xi_b h_0$

C. $x \leqslant 2a'_s$　　D. $\rho \leqslant \rho_{max}$

5-2-2 受弯构件正截面强度计算中保证受拉钢筋屈服的条件是(　　)。

A. $\xi \leqslant \xi_b$　　B. $f'_y \leqslant 400\text{N/mm}^2$

C. $x \geqslant 2a'_s$　　D. $\xi \leqslant 1 + a_s/h_0$

5-2-3 普通钢筋混凝土结构中受压钢筋的f'_y最多只能取(　　)。

A. 300N/mm^2　　B. 500N/mm^2

C. 400N/mm^2　　D. 210N/mm^2

5-2-4 受弯构件正截面承载力计算时,验算$\xi \leqslant \xi_b$的目的是(　　)。

A. 防止发生适筋破坏　　B. 防止发生超筋破坏

C. 防止截面尺寸过大　　D. 防止发生少筋破坏

5-2-5 提高受弯构件正截面受弯能力最有效的方法是(　　)。

A. 提高混凝土强度等级　　B. 增加保护层厚度

C. 增加截面高度　　D. 增加截面宽度

5-2-6 T 形截面梁的计算配筋率是(　　)。

A. $\frac{A_s}{b_f h_0}$　　B. $\frac{A_s}{b h_0}$

C. $\frac{A_s}{b_f' h_0}$　　D. $\frac{A_s}{bh}$

5-2-7 T 形截面梁与矩形截面梁相比更节省材料,两者的适用情况是(　　)。

A. 矩形截面梁适用于跨度大荷载大的情况,T 形截面梁适用于跨度小荷载小的情况

B. 矩形截面梁适用于跨度小荷载小的情况,T 形截面梁适用于跨度大荷载大的情况

C. 矩形截面梁适用于跨度大荷载小的情况,T 形截面梁适用于跨度小荷载大的情况

D. 矩形截面梁适用于跨度小荷载大的情况,T 形截面梁适用于跨度大荷载小的情况

5-2-8 适筋梁截面破坏的主要特征是(　　)。

A. 破坏截面上受拉钢筋不屈服,受压区混凝土被压碎

B. 破坏截面上受拉钢筋屈服的同时受压区混凝土也被压碎

C. 破坏截面上受压区混凝土先被压碎而后受拉钢筋屈服

D. 破坏截面上受拉钢筋先屈服而后受压区混凝土被压碎

5-2-9 如下四种配筋(其他条件相同)的钢筋混凝土梁,ρ_1($<\rho_{\min}$)、ρ_2($\rho_{\min}<\rho_2<\rho_{\max}$)、$\rho_3$($\rho_3=\rho_{\max}$)、$\rho_4$($>\rho_{\max}$),其抗弯强度分别为 M_{u1}、M_{u2}、M_{u3}、M_{u4},则(　　)。

A. $M_{u1}<M_{u2}<M_{u3}<M_{u4}$

B. $M_{u1}<M_{u2}\leqslant M_{u3}<M_{u4}$

C. $M_{u1}<M_{u2}=M_{u3}<M_{u4}$

D. $M_{u1}<M_{u2}<M_{u3}=M_{u4}$

5-2-10 双筋矩形截面抗弯强度计算公式的适用条件 $x\geqslant 2a_s'$,其作用是(　　)。

A. 保留过大的受压区高度不致使混凝土过早压坏

B. 保证受拉钢筋的应力在截面破坏时能达到屈服

C. 保证受压钢筋在截面破坏时能达到抗压设计强度

D. 使总的钢筋用量为最小

5-2-11 某纯弯曲梁在荷载作用下的受力行为表现为:首先受拉区出现裂缝,然后受拉区钢筋屈服,最后受压区混凝土压碎,则此梁属于(　　)。

A. 少筋梁　　　　B. 适筋梁
C. 超筋梁　　　　D. 平衡(界限)破坏的梁

5-2-12 以下(　　)属于钢筋混凝土 T 形截面受弯构件。

A. 截面形状是 T 形或倒 L 形
B. 截面形状是 T 形或 L 形且翼缘位于受压区
C. 截面形状是 T 形或 L 形
D. 截面形状是 T 形或 L 形且翼缘位于受拉区

5-2-13 梁柱中受力纵筋的保护层厚度是指(　　)。

A. 箍筋外表面至梁柱表面的距离
B. 受力纵筋外表面至梁柱表面的距离
C. 受力纵筋形心至梁柱表面的距离
D. 箍筋形心至梁柱表面的距离

5-2-14 以下(　　)可作为受弯构件正截面承载力计算的依据。

A. I_a 状态　　　　B. II_a 状态
C. III_a 状态　　　　D. 第Ⅱ阶段

5-2-15 受弯构件正截面承载力中,T 形截面划分为两类截面的依据是(　　)。

A. 计算公式建立的基本原理不同
B. 受拉区与受压区截面形状不同
C. 破坏形态不同
D. 混凝土受压区的形状不同

5-2-16 在 T 形截面梁的正截面承载力计算中,假定在受压区翼缘计算宽度范围内混凝土的压应力分布是(　　)。

A. 均匀分布　　　　B. 按抛物线形分布
C. 按三角形分布　　　　D. 部分均匀,部分不均匀分布

5-2-17 双筋截面设计中,当 A_s 和 A_s'均未知时,补充条件取 $\xi = \alpha_1\xi_b$ 是(　　)。

A. 为了使混凝土用量最小
B. 为了充分发挥混凝土的强度,使钢筋总量最少
C. 为了使受拉钢筋达到屈服强度
D. 为了避免超筋破坏

5-2-18 钢筋混凝土梁受拉区边缘开始出现裂缝是因为受拉边缘(　　)。

A. 受拉混凝土的应力达到混凝土的实际抗拉强度
B. 受拉混凝土达到混凝土的抗拉标准强度
C. 受拉混凝土达到混凝土的设计强度
D. 受拉混凝土的应变超过受压极限拉应变

5-2-19 梁的受拉区纵向受力钢筋一层能排下时,改成两排后正截面受弯承载力将会(　　)。

A. 有所增加　　B. 有所减少
C. 既不增加也不减少　　D. 无法确定

5-2-20 适筋梁在逐渐加载过程中,当正截面受力钢筋达到屈服以后(　　)。

A. 该梁达到最大承载力,一直维持到受压混凝土达到极限强度而破坏
B. 该梁达到最大承载力,随后承载力缓慢下降直至破坏
C. 该梁即达到最大承载力而破坏
D. 该梁承载力略有提高,但很快受压区混凝土达到极限压应变,承载力急剧下降而破坏

题解及参考答案

5-2-1 **解**:界限破坏是钢筋受拉屈服的同时,受压区混凝土被压碎的破坏,对应状态的配筋率也称作最大配筋率。$\xi \leqslant \xi_b$ 或 $x \leqslant \xi_b h_0$ 或 $\rho \leqslant \rho_{max}$ 都可用以区别适筋梁和超筋梁。

答案:C

5-2-2 **解**:适筋破坏是受拉钢筋先屈服,而后受压区混凝土被压碎的破坏形态。适筋破坏的适用条件为 $\xi \leqslant \xi_b$。

答案:A

5-2-3 **解**:当混凝土受压破坏时,受压钢筋的应变最大能达到 $\varepsilon'_s = 0.002$,抗压设计强度最大只能取到400MPa。

答案:C

5-2-4 **解**:$\xi \leqslant \xi_b$ 或 $x \leqslant \xi_b h_0$ 或 $\rho \leqslant \rho_{max}$,为防止发生超筋破坏。

答案:B

5-2-5 **解**:受弯构件的承载能力计算公式可表示为,$\gamma_0 M_d \leqslant M_u = f_{cd} b h_0^2 \xi (1 - 0.5\xi)$,可见截面高度对承载能力的影响最大。

答案:C

5-2-6　解：T 形截面梁的计算配筋率仍采用$\frac{A_s}{bh_0}$，其中 b 为腹板厚度。

答案：B

5-2-7　解：T 形截面梁适用于跨径更大的情况。

答案：B

5-2-8　解：适筋破坏是受拉钢筋先屈服，而后受压区混凝土被压碎的破坏形态。

答案：D

5-2-9　解：在其他条件相同的情况下，受弯构件的抗弯承载力随配筋率的增大而增大。

答案：A

5-2-10　解：双筋矩形截面抗弯强度计算公式的适用条件 $x \geqslant 2a'_s$是为了保证受压钢筋达到屈服强度。

答案：C

5-2-11　解：适筋破坏是受拉钢筋先屈服，而后受压区混凝土被压碎的破坏形态。

答案：B

5-2-12　解：对于 T 形截面，受压区位于受压翼缘为第一类 T 形截面，受压区高度进入腹板内为第二类 T 形截面。

答案：B

5-2-13　解：保护层是指钢筋表面到构件表面的距离。

答案：B

5-2-14　解：Ⅲ_a 状态为受拉钢筋达到屈服强度时的状态，作为受弯构件承载能力计算的依据。

答案：C

5-2-15　解：对于 T 形截面，受压区位于受压翼缘为第一类 T 形截面，受压区高度进入腹板内为第二类 T 形截面。

答案：D

5-2-16　解：在 T 形截面梁的正截面承载力计算中，假定在受压区翼缘有效翼缘范围内混凝土的压应力分布是均匀的。

答案：A

5-2-17　解：双筋截面设计中，当 A_s 和 A'_s均未知时，补充条件取 $\xi = \alpha_1 \xi_b$ 是为了充分发挥混凝土的强度，使钢筋总量最少。

答案：B

5-2-18　解：钢筋混凝土梁当受拉区边缘混凝土达到抗拉标准强度后，出现受拉塑性，直至混凝土达到极限拉应变时将开裂。

答案:D

5-2-19 **解**:梁的受拉区纵向受力钢筋一层能排下时,改成两排后因钢筋合力重心上移使正截面受弯承载力降低。

答案:B

5-2-20 **解**:适筋梁在逐渐加载过程中,当正截面受力钢筋达到屈服以后,受压区混凝土高度会逐渐减小,压应力逐渐增大。但因受拉钢筋进入强化阶段,故承载能力仍会小幅提高,最终因混凝土达到极限压应变而破坏。

答案:D

(三)受弯构件斜截面承载力计算

5-3-1 梁斜拉破坏发生在(　　)。

A. 梁腹板很薄时　　B. 剪跨比较大时
C. 箍筋较少时　　D. 剪跨比较大且箍筋较少时

5-3-2 下列保证斜截面抗弯承载力的构造措施不正确的是(　　)。

A. 弯起钢筋弯点距其充分利用点的距离 $<0.5h_0$
B. 钢筋实际截断点到理论截断点应有一定的延伸长度
C. 纵筋伸入支座的锚固长度应满足构造要求
D. 弯起钢筋弯点距其充分利用点的距离 $\geqslant 0.5h_0$

5-3-3 条件相同的无腹筋梁,发生剪压破坏、斜压破坏和斜拉破坏时,梁的斜截面抗剪承载力的大致关系是(　　)。

A. 斜压 > 剪压 > 斜拉　　B. 剪压 > 斜压 > 斜拉
C. 斜压 = 剪压 > 斜拉　　D. 斜拉 > 剪压 > 斜压

5-3-4 受弯构件斜截面受剪承载力计算时,若 $\gamma_0 V_d \leqslant 0.5\times10^{-3}\alpha_2 f_{td} b h_0$,则(　　)。

A. 需按计算配置箍筋　　B. 仅需按构造配置箍筋
C. 不需要配置箍筋　　D. 截面的尺寸太大,不满足要求

5-3-5 受弯构件斜截面受剪承载力计算时,若 $\gamma_0 V_d > 0.51\times10^{-3}\sqrt{f_{cuk}}\, b h_0$,应采取的措施是(　　)。

A. 增大箍筋直径　　B. 减小箍筋间距
C. 增大构件截面面积　　D. 提高箍筋的钢筋等级

5-3-6 受弯构件斜截面受剪承载力计算时,验算 $\gamma_0 V_d \leqslant 0.5\times10^{-3}\alpha_2 f_{td} b h_0$ 的目的

是(　　)。

A. 防止发生斜压破坏　　B. 防止发生超筋破坏
C. 防止截面尺寸过大　　D. 防止发生少筋破坏

5-3-7　钢筋混凝土梁中,不需要考虑的是(　　)。

A. 正截面抗弯强度计算　　B. 正截面抗剪强度计算
C. 斜截面抗弯强度计算　　D. 斜截面抗剪强度计算

5-3-8　在钢筋混凝土梁中,一般将箍筋和弯起钢筋统称为(　　)。

A. 纵筋　　B. 腹筋
C. 构造钢筋　　D. 分布钢筋

5-3-9　当剪跨比 $\lambda > 3$ 时,对于无腹筋梁受剪,通常发生的破坏形式是(　　)。

A. 斜拉破坏　　B. 剪压破坏
C. 斜压破坏　　D. 局部受压破坏

5-3-10　规范中斜截面抗剪计算公式是根据(　　)形态的情况建立的。

A. 斜压破坏　　B. 斜拉破坏
C. 剪压破坏　　D. 受弯破坏

5-3-11　全梁承载力复核时,抵抗弯矩图必须覆盖住弯矩包络图是为了保证梁的(　　)。

A. 正截面抗弯承载力　　B. 斜截面抗弯承载力
C. 斜截面抗剪承载力　　D. 正、斜截面抗弯承载力

5-3-12　纵向钢筋弯起点至充分利用点之间的距离,满足 $S_1 \geqslant 0.5h_0$ 为了保证梁的(　　)。

A. 正截面抗弯承载力　　B. 斜截面抗弯承载力
C. 斜截面抗剪承载力　　D. 正、斜截面抗弯承载力

5-3-13　规范规定,位于同一连接区段内的受拉钢筋搭接接头面积百分率,对于梁、板类构件,不宜大于(　　)。

A. 25%　　B. 50%　　C. 75%　　D. 100%

5-3-14　无腹筋梁发生斜截面受剪破坏的三种破坏形态(　　)。

A. 都属于脆性破坏
B. 剪压破坏属于塑性破坏,斜拉和斜压破坏属于脆性破坏

C. 都属于塑性破坏

D. 剪压和斜压破坏属于塑性破坏,斜拉破坏属于脆性破坏

5-3-15 箍筋配置过多,而截面尺寸又太小的梁,一般会发生(　　)。

A. 斜拉破坏　　B. 剪压破坏

C. 斜压破坏　　D. 受压破坏

5-3-16 为了避免斜拉破坏,在受弯构件斜截面承载力计算中,所规定的限制条件是(　　)。

A. 规定最小配筋率　　B. 规定最大配筋率

C. 规定最小截面尺寸限制　　D. 规定最小配箍率

5-3-17 为了避免斜压破坏,在受弯构件斜截面承载力计算中,所规定的限制条件是(　　)。

A. 规定最小配筋率　　B. 规定最大配筋率

C. 规定最小截面尺寸限制　　D. 规定最小配箍率

5-3-18 在进行受弯构件斜截面受剪承载力计算时,若所配箍筋不能满足抗剪强度要求,采取(　　)较好。

A. 将纵向钢筋弯起为斜钢筋或加焊斜钢筋

B. 将箍筋间距加大

C. 将构件截面尺寸减小

D. 将混凝土强度等级降低

5-3-19 有腹筋的钢筋混凝土梁斜截面抗剪承载能力与剪跨比的关系是(　　)。

A. 随剪跨比的增加而提高

B. 随剪跨比的增加而降低

C. 在一定范围内随剪跨比增加而提高

D. 与剪跨比无直接关系

题解及参考答案

5-3-1 **解:**梁斜拉破坏发生在剪跨比较大且箍筋较少时。

答案:D

5-3-2 **解:**为保证斜截面抗弯要求,弯起钢筋弯点距其充分利用点的距离≥$0.5h_0$。

答案:A

5-3-3 **解:**条件相同的无腹筋梁,发生剪压破坏、斜压破坏和斜拉破坏时,梁的斜截面抗

剪承载力的大致关系是斜压＞剪压＞斜拉。

答案:A

5-3-4 **解:**斜截面受剪承载力计算时,若 $\gamma_0 V_d \leq 0.5\times10^{-3}\alpha_2 f_{td} b h_0$,则按构造配置箍筋。

答案:B

5-3-5 **解:**受弯构件斜截面受剪承载力计算时,若 $\gamma_0 V_d > 0.51\times10^{-3}\sqrt{f_{cuk}}\, b h_0$ 时,应采取的措施是增大截面尺寸或提高混凝土强度等级。

答案:C

5-3-6 **解:**受弯构件斜截面受剪承载力计算时,当 $\gamma_0 V_d > 0.51\times10^{-3}\sqrt{f_{cuk}}\, b h_0$ 时,应采取的措施是增大截面尺寸或提高混凝土强度等级,以防止出现斜压破坏。

答案:A

5-3-7 **解:**钢筋混凝土梁设计时应考虑正截面抗弯、斜截面抗剪和斜截面抗弯。

答案:B

5-3-8 **解:**在钢筋混凝土梁中,一般将箍筋和弯起钢筋统称为腹筋。

答案:B

5-3-9 **解:**对于无腹筋梁受剪,当剪跨比 $\lambda > 3$ 时,易发生斜拉破坏;当剪跨比 $1 \leq \lambda \leq 3$ 时,易发生剪压破坏;当剪跨比 $\lambda < 1$ 时,易发生斜压破坏。

答案:A

5-3-10 **解:**规范中斜截面抗剪计算公式是根据剪压破坏形态的情况建立的。

答案:C

5-3-11 **解:**全梁承载力复核时,抵抗弯矩图必须覆盖住弯矩包络图是为了保证梁的正截面抗弯承载力。

答案:A

5-3-12 **解:**纵向钢筋弯起点至充分利用点之间的距离,满足 $S_1 \geq 0.5h_0$ 为了保证梁的斜截面抗弯承载能力。

答案:B

5-3-13 **解:**规范规定,位于同一连接区段内的受拉钢筋搭接接头面积百分率,对于梁、板类构件,不宜大于50%。

答案:B

5-3-14 **解:**无腹筋梁发生斜截面受剪破坏的三种破坏形态都属于脆性破坏。

答案:A

5-3-15 **解:**箍筋配置过多,而截面尺寸又太小的梁,一般会发生斜压破坏。

答案:C

5-3-16 **解**:为了避免斜拉破坏,在受弯构件斜截面承载力计算中,需满足最小配箍率的要求。

答案:D

5-3-17 **解**:为了避免斜压破坏,在受弯构件斜截面承载力计算中,需满足最小截面尺寸的要求。

答案:C

5-3-18 **解**:提高钢筋混凝土梁的抗剪承载能力,可以增大截面尺寸,提高混凝土强度等级,增大纵向钢筋配筋率,增加箍筋配箍率,提高箍筋强度等级,增设弯起钢筋,或施加预应力。

答案:A

5-3-19 **解**:有腹筋的钢筋混凝土梁斜截面抗剪承载能力随剪跨比增加而降低。

答案:B

(四)受压构件正截面承载力计算

5-4-1 钢筋混凝土轴心受压构件,稳定系数是考虑了(　　)。

A. 初始偏心距的影响　　B. 荷载长期作用的影响
C. 两端约束情况的影响　　D. 附加弯矩的影响

5-4-2 对于高度、截面尺寸、配筋完全相同的柱,当支承条件为(　　)时,其轴心受压承载力最大。

A. 两端嵌固　　B. 一端嵌固,一端不动铰支
C. 两端不动铰支　　D. 一端嵌固,一端自由

5-4-3 钢筋混凝土轴心受压构件,两端约束情况越好,则稳定系数(　　)。

A. 越大　　B. 越小
C. 不变　　D. 变化趋势不定

5-4-4 轴心受压构件中,随荷载的增加,钢筋的应力增长大于混凝土,这是因为(　　)。

A. 混凝土的塑性性能好
B. 钢筋的强度比混凝土的高
C. 钢筋的弹性模量比混凝土的高
D. 钢筋的面积比混凝土的小

5-4-5 对于小偏心受压构件(　　)。

A. M 不变时,N 越大越危险
B. M 不变时,N 越小越危险

C. N不变时,M越小越安全

D. N不变时,M大小对安全无影响

5-4-6 钢筋混凝土小偏心受压构件的破坏特征是( )。

A. 远离轴向力作用一侧的钢筋受拉屈服,靠近轴向力作用一侧的混凝土被压碎,钢筋受压屈服

B. 远离轴向力作用一侧的钢筋可能受拉可能受压,靠近轴向力作用一侧的混凝土被压碎,钢筋受压屈服

C. 远离轴向力一侧的钢筋受拉屈服,靠近轴向力作用一侧的钢筋受压可能不屈服

D. 远离轴向力作用一侧的混凝土先压碎,钢筋受压屈服,靠近轴向力作用一侧的混凝土不被压碎,钢筋也不会受压屈服

5-4-7 钢筋混凝土大偏心受压构件的破坏特征是( )。

A. 远离轴向力作用一侧的钢筋受拉屈服,靠近轴向力作用一侧的混凝土被压碎,钢筋受压屈服

B. 远离轴向力作用一侧的钢筋可能受拉可能受压,靠近轴向力作用一侧的混凝土被压碎,钢筋受压屈服

C. 远离轴向力一侧的混凝土压碎,钢筋受压屈服,靠近轴向力作用一侧的钢筋不屈服

D. 全截面的钢筋受压屈服,混凝土被压碎

5-4-8 矩形截面大偏心受压构件截面设计时需补充条件 $x=\xi_b h_0$,这是为了( )。

A. 保证不发生小偏心受压破坏

B. 充分利用混凝土的抗压强度,使设计的钢筋用量达到最少

C. 保证破坏时,远离轴向力作用一侧的钢筋应力达到屈服强度

D. 使受压构件发生适筋破坏

5-4-9 在偏心受压构件正截面承载力计算中,要求受压区计算高度 $x \geqslant 2a'$,是为了( )。

A. 保证受压钢筋在构件破坏时能达到其抗压设计强度

B. 保证受拉钢筋屈服

C. 避免混凝土过早剥落

D. 保证受压区混凝土能达到极限压应变而破坏

5-4-10 矩形截面小偏心受压构件截面设计时补充条件 $A_s=\mu_{min} bh$,这是为了( )。

A. 保证构件破坏时,受拉钢筋能达到屈服强度,以充分利用钢筋的抗拉强度

B. 保证构件破坏不是从受拉钢筋一侧先破坏

C. 节约钢材用量,因为构件破坏时受拉钢筋一般都不能达到屈服强度

D. 避免受压构件发生少筋破坏

5-4-11 判别大偏心受压破坏的本质条件是(　　)。

A. $\eta e_i > 0.3h_0$　　B. $\eta e_i < 0.3h_0$
C. $\xi < \xi_b$　　D. $\xi > \xi_b$

5-4-12 按螺旋箍筋柱计算的承载力不得超过普通柱的1.5倍,这是为了(　　)。

A. 在正常使用阶段外层混凝土不致脱落
B. 不发生脆性破坏
C. 限制截面尺寸
D. 保证构件的延性

5-4-13 对长细比大于12的圆柱不宜采用螺旋箍筋,其原因是(　　)。

A. 这种柱的承载力较高
B. 施工难度大
C. 抗震性能不好
D. 长细比较大的柱将因纵向弯曲使截面无法处于全截面受压,螺旋箍筋不能发挥作用

5-4-14 一般来讲,其他条件相同的情况下,配有螺旋箍筋的钢筋混凝土柱同配有普通箍筋的钢筋混凝土柱相比,前者的承载力比后者的承载力(　　)。

A. 低　　B. 高　　C. 相等　　D. 不确定

5-4-15 由 N_u-M_u 相关曲线可以看出,下面观点不正确的是(　　)。

A. 小偏心受压情况下,随着 N 的增加,M 随之减小
B. 大偏心受压情况下,随着 N 的增加,M 随之减小
C. 界限破坏时,正截面受弯承载力达到最大值
D. 对称配筋时,如果截面尺寸和形状相同,混凝土强度等级和钢筋级别也相同,但配筋数量不同,则在界限破坏时,它们的 N_u 是相同的

5-4-16 偏心受压构件计算中,通过(　　)来考虑二阶偏心距的影响。

A. e_0　　B. e_a　　C. e_i　　D. η

5-4-17 配有普通箍筋的钢筋混凝土轴心受压构件中,箍筋的作用主要是(　　)。

A. 抵抗剪力
B. 形成钢筋骨架,约束纵筋,防止纵筋压曲外凸
C. 约束核心混凝土
D. 以上三项作用均有

5-4-18 大偏心受压构件截面设计时的初步判别式是(　　)。

A. $\xi > \xi_b$　　B. $\xi \leqslant \xi_b$　　C. $\eta e_i > 0.3h_0$　　D. $\eta e_i \leqslant 0.3h_0$

题解及参考答案

5-4-1　解: 由于初始偏心或材料均匀性等因素的影响,长细比较大的柱可能因此产生侧弯,引起承载力降低。钢筋混凝土轴心受压构件计算中,考虑构件长细比增大的附加效应使构件承载力降低的计算系数称为轴心受压构件的稳定系数。

答案: D

5-4-2　解: 轴心受压构件承载力受长细比影响较大。长细比越小,承载能力越高。计算稳定系数时,需要确定构件的计算长度,计算长度与构件梁端的约束有关。两端固结的计算长度相比较小。

答案: A

5-4-3　解: 两端约束情况越好的构件的长细比越小,稳定系数越大。

答案: A

5-4-4　解: 混凝土在长期荷载作用下产生徐变应变,根据钢筋混凝土结构钢筋和混凝土共同变形共同受力的特点,钢筋和混凝土的应变变化相同,由于弹性模量不同,故应力变化存在差异。

答案: C

5-4-5　解: 当构件的 N、M 处于 N_u-M_u 曲线范围内时,构件是安全的。对于小偏心受压构件,M 不变时,N 越大,越接近极限值 N_u,即越危险。

答案: A

5-4-6　解: 小偏心受压构件的破坏特征是远离轴向力作用一侧的钢筋可能受拉可能受压,靠近轴向力作用一侧的混凝土被压碎,钢筋受压屈服。

答案: B

5-4-7　解: 大偏心受压构件的破坏特征是远离轴向力作用一侧的钢筋受拉屈服,靠近轴向力作用一侧的混凝土被压碎,钢筋受压屈服。

答案: A

5-4-8　解: 矩形截面大偏心受压构件截面设计时需补充条件 $x = \xi_b h_0$,这是为了充分利用混凝土的抗压强度,使设计的钢筋用量达到最少。

答案: B

5-4-9　解: 在偏心受压构件正截面承载力计算中,要求受压区计算高度 $x \geqslant 2a'$,是为了保证受压钢筋在构件破坏时能达到其抗压设计强度。

答案: A

5-4-10 **解**:矩形截面小偏心受压构件截面设计时补充条件 $A_s = \mu_{min}bh$,这是为了节约钢材用量,因为构件破坏时受拉钢筋一般都不能达到屈服强度。

答案:C

5-4-11 **解**:判别大偏心受压破坏的本质条件 $\xi < \xi_b$。

答案:C

5-4-12 **解**:为了避免螺旋箍筋混凝土保护层过早剥落,按螺旋箍筋柱计算的承载力不得超过普通柱的1.5倍。

答案:A

5-4-13 **解**:长细比较大的柱将因纵向弯曲使截面无法处于全截面受压,螺旋箍筋作用不能发挥作用。

答案:D

5-4-14 **解**:因螺旋箍筋柱核心混凝土受到螺旋箍筋约束处于三向受压状态,承载能力有所提高,故在其他条件相同的情况下,配有螺旋箍筋的钢筋混凝土柱同配有普通箍筋的钢筋混凝土柱相比,其承载力较高。

答案:B

5-4-15 **解**:由 N_u-M_u 曲线可知,小偏心受压情况下,随着 N 的增加,M 随之减小;大偏心受压情况下,随着 N 的增加,M 随之增大。

答案:B

5-4-16 **解**:偏心受压构件计算中,通过偏心距增大系数考虑二阶偏心距的影响。

答案:D

5-4-17 **解**:普通箍筋柱箍筋的作用是形成钢筋骨架,约束纵筋,防止纵筋压曲外凸。

答案:B

5-4-18 **解**:截面设计时,先求出偏心距 e_i,当 $\eta e_i > 0.3h_0$ 时,可按大偏压情况计算。

答案:C

(五)受弯构件的应力、裂缝和变形计算

5-5-1 下列关于钢筋混凝土受弯构件截面弯曲刚度的说法,错误的是(　　)。

A. 截面弯曲刚度随着荷载的增大而减小
B. 截面弯曲刚度随着时间的增加而减小
C. 截面弯曲刚度随着裂缝的发展而减小
D. 截面弯曲刚度不变

5-5-2 钢筋混凝土构件变形和裂缝验算中关于荷载、材料强度取值说法正确的

是(　　)。

A. 荷载、材料强度都取设计值
B. 荷载、材料强度都取标准值
C. 荷载取设计值,材料强度都取标准值
D. 荷载取标准值,材料强度都取设计值

5-5-3 长期荷载作用下,钢筋混凝土梁的挠度会随时间增加而加大,其主要原因是(　　)。

A. 受拉钢筋产生塑性变形
B. 受压混凝土产生塑性变形
C. 受压混凝土产生收缩变形
D. 受压混凝土产生徐变

5-5-4 规范定义的裂缝宽度是(　　)。

A. 受拉钢筋重心水平处构件底面上混凝土的裂缝宽度
B. 构件底面上混凝土的裂缝宽度
C. 受拉钢筋重心水平处构件侧表面上混凝土的裂缝宽度
D. 构件侧表面上混凝土的裂缝宽度

5-5-5 减少钢筋混凝土受弯构件的裂缝宽度,首先应考虑的措施是(　　)。

A. 采用直径较小的钢筋
B. 增加钢筋的面积
C. 增加截面尺寸
D. 提高混凝土强度等级

5-5-6 混凝土构件的平均裂缝间距与(　　)无关。

A. 混凝土强度等级　　B. 混凝土保护层厚度
C. 纵向受拉钢筋直径　　D. 纵向钢筋配筋率

5-5-7 提高受弯构件截面刚度最有效的措施是(　　)。

A. 提高混凝土强度等级　　B. 增加钢筋的面积
C. 改变截面形状　　D. 增加截面高度

5-5-8 当最大裂缝宽度计算值超过容许值时,可以通过(　　)的方法来解决。

A. 增加保护层厚度　　B. 增加截面的配筋率
C. 施加预应力　　D. 减少水灰比

5-5-9 受弯构件正常使用阶段计算的依据在(　　)。

A. I_a 阶段　　B. II_a 阶段　　C. III_a 阶段　　D. Ⅱ阶段

5-5-10 验算钢筋混凝土受弯构件裂缝宽度和挠度的目的是(　　)。

A. 使构件能够带裂缝工作
B. 使构件满足正常使用极限状态的要求
C. 使构件满足承载能力极限状态的要求
D. 使构件能在弹性阶段工作

题解及参考答案

5-5-1 **解:**钢筋混凝土在正常使用阶段都是带裂缝工作的,由于荷载的变化、混凝土徐变等因素的影响,截面刚度是变化的。

答案:D

5-5-2 **解:**规范规定,在正常使用极限状态下钢筋混凝土构件的最大裂缝宽度和变形,应按作用频遇组合并考虑长期效应组合影响进行验算,采用标准值。

答案:B

5-5-3 **解:**由于混凝土徐变的影响,在长期荷载作用下,钢筋混凝土梁的挠度会随时间增加而加大。

答案:D

5-5-4 **解:**规范的裂缝宽度计算公式是针对受弯构件受拉钢筋重心水平处构件侧表面上混凝土的裂缝宽度。

答案:C

5-5-5 **解:**影响裂缝宽度的因素主要有钢筋的表面形状、截面形式、直径、应力、保护层厚度和配筋率等。

答案:A

5-5-6 **解:**影响裂缝宽度的因素主要有钢筋的表面形状、截面形式、直径、应力、保护层厚度和配筋率等。

答案:A

5-5-7 **解:**钢筋混凝土抗弯刚度与构件材料的弹性模量、截面惯性矩、截面开裂情况、长期荷载等有关。截面高度对惯性矩的贡献较大。

答案:D

5-5-8 **解:**当裂缝宽度超过规范限值时,可以通过施加预应力减少裂缝宽度。

答案:C

5-5-9 **解**:正常使用极限状态验收的依据是带裂缝阶段,即第Ⅱ阶段。

答案:D

5-5-10 **解**:验算钢筋混凝土受弯构件裂缝宽度和挠度的目的是使构件满足正常使用极限状态的要求。

答案:B

(六)预应力混凝土结构

5-6-1 受弯构件在受拉区施加预应力后(　　)。

A. 仅提高构件开裂弯矩　　B. 仅提高构件破坏弯矩

C. 提高构件的开裂弯矩和破坏弯矩　　D. 需计算确定

5-6-2 先张法预应力混凝土构件的第一阶段的预应力损失是(　　)。

A. $\sigma_{l\mathrm{I}} = \sigma_{l2} + \sigma_{l3} + \sigma_{l4} + 0.5\sigma_{l5}$

B. $\sigma_{l\mathrm{I}} = \sigma_{l2} + \sigma_{l3} + \sigma_{l4}$

C. $\sigma_{l\mathrm{I}} = \sigma_{l1} + \sigma_{l2} + \sigma_{l4} + 0.5\sigma_{l5}$

D. $\sigma_{l\mathrm{I}} = \sigma_{l1} + \sigma_{l2} + \sigma_{l4}$

5-6-3 后张法预应力混凝土构件的第一阶段的预应力损失是(　　)。

A. $\sigma_{l\mathrm{I}} = \sigma_{l1} + \sigma_{l3} + \sigma_{l4} + 0.5\sigma_{l5}$

B. $\sigma_{l\mathrm{I}} = \sigma_{l1} + \sigma_{l2} + \sigma_{l4}$

C. $\sigma_{l\mathrm{I}} = \sigma_{l1} + \sigma_{l2} + \sigma_{l4} + 0.5\sigma_{l5}$

D. $\sigma_{l\mathrm{I}} = \sigma_{l1} + \sigma_{l3} + \sigma_{l4}$

5-6-4 规范规定,预应力混凝土构件的混凝土强度等级不应低于(　　)。

A. C20　　B. C30　　C. C35　　D. C40

5-6-5 后张法预应力混凝土梁采用曲线配筋是为了(　　)。

A. 使预加偏心力所产生的力矩与外荷载所引起的力矩大小相近

B. 梁端便于布置锚具,方便施工

C. 美观

D. 上述 A 和 B

5-6-6 矩形截面预应力混凝土梁在弯曲受拉区及受压区分别设置预应力筋 A_p 和 A_p'。设置A_p'预应力筋后与不设置 A_p'预应力筋的情况相比较,下面的描述正确的是(　　)。

A. 梁使用阶段的抗裂性及正截面承载能力得到了提高

B. 梁的正截面承载能力提高,但使用阶段的抗裂性降低
C. 梁使用阶段的抗裂性提高,但正截面承载能力降低
D. 梁使用阶段的抗裂性及正截面承载能力均降低

5-6-7 下列(　　)方法可以减少先张法预应力直线钢筋由于锚具变形和钢筋内缩引起的预应力损失 σ_{l1}。

A. 两次升温法　　B. 采用超张拉
C. 增加台座长度　　D. 采用两端张拉

5-6-8 对于钢筋应力松弛引起的预应力的损失,下面说法错误的是(　　)。

A. 应力松弛与时间有关系
B. 应力松弛与张拉控制应力的大小有关,张拉控制应力越大,松弛越小
C. 应力松弛与钢筋品种有关系
D. 进行超张拉可以减少应力松弛引起的预应力损失

5-6-9 全预应力混凝土构件在使用条件下,构件截面混凝土(　　)。

A. 不出现拉应力　　B. 允许出现拉应力
C. 不出现压应力　　D. 允许出现压应力

5-6-10 当外荷载使预应力混凝土受弯构件受拉边缘产生的应力等于(　　)时即将出现裂缝。

A. f_{tk}　　B. $\alpha_E f_{tk}$
C. $\sigma_{pcII} + \alpha_E f_{tk}$　　D. $\sigma_{pcII} + \gamma_m f_{tk}$

5-6-11 减少锚具变形、预应力筋回缩引起的预应力损失不应采取的措施是(　　)。

A. 尽量少用垫板　　B. 选择变形小的锚具
C. 增加台座的长度　　D. 在钢模上张拉预应力钢筋

5-6-12 在预应力混凝土受弯构件的受压区布置预应力钢筋的目的是(　　)。

A. 为了防止施工阶段预拉区出现裂缝
B. 为了增加构件的抗弯承载能力
C. 为了增加构件使用阶段的抗裂能力
D. 为了保证受压钢筋达到屈服强度

5-6-13 通过张拉钢筋对混凝土施加预应力(　　)。

A. 提高混凝土抗压强度,提高构件承载能力
B. 提高混凝土抗拉强度,提高构件抗裂能力
C. 使构件获得预压应力,改善构件使用阶段受力性能

D. 增大构件抗弯刚度，使构件挠度增大

5-6-14 为提高预应力混凝土受弯构件的正截面抗裂度，可采用(　　)。

A. 增大预压应力，使构件在使用荷载作用下受拉边缘不出现拉应力或仅有少许拉应力

B. 增大预压应力，使构件的开裂弯矩接近其破坏弯矩

C. 增大预压应力，使构件的开裂弯矩大于其破坏弯矩

D. 增加钢筋数量

5-6-15 预应力混凝土构件中，预应力筋束对受弯构件抗剪承载能力的影响是(　　)。

A. 施加预应力不能提高构件斜截面抗剪承载力

B. 施加预应力可以提高构件斜截面抗剪承载力

C. 仅弯起的预应力筋可提高构件的斜截面抗剪承载力

D. 直线形预应力筋不能提高斜截面抗剪承载力

题解及参考答案

5-6-1 解：受弯构件在受拉区施加预应力后可以改善使用阶段的力学性能，但不能提高构件的承载能力。

答案：A

5-6-2 解：见《应试辅导》考点五。

答案：A

5-6-3 解：见《应试辅导》考点五。

答案：B

5-6-4 解：预应力混凝土构件的混凝土强度等级不应低于 C40。

答案：D

5-6-5 解：后张法预应力混凝土梁采用曲线配筋可以减少预应力筋因偏心距较大引起的附加弯矩，也有利于在梁端分散锚固，方便施工。

答案：D

5-6-6 解：矩形截面预应力混凝土梁在受拉区和受压区施加预应力后，可以改善在正常使用阶段的力学性能，但会引起梁的正截面极限承载能力降低。

答案：C

5-6-7 解：增长台座可以减少先张法预应力直线钢筋由于锚具变形和钢筋内缩引起的预应力损失 σ_{l1}。

答案：C

5-6-8　解:钢筋在一定的拉应力作用下,即使长度保持不变,钢筋中的应力随着时间的增加而逐渐降低的现象称作钢筋的松弛。一般而言,初张力越大,松弛损失越大;松弛量与钢筋的品质有关,与时间有关,与预应力筋是否超张拉有关。

答案:B

5-6-9　解:在作用频遇组合下控制的正截面受拉边缘不允许出现拉应力的预应力混凝土构件称为全预应力混凝土构件。

答案:A

5-6-10　解:当外荷载作用下的弯矩达到开裂弯矩时将开裂,开裂弯矩 $M_{cr}=(\delta_{pc}+\gamma_m f_{tk})W_0$。

答案:D

5-6-11　解:减少锚具变形、预应力筋回缩引起的预应力损失应采用变形小的锚具,减少垫板数量,增加台座的长度等措施。

答案:D

5-6-12　解:在预应力混凝土受弯构件的受压区布置预应力钢筋的目的是为了避免在施工阶段预拉区因拉应力过大而出现裂缝。

答案:A

5-6-13　解:受弯构件在受拉区施加预应力后可以改善使用阶段的力学性能,但不能提高构件的承载能力。

答案:C

5-6-14　解:为提高预应力混凝土受弯构件的正截面抗裂度,可适当增大预压应力。

答案:A

5-6-15　解:施加预应力可以改善构件中主应力状态,可以提高构件的斜截面抗剪承载能力。

答案:B

(七)圬工砌体结构

5-7-1　砌体局部受压可能有三种破坏形式,工程设计中一般应按(　　)来考虑。

A. 先裂后坏　　B. 一裂即坏　　C. 未裂先坏　　D. 模型试验

5-7-2　砌体结构的缺点不包括(　　)。

A. 强度低,特别是抗拉、抗剪和抗弯强度很低
B. 自重大,整体性差,抗震性能差
C. 采用黏土砖会侵占大量农田
D. 不能就地取材,造价高

5-7-3 砌体弯曲受拉破坏的形态不包括(　　)。

A. 沿块体截面破坏　　B. 沿通缝截面破坏
C. 沿截面垂直破坏　　D. 沿齿缝截面破坏

5-7-4 砌体抗压强度的影响因素有(　　)。

A. 块材的形状、尺寸和强度
B. 砂浆的物理力学性能
C. 砌缝厚度和质量
D. 以上全部选项

5-7-5 块体和砂浆的强度是按(　　)划分。

A. 抗拉强度　　B. 抗压强度
C. 抗剪强度　　D. 弯曲抗压强度

5-7-6 砌体抗拉、抗弯、抗剪强度主要取决于(　　)。

A. 块体抗压强度　　B. 块体抗剪强度
C. 块体抗弯强度　　D. 块体与砂浆之间的黏结强度

5-7-7 下列关于砌体抗压强度的影响因素的说法,正确的是(　　)。

A. 砌体抗压强度随砂浆和块体的强度等级的提高而增大,且按相同比例提高砌体的抗压强度
B. 砂浆的变形性能越大,越容易砌筑,砌体的抗压强度越高
C. 块体的外形越规则、平整,砌体的抗压强度越高
D. 砌体中灰缝越厚,越容易施工,砌体的抗压强度越高

5-7-8 砖基础最下面一层砖的水平灰缝大于20mm时,应用(　　)找平。

A. 砂浆　　B. 在砂浆中掺细砖
C. 在砂浆中掺碎石　　D. 细石混凝土

题解及参考答案

5-7-1 **解:**砌体存在带裂缝工作阶段。

答案:A

5-7-2 **解:**能够就地取材,造价低是砌体的主要优点。

答案:D

5-7-3 解:砌体弯曲受拉破坏的形式主要有沿齿缝截面破坏、沿块体截面破坏、沿通缝截面破坏。

答案:C

5-7-4 解:见《应试辅导》考点三。

答案:D

5-7-5 解:见《应试辅导》考点一。

答案:B

5-7-6 解:见《应试辅导》考点三。

答案:D

5-7-7 解:见《应试辅导》考点三。块体的外形越规则、平整,砌缝厚度越均匀,砌体抗压强度越高。

答案:C

5-7-8 解:根据砖基础砌筑工艺标准,当基础下部第一层砖的水平灰缝大于20mm时,应先用细石混凝土找平。

答案:D

六　职业法规

复习指导

本章应重点掌握的内容主要包括：

(1)与公路工程建设有关的法规是重点学习的内容，尤其是公路法、建筑法、合同法、招标投标法、勘察设计管理条例中的内容。

(2)合同法中的一些基本概念原理非常重要。合同当事人的权利和义务概念的区别，以及大部分工程合同当事人应该是法人而非自然人，这个规定在其他相关的法律法规中都有体现，在某些题目的答案解释中有这方面的说明。

(3)各法律法规中最难记忆的相关单位和执业注册人员的处罚规定以及罚款金额单独作为一节练习，应重点关注。

(4)各种法规中与设计工作有关的规定要重点关注。工程监理、工程施工等方面的内容可作一般了解。

练习题、题解及参考答案

(一)我国有关工程基本建设的法律法规概述

6-1-1　同一机关制定的新的一般规定与旧的特别规定不一致时，由(　　)裁决。

A. 国务院　　B. 制定机关
C. 地方政府　　D. 全国人大常委会

6-1-2　部门规章之间、部门规章与地方政府规章之间对同一事项的规定不一致时，由(　　)裁决。

A. 国务院　　B. 部门
C. 地方政府　　D. 全国人大常委会

6-1-3　地方性法规与部门规章之间对同一事项的规定不一致，不能确定如何适用时，由(　　)提出意见。

A. 国务院　　B. 部门
C. 地方人大　　D. 全国人大常委会

6-1-4　地方性法规与部门规章之间对同一事项的规定不一致的，国务院认为应当适用部门规章的,应当提请(　　)裁决。

A. 国务院　　B. 部门
C. 地方人大　　D. 全国人大常委会

6-1-5　工程建设标准按其性质可分为(　　)。

A. 行业标准和国家标准　　B. 地方标准和国家标准
C. 行业标准和地方标准　　D. 强制性标准和推荐性标准

6-1-6　对于2017年发布2018年实行的《标准化法》,其中论述错误的是(　　)。

A. 标准包括国家标准、行业标准、地方标准和团体标准、企业标准
B. 国家标准分为强制性标准、推荐性标准,行业标准、地方标准是推荐性标准
C. 强制性标准必须执行,国家鼓励采用推荐性标准
D. 国家标准、行业标准分为强制性标准和推荐性标准

题解及参考答案

6-1-1　**解:**《立法法》(2015年)第九十五条第(一)项规定。
答案:B

6-1-2　**解:**《立法法》(2015年)第九十五条第(三)项规定。
答案:A

6-1-3　**解:**《立法法》(2015年)第九十五条第(二)项规定。
答案:A

6-1-4　**解:**《立法法》(2015年)第九十五条第(二)项规定。
答案:D

6-1-5　**解:**《标准化法》(2018年)第二条第二三款规定:标准包括国家标准、行业标准、地方标准和团体标准、企业标准。国家标准分为强制性标准、推荐性标准,行业标准、地方标准是推荐性标准。

强制性标准必须执行。国家鼓励采用推荐性标准。

答案:D

6-1-6　**解:**根据《标准化法》(2018年)第二条第二三款规定,可知ABC三项正确。而选项D的依据是1989年旧的《标准化法》第七条:"国家标准、行业标准分为强制性标准和推荐性标准"。

答案:D

(二)中华人民共和国公路法

6-2-1 《公路法》所称公路,还包括(　　)。
①公路桥梁;②公路隧道;③公路渡口。

A. ①②　　B. ②③　　C. ①③　　D. ①②③

6-2-2 公路按技术等级分为(　　)级。

A. 3 级　　B. 4 级　　C. 5 级　　D. 6 级

6-2-3 国道规划的局部调整由(　　)决定。

A. 国务院交通主管部门　　B. 省级交通主管部门
C. 原批准机关　　D. 原编制机关

6-2-4 国道的命名和编号由(　　)确定。

A. 国务院　　B. 国务院交通主管部门
C. 省级政府　　D. 省级交通主管部门

6-2-5 公路建设项目应当实行的制度包括(　　)。
①法人负责制度;②招标投标制度;③工程监理制度。

A. ①②　　B. ②③　　C. ①③　　D. ①②③

6-2-6 有关农村公路的说法错误的是(　　)。

A. 农村公路是行政级别不是技术等级　　B. 农村公路可以是四级路或等外路
C. 农村公路包括县道、乡道和村道　　D. 农村公路不适用《公路法》

6-2-7 省道规划由本级人民政府交通主管部门会同同级有关部门并商省道沿线下一级人民政府编制,报(　　)批准。

A. 国务院　　B. 交通运输部
C. 本级人民政府　　D. 上一级人民政府

6-2-8 对于二级以下公路建设资金筹集不采用的形式是(　　)。

A. 国家投资　　B. 当地政府投资
C. 企业投资收费　　D. 个人捐赠

6-2-9[2019 年考题]　根据《公路法》,按技术等级将公路分为(　　)。

A. 高速公路、一级公路、二级公路和等外公路
B. 高速公路、一级公路、二级公路、三级公路和等外公路

C. 高速公路、一级公路、二级公路、三级公路和四级公路

D. 一级公路、二级公路、三级公路、四级公路和等外公路

题解及参考答案

6-2-1 **解**:《公路法》第二条规定:本法所称公路,包括公路桥梁、公路隧道和公路渡口。

答案:D

6-2-2 **解**:《公路法》第六条规定:公路按技术等级分为高速公路、一级公路、二级公路、三级公路和四级公路。

答案:C

6-2-3 **解**:《公路法》第十六条规定:国道规划的局部调整由原编制机关决定。

答案:D

6-2-4 **解**:《公路法》第十七条规定:国道的命名和编号,由国务院交通主管部门确定。

答案:B

6-2-5 **解**:《公路法》第二十三条规定:公路建设项目应当按照国家有关规定实行法人负责制度、招标投标制度和工程监理制度。

答案:D

6-2-6 **解**:《公路法》第六条规定:公路按其在公路路网中的地位分为国道、省道、县道和乡道,并按技术等级分为高速公路、一级公路、二级公路、三级公路和四级公路。具体划分标准由国务院交通主管部门规定。

新建公路应当符合技术等级的要求。原有不符合最低技术等级要求的等外公路,应当采取措施,逐步改造为符合技术等级要求的公路。

答案:D

6-2-7 **解**:《公路法》第十四条第2款规定:省道规划由省自治区、直辖市人民政府交通主管部门会同同级有关部门并商省道沿线下一级人民政府编制,报省自治区、直辖市人民政府批准,并报国务院交通主管部门备案。

答案:C

6-2-8 **解**:参见《公路法》第二十一条规定。但是二级以下是不收费公路。

答案:C

6-2-9 **解**:参见《公路法》第六条规定:公路按技术等级分为高速公路、一级公路、二级公路、三级公路和四级公路。

答案:C

（三）中华人民共和国建筑法

6-3-1 （2014,115）[①]根据《建筑法》规定，对从事建筑业的单位实行资质管理制度，将从事建筑活动的工程监理单位，划分为不同的资质等级。监理单位资质等级的划分条件可以不考虑（　　）。

A. 注册资本　　B. 法定代表人
C. 已完成的建筑工程业绩　　D. 专业技术人员

6-3-2 （2013,115）根据《建筑法》规定，某建设单位领取了施工许可证，下列情节中，可能不导致施工许可证废止的是（　　）。

A. 领取施工许可证之日起三个月内因故不能按期开工，也未申请延期
B. 领取施工许可证之日起按期开工后又中止施工
C. 向发证机关申请延期开工一次，延期之日起三个月内，因故仍不能按期开工，也未申请延期
D. 向发证机关申请延期开工两次，超过 6 个月因故不能按期开工，继续申请延期

6-3-3 （2013,120）某建设项目甲建设单位与乙施工单位签订施工总承包合同后，乙施工单位经甲建设单位认可，将打桩工程分包给丙专业承包单位，丙专业承包单位又将劳务作业分包给丁劳务单位，由于丙专业承包单位从业人员责任心不强，导致该打桩工程部分出现了质量缺陷，对于该质量缺陷的责任承担，以下说明正确的是（　　）。

A. 乙单位和丙单位承担连带责任　　B. 丙单位和丁单位承担连带责任
C. 丙单位向甲单位承担全部责任　　D. 乙、丙、丁三单位共同承担责任

6-3-4 （2012,115）建筑工程开工前，建设单位应当按照国家有关规定申请领取施工许可证，颁发施工许可证的单位应该是（　　）。

A. 县级以上人民政府建设行政主管部门
B. 工程所在地县级以上人民政府建设工程监督部门
C. 工程所在地省级以上人民政府建设行政主管部门
D. 工程所在地县级以上人民政府建设行政主管部门

6-3-5 （2011,115）按照《建筑法》的规定，下列叙述中正确的是（　　）。

A. 设计文件选用的建筑材料、建筑构配件和设备，不得注明其规格、型号
B. 设计文件选用的建筑材料、建筑构配件和设备，不得指定生产厂、供应商
C. 设计单位应按照建设单位提出的质量要求进行设计
D. 设计单位对施工过程中发现的质量问题应当按照监理单位的要求进行改正

---

① 此类题目为注册岩土考试真题，2014 表示年份，115 表示题号。

6-3-6 (2009,115)按照《建筑法》规定,建筑单位申领施工许可证,应该具备的条件之一是(　　)。

A. 拆迁工作已经完成　　B. 已经确定监理企业
C. 有保证工程质量和安全的具体措施　　D. 建设资金全部到位

6-3-7 建设单位在领取开工证之后,应当在(　　)个月内开工。

A. 3　　B. 6　　C. 9　　D. 12

6-3-8 从事建筑活动的建筑勘察单位、设计单位和从业人员说法错误的是(　　)。

A. 从事建筑活动的专业技术人员,应当依法取得相应的执业资格证书
B. 从业人员在执业资格证书许可的范围内从事建筑活动
C. 鼓励勘察设计单位取得相应等级的资质证书后,在其资质等级许可的范围内从事建筑活动
D. 从事建筑活动的建筑勘察设计单位应当具备《建筑法》第 12 条的 4 个条件

题解及参考答案

6-3-1 **解:**《建筑法》第十三条规定,从事建筑活动的建筑施工企业、勘察单位、设计单位和工程监理单位,按照其拥有的注册资本、专业技术人员、技术装备和已完成的建筑工程业绩等资质条件,划分为不同的资质等级,经资质审查合格,取得相应等级的资质证书后.方可在其资质等级许可的范围内从事建筑活动。

答案:B

6-3-2 **解:**《建筑法》第九条规定,建设单位应当自领取施工许可证之日起三个月内开工。因故不能按期开工的,应当向发证机关申请延期;延期以两次为限,每次不超过三个月。既不开工又不申请延期或者超过延期时限的,施工许可证自行废止。

答案:B

6-3-3 **解:**《建筑法》第二十九条规定,建筑工程总承包单位按照总承包合同的约定对建设单位负责;分包单位按照分包合同的约定对总承包单位负责。总承包单位和分包单位就分包工程对建设单位承担连带责任。

答案:A

6-3-4 **解:**《建筑法》第七条规定,建筑工程开工前,建设单位应当按照国家有关规定向工程所在地县级以上人民政府建设行政主管部门申请领取施工许可证;但是,国务院建设行政主管部门确定的限额以下的小型工程除外。

答案:D

6-3-5 **解:**见《建筑法》第五十六条和第五十七条。

答案:B

6-3-6 解:《建筑法》第八条规定,申请领取施工许可证,应当具备下列条件:

(一)已经办理该建筑工程用地批准手续;

(二)在城市规划区的建筑工程,已经取得规划许可证;

(三)需要拆迁的,其拆迁进度符合施工要求;

(四)已经确定建筑施工企业;

(五)有满足施工需要的施工图纸及技术资料;

(六)有保证工程质量和安全的具体措施;

(七)建设资金已经落实;

(八)法律、行政法规定的其他条件。

拆迁进度符合施工要求即可,不是拆迁全部完成,所以选项 A 错;并非所有工程都需要监理,所以选项 B 错;建设资金落实不是资金全部到位,所以选项 D 错。

答案:C

6-3-7 解:《建筑法》第九条规定,建设单位应当自领取施工许可证之日起三个月内开工。因故不能按期开工的,应当向发放机关申请延期;延期以两次为限,每次不超过三个月。既不开工又不申请延期或者超过延期时限的,施工许可证自行废止。

答案:A

6-3-8 解:参见《建筑法》第十二至十四条规定,选项 ABD 符合第十二至十四条规定。而选项 C 违反第十三条"取得相应等级的资质证书后,方可在其资质等级许可的范围内从事建筑活动"规定,"方可"是在满足条件后的"强制性"要求,不能是鼓励,"鼓励"是非强制性表示。

答案:C

(四)中华人民共和国森林法

6-4-1 违反《森林法》的规定,非法采伐、毁坏珍贵树木的,依法追究(　　)。

A. 民事责任　　B. 行政责任　　C. 经济责任　　D. 刑事责任

6-4-2 违反《森林法》的规定,进行开垦、采石等活动,致使森林、林木受到毁坏的,除责令停止违法行为,补种树木外,可以处毁坏林木价值(　　)的罚款。

A. 一倍以上三倍以下　　B. 二倍以上四倍以下

C. 一倍以上五倍以下　　D. 二倍以上五倍以下

6-4-3 根据《森林法》应当加强对森林植被恢复费使用情况监督的县级以上部门是(　　)。

A. 林业主管部门　　B. 建设主管部门

C. 审计部门　　D. 财政部门

6-4-4［2019 年考题］ 根据《森林法》,工程建设必须占用或征用林地的,应经主管部门审核同意后,依照有关土地管理的法律、行政法规办理建设用地审批手续,并由用地单位依照国务院有关规定缴纳(　　)。

A. 林地征用费　　B. 树木砍伐费

C. 森林植被恢复费　　D. 树木所有人补偿费

题解及参考答案

6-4-1 **解**:《森林法》第四十条规定:违反本法规定,非法采伐、毁坏珍贵树木的,依法追究刑事责任。

答案:D

6-4-2 **解**:《森林法》第四十四条规定:违反本法规定,进行开垦、采石… 和其他活动,致使森林、林木受到毁坏的,依法赔偿损失;由林业主管部门责令停止违法行为,补种毁坏株数一倍以上三倍以下的树木,可以处毁坏林木价值一倍以上五倍以下的罚款。

答案:C

6-4-3 **解**:《森林法》第十八条规定:任何单位和个人不得挪用森林植被恢复费。县级以上人民政府审计机关应当加强对森林植被恢复费使用情况的监督。

答案:C

6-4-4 **解**:根据《森林法》第十八条:建设工程……必须占用或征收、征用林地的,经县级以上人民政府林业主管部门审核同意后,依照有关土地管理的法律、行政法规办理建设用地审批手续,并由用地单位依照国务院有关规定缴纳森林植被恢复费。

答案:C

(五)中华人民共和国合同法

6-5-1 (2014,118)根据《合同法》规定,要约可以撤回和撤销。下列要约,不得撤销的是(　　)。

A. 要约到达受要约人　　B. 要约人确定了承诺期限

C. 受要约人未发出承诺通知　　D. 受要约人即将发出承诺通知

6-5-2 (2013,118)根据《合同法》规定,下列行为不属于要约邀请的是(　　)。

A. 某建设单位发布招标公告　　B. 某招标单位发出中标通知书

C. 某上市公司发出招股说明书　　D. 某商场寄送的价目表

6-5-3 (2012,118)《合同法》规定的合同形式中不包括(　　)。

A. 书面形式　　B. 口头形式　　C. 特定形式　　D. 其他形式

6-5-4　(2016,117)按照《合同法》的规定,下列情形中要约不失效的是(　　)。

A. 拒绝要约的通知到达要约人
B. 要约人依法撤销要约
C. 承诺期限届满,受要约人未作出承诺
D. 受要约人对要约的内容作出非实质性的变更

6-5-5　(2009,117)按照《合同法》的规定,招标人在招标时,招标公告属于合同订立过程中的(　　)。

A. 要约　　B. 承诺
C. 要约邀请　　D. 以上都不是

6-5-6　撤销要约时,撤销要约的通知应当在受要约人发出承诺通知(　　)到达受要约人。

A. 之前　　B. 当日　　C. 后五天　　D. 后十日

6-5-7　有关合同标的数量、质量、价款或者报酬、履行期限、履行地点和方式、违约责任和解决争议方法等的变更,是对要约内容(　　)的变更。

A. 重要性　　B. 必要性　　C. 实质性　　D. 一般性

6-5-8　在招标投标时,要约的生效时间是(　　)。

A. 要约到达之时　　B. 投标截止时间
C. 提交投标文件　　D. 评标时

6-5-9　下列不属于建设工程合同的是(　　)。

A. 勘察合同　　B. 设计合同　　C. 监理合同　　D. 施工分包合同

6-5-10　勘察设计合同中,对于勘察设计方认为建设单位最重要的义务是(　　)。

A. 要求设计工期内容完成
B. 获得合格的设计图
C. 向勘察设计方付设计费
D. 提供勘察设计配合例如交通工具

6-5-11　下列不属于工程合同采取的担保形式是(　　)。

A. 订金　　B. 保证　　C. 抵押　　D. 质押

题解及参考答案

6-5-1 解:《合同法》第十九条规定,有下列情形之一的,要约不得撤销:
(一)要约人确定了承诺期限或者以其他形式明示要约不可撤销。
……

答案:B

6-5-2 解:《合同法》第十五条,要约邀请是希望他人向自己发出要约的意思表示。寄送的价目表、拍卖公告、招标公告、招股说明书、商业广告等为要约邀请。商业广告的内容符合要约规定的,视为要约。

答案:B

6-5-3 解:《合同法》第十条规定,当事人订立合同有书面形式、口头形式和其他形式。

答案:C

6-5-4 解:《合同法》第二十条规定,有下列情形之一的,要约失效:
(一)拒绝要约的通知到达要约人;
(二)要约人依法撤销要约;
(三)承诺期限届满,受要约人未作出承诺;
(四)受要约人对要约的内容作出实质性变更。

答案:D

6-5-5 解:《合同法》第十五条规定,要约邀请是希望他人向自己发出要约的意思表示。寄送的价目表、拍卖广告、招标广告、招股说明书、商业广告等为要约邀请。

答案:C

6-5-6 解:《合同法》第十八条规定,要约可以撤销,撤销要约的通知应当在受要约人发出通知之前到达受约人。

答案:A

6-5-7 解:《合同法》第三十条规定,承诺的内容应当与要约的内容一致。受要约人对要约的内容作出实质性变更的,为新要约。有关合同标的、数量、质量、价款或者报酬、履行期限、履行地点和方式、违约责任和解决争议方法等的变更,是对要约内容的实质性变更。

答案:C

6-5-8 解:虽然《合同法》第十六条规定,要约到达受要约人时生效。但是《招标投标法》二十八条规定:"投标人应当在招标文件要求提交投标文件的截止时间前,将投标文件送达投标地点"。在订立合同方面《招标投标法》属于特别法,《合同法》属于一般法,根据特别法优于一般法原则;按照《招标投标法》应该理解为"投标截止时间"为要约生效时间,所以选项B比选项A更适合该题。选项CD是错项。

答案:B

6-5-9 **解**:《合同法》第二百六十九条规定:建设工程合同是承包人进行工程建设,发包人支付价款的合同。建设工程合同包括工程勘察、设计、施工合同。监理合同属于委托合同,施工分包合同还是属于施工合同。

答案:C

6-5-10 **解**:根据《合同法》的原理理解,选项AB是建设单位的权利,选项CD是建设单位的义务,相比较来说选项C对勘察设计方更为重要。

答案:C

6-5-11 **解**:根据《担保法》,担保方式有五种,即保证、抵押、质押、留置和定金。订金不等于定金,订金只有预付款功能没有双倍返还功能。

答案:A

(六)中华人民共和国招标投标法

6-6-1 (2014,117)根据《招标投标法》规定,某工程项目委托监理服务的招投标活动,应当遵循的原则是(　　)。

A.公开、公平、公正、诚实信用　　B.公开、平等、自愿、公平、诚实信用
C.公正、科学、独立、诚实信用　　D.全面、有效、合理、诚实信用

6-6-2 (2013,117)下列属于《招标投标法》规定的招标方式是(　　)。

A.公开招标和直接招标　　B.公开招标和邀请招标
C.公开招标和协议招标　　D.公开招标和公开招标

6-6-3 (2012,117)根据《招标投标法》的规定,某建设工程依法必须进行招标,招标人委托了招标代理机构办理招标事宜,招标代理机构的行为合法的是(　　)。

A.编制投标文件和组织评标
B.在招标人委托的范围内办理招标事宜
C.遵守《招标投标法》关于投标人的规定
D.可以作为评标委员会成员参与评标

6-6-4 (2016,116)根据《招标投标法》的规定,招标人对已发出的招标文件进行必要的澄清或修改的,应当以书面形式通知所有招标文件收受人,通知的时间应当在招标文件要求提交投标文件截止时间至少(　　)。

A.20日前　　B.15日前　　C.7日前　　D.5日前

6-6-5 (2010,116)根据《招标投标法》的规定,招标人和中标人按照招标文件和中标人的投标文件,订立书面合同的时间要求是(　　)。

A. 自中标通知书发出之日起 15 日内
B. 自中标通知书发出之日起 30 日内
C. 自中标单位收到中标通知书之日起 15 日内
D. 自中标单位收到中标通知书之日起 30 日内

6-6-6 (2009,116)根据《招标投标法》的规定,包括在招标公告中的内容是(　　)。

A. 招标项目的性质、数量
B. 招标项目的技术要求
C. 对投标人员资格的审查的标准
D. 拟签订合同的主要条款

6-6-7 按照《招标投标法》建设单位工程招标应具备的条件是(　　)。
①有与招标工程相适应的经济技术管理人员;
②必须是一个经济实体,注册资金不少于一百万元人民币;
③有编制招标文件的能力;
④有审查投标单位资质的能力;
⑤具有组织评标的能力。

A. ①②③④⑤　B. ①②③④　C. ①④⑤　D. ①③⑤

6-6-8 公路勘察设计投标时,是否超过投标截止时间是以(　　)来判断。

A. 投标人送达投标文件之时
B. 招标人检查投标文件密封完成之时
C. 招标人签收投标文件之时
D. 招标人打开投标文件之时

6-6-9 公路勘察设计依法必须招标的规模要求是单项合同价(　　)人民币以上。

A. 50 万元　B. 100 万元　C. 200 万元　D. 400 万元

6-6-10 公路勘察设计招标投标时,视为投标人相互串通投标行为的是(　　)。

A. 投标人之间约定中标人
B. 不同投标人的投标文件相互混装
C. 投标人之间约定部分投标人放弃投标或者中标
D. 属于同一集团、协会、商会等组织成员的投标人按照该组织要求协同投标

题解及参考答案

6-6-1 **解:**《招标投标法》第五条规定,招标投标活动应当遵循公开、公平、公正和诚实信用的原则。

答案:A

6-6-2 **解:**《招标投标法》第十条规定,招标分为公开招标和邀请招标。

答案:B

6-6-3 **解:**见《招标投标法》第十三条和第十五条。

答案:B

6-6-4 **解:**《招标投标法》第二十三条规定,招标人对已发出的招标文件进行必要的澄清或者修改的,应当在招标文件要求提交投标文件截止时间至少十五日前,以书面形式通知所有招标文件收受人。该澄清或者修改的内容为招标文件的组成部分。

答案:B

6-6-5 **解:**《招标投标法》第四十六条规定,招标人和中标人应当自中标通知书发出之日起三十日内,按照招标文件和中标人的投标文件订立书面合同。招标人和中标人不得再行订立背离合同实质性内容的其他协议。

答案:B

6-6-6 **解:**《招标投标法》第十六条规定,招标人采用公开招标方式的,应当发布招标公告。依法必须进行招标的项目的招标公告,应当通过国家指定的报刊、信息网络或者其他媒介发布。招标公告应当载明招标人的名称、地址、招标项目的性质、数量、实施地点和时间以及获取招标文件的办法等事项,所以选项A对。其他几项内容应在招标文件中载明,而不是招标公告中。

答案:A

6-6-7 **解:**《招标投标法》第十二条规定,投标人具有编制招标文件和组织评标能力的,可以自行办理招标事宜。任何单位和个人不得强制其委托招标代理机构办理招标事宜。而④有审查投标单位资质的能力可以交由评标委员会进行,建设单位不一定需要具备;①有与招标工程相适应的经济技术管理人员是《招标投标法实施条例》第10条对"具有编制招标文件和组织评标能力"的解释,所以①要选。

答案:D

6-6-8 **解:**《招标投标法》第二十八条规定,投标人应当在招标文件要求提交投标文件的截止时间前,将投标文件送达投标地点。招标人收到投标文件后,应当签收保存,不得开启。在招标文件要求提交投标文件的截止时间后送达的投标文件,招标人应当拒收。

答案:A

6-6-9 **解:**《招标投标法》第三条第二款规定:"前款所列项目的具体范围和规模标准,由国务院发展计划部门会同国务院有关部门制订,报国务院批准"。2018年3月27日发改委(原国家计委)第16号《必须招标的工程项目规定》第五条第一款第(三)项规定"勘察、设计、监理等服务的采购,单项合同估算价在100万元人民币以上"必须招标。

答案:B

6-6-10 **解:**《招标投标法》第五十三条规定,对投标人相互串通行为作出处罚。在《招标投标法实施条例》第四十条和第四十一条分别对投标人之间视为串标和属于串标行为作出规定。选项ACD是属于串标行为,选项B是视为串标行为。

答案:B

(七)中华人民共和国安全生产法

6-7-1 (2014,116)某生产经营单位使用危险性较大的特种设备,根据《安全生产法》规定,该设备投入使用的条件不包括(　　)。

A. 该设备应由专业生产单位生产
B. 该设备应进行安全条件论证和安全评价
C. 该设备须经取得专业资质的检测、检验机构检测、检验合格
D. 该设备须取得安全使用证或者安全标志

6-7-2 (2013,116)某施工单位是一个有职工 115 人的三级施工资质的企业,根据《安全生产法》规定,该企业下列行为中合法的是(　　)。

A. 只配备兼职的安全生产管理人员
B. 委托具有国家规定相关专业技术资格的工程技术人员提供安全生产管理服务,由其负责承担保证安全生产的责任
C. 安全生产管理人员经企业考核后即任职
D. 设置安全生产管理机构

6-7-3 (2012,116)根据《安全生产法》的规定,生产经营单位主要负责人对本单位的安全生产负总责,某生产经营单位的主要负责人对本单位安全生产工作的职责是(　　)。

A. 建立、健全本单位安全生产责任制
B. 落实本单位安全生产费用的有效使用
C. 及时报告生产安全事故
D. 落实本单位安全生产规章制度和操作规程

6-7-4 (2010,115)根据《安全生产法》的规定,生产经营单位使用的涉及生命安全、危险性较大的特种设备,以及危险物品的容器、运输工具,必须按照国家有关规定,由专业生产单位生产,并经取得专业资质的检测、检验机构检测、检验合格,取得(　　)。

A. 安全使用证和安全标志,方可投入使用
B. 安全使用证或安全标志,方可投入使用
C. 生产许可证和安全使用证,方可投入使用
D. 生产许可证或安全使用证,方可投入使用

6-7-5 工程建设项目应当坚持(　　)。

A. 安全第一的原则　　B. 为保证工程质量不怕牺牲
C. 确保进度不变的原则　　D. 投资不超过预算的原则

6-7-6 对本单位的安全生产工作全面负责的人员应当是(　　)。

A. 生产经营单位的主要负责人　　B. 项目经理
C. 主管安全生产工作的副手　　D. 专职安全员

6-7-7　组织制定并实施本单位安全生产教育和培训计划是(　　)的职责。

A. 生产经营单位的主要负责人　　B. 项目经理
C. 安全生产管理机构的负责人　　D. 专职安全员

6-7-8　安全生产中从业人员的义务是(　　)。

A. 遇到紧急危险时撤离　　B. 对本单位的安全生产工作提出建议
C. 遇到危险时要报告　　D. 拒绝违章作业指挥

题解及参考答案

6-7-1　**解:**《安全生产法》第三十四条规定,生产经营单位使用的危险物品的容器、运输工具,以及涉及人身安全、危险性较大的海洋石油开采特种设备和矿山井下特种设备,必须按照国家有关规定,由专业生产单位生产,并经具有专业资质的检测、检验机构检测、检验合格,取得安全使用证或者安全标志,方可投入使用。检测、检验机构对检测、检验结果负责。

答案:B

6-7-2　**解:**《安全生产法》第二十一条规定:"建筑施工单位,从业人员超过一百人的,应当设置安全生产管理机构或者配备专职安全生产管理人员"。所以选项D为正确答案。选项A不正确,因为安全生产管理人员必须专职,不能兼职。选项C不正确,因为新《安全生产法》第二十四条规定:建筑施工单位的主要负责人和安全生产管理人员,应当由主管的负有安全生产监督管理职责的部门对其安全生产知识和管理能力考核合格"。选项B也错误,新《安全生产法》第十三条规定"依法设立的为安全生产提供技术、管理服务的机构,依照法律、行政法规和执业准则,接受生产经营单位的委托为其安全生产工作提供技术、管理服务。生产经营单位委托前款规定的机构(注:即前句中的技术、管理服务机构)提供安全生产技术、管理服务的,保证安全生产的责任仍由本单位负责。"而选项B"由其负责"是指被委托人。

答案:D

6-7-3　**解:**见《安全生产法》第十八条第(一)款,选项B、C、D各条均和法律条文有出入,不是正确答案。

答案:A

6-7-4　**解:**《安全生产法》第三十四条规定,生产经营单位使用的危险物品的容器、运输工具,以及涉及人身安全、危险性较大的海洋石油开采特种设备和矿山井下特种设备,必须按照国家有关规定,由专业生产单位生产,并经具有专业资质的检测、检验机构检测、检验合格,取得安全使用证或者安全标志,方可投入使用。检测、检验机构对检测、检验结果负责。

答案:B

6-7-5 **解**:见《安全生产法》第三条。

答案:A

6-7-6 **解**:见《安全生产法》第五条。

答案:A

6-7-7 **解**:见《安全生产法》第十八条第(三)项。

答案:A

6-7-8 **解**:见《安全生产法》第五十条到第五十六条。

答案:C

(八)建设工程安全生产管理条例

6-8-1 (2010,120)按照《建设工程安全生产管理条例》规定,工程监理单位在实施监理过程中,发现存在安全事故隐患的,应当要求施工单位整改;情况严重的,应当要求施工单位暂时停止施工,并及时报告( )。

A.施工单位　　B.监理单位

C.建设单位　　D.有关主管部门

6-8-2 按照《建设工程安全生产管理条例》规定,对于进入隧道施工人员不戴安全帽的行为,工程监理单位应当( )。

A.要求施工单位整改

B.要求施工单位暂停施工

C.报告建设单位

D.报告有关主管部门

6-8-3 按照《建设工程安全生产管理条例》规定,对于施工单位在隧道独头挖掘150m后继续无通风掘进的行为,工程监理单位应当( )。

A.要求施工单位整改

B.要求施工单位暂停施工

C.报告交通建设主管部门

D.报告当地安监局

6-8-4 按照《建设工程安全生产管理条例》规定,对于施工单位在隧道独头挖掘150m后继续无通风掘进且拒不停工的行为,工程监理单位应当( )。

A.要求施工单位整改

B.再次要求施工单位暂停施工

C.报告建设单位

D. 报告有关主管部门

6-8-5 施工现场及毗邻区域内的各种管线及地下工程的有关资料(　　)。

A. 应由建设单位向施工单位提供　　B. 应由监理单位提供
C. 施工单位必须在开工前自行查清　　D. 应由政府有关部门提供

6-8-6 深基坑支护与降水工程、模板工程、脚手架工程的施工专项方案必须经(　　)签字后实施。

①施工单位技术负责人;②总监理工程师;③结构设计人;④施工方法人代表。

A. ①②　　B. ①②③　　C. ①②③④　　D. ①④

6-8-7 对于超过一定规模的危险性较大的分部分项工程专项施工方案,不属于专家论证的内容是(　　)。

A. 专项施工方案内容是否完整、可行
B. 安全施工的基本条件是否满足现场实际情况
C. 专项方案是否已经经过项目技术负责人的审核
D. 专项方案计算书和验算依据是否符合有关标准规范

6-8-8 注册执业人员未执行法律、法规和工程建设强制性标准的,依法承担的责任说法错误是(　　)。

A. 责令停止执业 3 个月以上 1 年以下
B. 处 10 万元以上 30 万元以下的罚款
C. 造成重大安全事故的,终身不予注册
D. 情节严重的,吊销执业资格证书,5 年内不予注册

6-8-9 对于超过一定规模的危险性较大的分部分项工程专项施工方案,有关专家论证的论述错误的是(　　)。

A. 专项方案论证前需先由施工单位技术负责人审核签字盖单位章
B. 专家论证的各位专家的结论不一致时实行少数服从多数原则
C. 专项方案论证后专家结论为修改后通过的,按照修改意见修改后不需再进行专家论证
D. 专项方案论证后专家结论为不通过的,重新修改编制专项施工方案并审核通过后再进行专家论证

6-8-10[2019 年考题]　下列说法中,不适用《建设工程安全生产管理条例》的是(　　)。

A. 线路管道和设备安装工程　　B. 土木工程和建筑工程
C. 设备安装工程及装修工程　　D. 抢险救灾和农民自建低层住宅

题解及参考答案

6-8-1 **解:**《建设工程安全生产管理条例》第十四条规定,工程监理单位应当审查施工组织设计中的安全技术措施或者专项施工方案是否符合工程建设强制性标准。工程监理单位在实施监理过程中,发现存在安全事故隐患的,应当要求施工单位整改;情况严重的,应当要求施工单位暂时停止施工,并及时报告建设单位。施工单位拒不整改或者不停止施工的,工程监理单位应当及时向有关主管部门报告。

答案:C

6-8-2 **解:**参见《建设工程安全生产管理条例》第十四条规定。

答案:A

6-8-3 **解:**参见《建设工程安全生产管理条例》第十四条规定。

答案:B

6-8-4 **解:**参见《建设工程安全生产管理条例》第十四条规定。

答案:D

6-8-5 **解:**《建设工程安全生产管理条例》第六条规定,建设单位应当向施工单位提供施工现场及毗邻区域内供水、排水、供电、供气、供热、通信、广播电视等地下管线资料,气象和水文观测资料,相邻建筑物和构筑物、地下工程的有关资料,并保证资料的真实、准确、完整。

答案:A

6-8-6 **解:**《建设工程安全生产管理条例》第二十六条规定,施工单位应当在施工组织设计中编制安全技术措施和施工现场临时用电方案;对下列达到一定规模的危险性较大的分部分项工程编制专项施工方案,并附具安全验算结果,经施工单位技术负责人、总监理工程师签字后实施,由专职安全生产管理人员进行现场监督:

(一)基坑支护与降水工程;

(二)土方开挖工程;

(三)模板工程;

(四)起重吊装工程;

(五)脚手架工程;

(六)拆除、爆破工程。

对前款所列工程中涉及深基坑、地下暗挖工程、高大模板工程的专项施工方案,施工单位还应当组织专家进行论证、审查。

答案:A

6-8-7 **解:**参见《建设工程安全生产管理条例》第二十六条规定。专家进行论证、审查内容依然是专项施工方案,所以施工单位技术负责人签字,专家审查前应先经施工单位审核,此处说明应经施工单位技术负责人审核签字,而不是项目技术负责人审核签字。《危险性较大的分部分项工程安全管理规定》(住房和城乡建设部令〔2018〕37号)第十二条对此有规定。

答案:C

6-8-8 **解**:参见《建设工程安全生产管理条例》第五十八条规定。注册执业人员未执行法律、法规和工程建设强制性标准的,责令停止执业3个月以上1年以下;情节严重的,吊销执业资格证书,5年内不予注册;造成重大安全事故的,终身不予注册;构成犯罪的,依照刑法有关规定追究刑事责任。选项B是第五十六条内容。

答案:B

6-8-9 **解**:参见《危险性较大的分部分项工程安全管理规定》(住房和城乡建设部令〔2018〕37号)第十条至第十三条的规定,专家结论需一致,不实行少数服从多数原则。

答案:B

6-8-10 **解**:参见《建设工程安全生产管理条例》第二条第二款规定:本条例所称建设工程,是指土木工程、建筑工程、线路管道和设备安装工程及装修工程。

选项A、B、C属于条例范围,选项D不属于条例的建设工程范围。

答案:D

(九)建设工程质量管理条例

6-9-1 (2014,120)某建设工程项目完成施工后,施工单位提出工程竣工验收申请,根据《建设工程质量管理条例》规定,该建设工程竣工验收应当具备的条件不包括( )。

A. 有施工单位提交的工程质量保证金
B. 有工程使用的主要建筑材料、建筑构配件和设备的进场试验报告
C. 有勘察、设计、施工、工程监理等单位分别签署的质量合格文件
D. 有完整的技术档案和施工管理资料

6-9-2 (2012,120)根据《建设工程质量管理条例》的规定,施工图必须经过审查批准,否则不得使用,某建设单位投资的大型工程项目施工图设计已经完成,该施工图应该报审的管理部门是( )。

A. 县级以上人民政府建设行政主管部门
B. 县级以上人民政府工程设计主管部门
C. 县级以上政府规划部门
D. 工程监理单位

6-9-3 (2010,119)按照《建设工程质量管理条例》规定,施工人员对涉及结构安全的试块、试件以及有关材料进行现场取样时应当( )。

A. 在设计单位监督现场取样
B. 在监督单位或监理单位监督下现场取样
C. 在施工单位质量管理人员监督下现场取样

D. 在建设单位或监理单位监督下现场取样

6-9-4 建设单位应在竣工验收合格后(　　)内,向工程所在地的县级以上的地方人民政府行政主管部门备案报送有关竣工资料。

A. 1 年　　B. 3 个月　　C. 1 个月　　D. 15 天

6-9-5 工程完工后必须履行(　　)才能使用。

A. 由建设单位组织设计、施工、监理四方联合竣工验收
B. 由质量监督站开具使用通知单
C. 由备案机关认可后下达使用通知书
D. 由建设单位上级机关批准认可后即可

6-9-6 建设工程发生质量事故后,有关单位应当在(　　)小时内向当地建设行政主管部门和其他有关部门报告。

A. 1　　B. 2　　C. 12　　D. 24

6-9-7 注册建筑师、注册结构工程师等注册执业人员违反《建设工程质量管理条例》有关规定,依法承担的责任,说法错误的是(　　)。

A. 因过错造成质量事故的,责令停止执业 1 年
B. 因过错造成质量事故的处勘察设计费 1 倍以上 2 倍以下的罚款
C. 造成重大质量事故的,吊销执业资格证书,5 年以内不予注册
D. 情节特别恶劣的,终身不予注册

6-9-8[2019 年考题] 根据《建设工程质量管理条例》,下列分包情形中,不属于非法分包的是(　　)。

A. 总承包合同中未有约定,承包单位又未经建设单位许可,就将其全部劳务作业交由劳务单位完成
B. 总承包单位将工程分包给不具备相应资质条件的单位
C. 施工总承包单位将工程主体结构的施工分包给其他单位
D. 分包单位将其承包的建设工程再分包

题解及参考答案

6-9-1 **解:**《建设工程质量管理条例》第十六条规定,建设单位收到建设工程竣工报告后,应当组织设计、施工、工程监理等有关单位进行竣工验收。建设工程竣工验收应当具备下列条件:

(一)完成建设工程设计和合同约定的各项内容;

(二)有完整的技术档案和施工管理资料;

(三)有工程使用的主要建筑材料、建筑构配件和设备的进场试验报告;

(四)有勘察、设计、施工、工程监理等单位分别签署的质量合格文件;

(五)有施工单位签署的工程保修书。

答案:A

6-9-2 解:见《建设工程质量管理条例》第十一条。

答案:A

6-9-3 解:《建设工程质量管理条例》第三十一条规定,施工人员对涉及结构安全的试块、试件以及有关材料,应当在建设单位或者工程监理单位监督下现场取样,并送具有相应资质等级的质量检测单位进行检测。

答案:D

6-9-4 解:《建筑工程质量管理条例》第四十九条规定,建设单位应当自建设工程竣工验收合格之日起15日内,将建设工程竣工验收报告和规划、公安消防、环保等部门出具的认可文件或者准许使用文件报建设行政主管部门或者其他有关部门备案。

答案:D

6-9-5 解:《建筑工程质量管理条例》第十六条规定,建设单位收到建设工程竣工报告后,应当组织设计、施工、工程监理等有关单位进行竣工验收。建设工程竣工验收应当具备以下条件:

(一)完成建设工程设计和合同约定的各项内容;

(二)有完整的技术档案和施工管理资料;

(三)有工程使用的主要建筑材料、建筑构配件和设备的进场试验报告;

(四)有勘察、设计、施工、工程监理等单位分别签署的质量合格文件;

(五)有施工单位签署的工程保修书。建设工程经验收合格的,方可交付使用。

答案:A

6-9-6 解:《建设工程质量管理条例》第五十二条规定,建设工程发生质量事故,有关单位应当在24小时内向当地建设行政主管部门和其他有关部门报告。对重大质量事故,事故发生地的建设行政主管部门和其他有关部门应当按照事故类别和等级向当地人民政府和上级建设行政主管部门和其他有关部门报告。

答案:D

6-9-7 解:《建设工程质量管理条例》第七十二条规定,违反本条例规定,注册建筑师、注册结构工程师、监理工程师等注册执业人员因过错造成质量事故的,责令停止执业1年;造成重大质量事故的,吊销执业资格证书,5年以内不予注册;情节特别恶劣的,终身不予注册。B选项是第六十条,违反本条例规定,勘察、设计、施工、工程监理单位超越本单位资质等级承揽工程的,责令停止违法行为,对勘察、设计单位或者工程监理单位处合同约定的勘察费、设计费或者监理酬金1倍以上2倍以下的罚款。

答案:B

6-9-8 **解**:参见《建设工程质量管理条例》第二十五条、第二十七条的规定。该题可以用排除法,选项B违反第二十五条资质要求且属于违法分包,选项C、D违反交通运输部、住建部的部门规章和合同约定。这3个选项很容易看出是违法分包。所以选项A是正确的。对于劳务分包,只要是将劳务作业分包给有劳务资质的法人(应是单位,不能是自然人如包工头),就不需建设单位许可,但是劳务也不允许再分包。参见《房屋建筑和市政基础设施工程施工分包管理办法》第九条和第十四条第一款等。不过有个特殊情况考生要注意:乙是总包,将非主体非关键专业工程分包给丙,而丙又将工程中劳务再分包给丁劳务公司,则依据第五条第三款是合法的。

实际上,该题错误选项B、C、D不是《建设工程质量管理条例》中的原文,原文在《建筑法》第二十九条第一、三款中,实际是考《建筑法》的内容。

答案:A

(十)建设工程勘察设计管理条例

6-10-1 (2011,120)根据《建设工程勘察设计管理条例》的规定,建设工程勘察、设计方案的评标一般不考虑(　　)。

A. 投标人资质
B. 勘察、设计方案的优劣
C. 设计人员的能力
D. 投标人的业绩

6-10-2 (2009,120)根据《建设工程勘察设计管理条例》的规定,编制初步设计文件应当(　　)。

A. 满足编制方案设计文件和控制概算的需要
B. 满足编制施工招标文件,主要设备材料订货和编制施工图设计文件的需要
C. 满足非标准设备制作,并说明建筑工程合理使用年限
D. 满足设备材料采购和施工的需要

6-10-3 根据《建设工程勘察设计管理条例》的规定,对建设工程勘察、设计单位和人员执业规定论述正确的是(　　)。

A. 建设工程勘察设计执业人员一般要受聘于一个建设工程勘察、设计单位
B. 未受聘于建设工程勘察设计单位的执业人员在单位特许情况下可从事特许建设工程的勘察设计活动
C. 国家对从事建设工程勘察设计活动的专业技术人员,实行执业资格管理制度
D. 建设工程勘察、设计单位不得允许具有执业资格的个人以本单位的名义承揽建设工程勘察设计业务

6-10-4 根据《建设工程勘察设计管理条例》的规定,建设工程勘察、设计发包,经有关主管部门批准可直接发包,其工程满足的条件错误是(　　)。

A. 采用特定的专利或者专有技术的

B. 采用新结构、新材料、新工艺的

C. 建筑艺术造型有特殊要求的

D. 国务院规定的其他建设工程的勘察、设计

题解及参考答案

6-10-1　解：根据《建设工程勘察设计管理条例》第十四条的规定，建设工程勘察、设计方案评标，应当以投标人的业绩、信誉和勘察、设计人员的能力以及勘察、设计方案的优劣为依据，进行综合评定。

答案：A

6-10-2　解：《建设工程勘察设计管理条例》第二十六规定，编制建设工程勘察文件，应当真实、准确，满足建设工程规划、选址、设计、岩土治理和施工的需要。编制方案设计文件，应当满足编制初步设计文件和控制概算的需要。编制初步设计文件，应当满足编制施工招标文件、主要设备材料订货和编制施工图设计文件的需要。编制施工图设计文件，应当满足设备材料采购、非标准设备制作和施工的需要，并注明建设工程合理使用年限。

答案：B

6-10-3　解：根据《建设工程勘察设计管理条例》第八条第二款的规定："禁止建设工程勘察、设计单位允许其他单位或者个人以本单位的名义承揽建设工程勘察、设计业务"。"不得"和"禁止"都是否定的强制性语言，可以互用。要正确理解个人，说明合同当事人是自然人不是法人。ABC 三项，参见第九、十条，注意关键词"注册"和"只能"。

答案：D

6-10-4　解：《建设工程勘察设计管理条例》第十六规定，下列建设工程的勘察、设计，经有关主管部门批准，可以直接发包：

（一）采用特定的专利或者专有技术的；

（二）建筑艺术造型有特殊要求的；

（三）国务院规定的其他建设工程的勘察、设计。

答案：B

（十一）违反法律法规等规定对勘察设计单位和个人处罚

6-11-1［2019 年考题］　根据《建筑法》，建筑设计单位不按照建筑工程质量、安全标准进行设计的，应（　　）。

A. 降低资质等级　　　　B. 承担赔偿责任

C. 吊销资质证书　　　　D. 责令改正，处以罚款

6-11-2 根据《建筑法》的规定,对未取得资质承揽工程单位处罚正确的是(　　)。

A. 责令改正
B. 予以取缔并处罚款
C. 吊销资质证书
D. 情节严重的吊销营业执照

6-11-3 根据《建筑法》和《建设工程质量管理条例》的规定,对勘察设计单位罚款正确的是(　　)。

A. 超越资质承揽工程的处以合同约定的勘察费、设计费 1 倍以上 2 倍以下的罚款
B. 超越资质承揽工程的处 10 万元以上 30 万元以下罚款
C. 勘察设计单位和未按照工程建设强制性标准进行勘察、设计的处以合同约定的勘察费、设计费 1 倍以上 2 倍以下的罚款
D. 设计单位指定建筑材料、建筑构配件的生产厂、供应商的处以合同约定的勘察费、设计费 1 倍以上 2 倍以下的罚款

6-11-4 根据《建设工程勘察设计管理条例》的规定,勘察、设计单位未依据项目批准文件对勘察设计单位罚款正确的是(　　)。

A. 责令限期整改并处以合同约定的勘察费、设计费 1 倍以上 2 倍以下的罚款
B. 责令限期整改并处以 10 万元以上 30 万元以下罚款
C. 处 10 万元以上 30 万元以下罚款
D. 逾期不改正的处 10 万元以上 30 万元以下罚款

6-11-5 根据《建设工程勘察设计管理条例》的规定,未经注册,擅自以注册建设工程勘察、设计人员的名义从事建设工程勘察、设计活动的,对违法个人处罚正确的是(　　)。

A. 责令停止执业 1 年
B. 造成重大质量事故的吊销执业资格证书 5 年以内不予注册
C. 情节特别恶劣的终身不予注册
D. 责令停止违法行为,没收违法所得,并处违法所得 2 倍以上 5 倍以下罚款

6-11-6 根据《建设工程质量管理条例》的规定,勘察设计单位和未按照工程建设强制性标准进行勘察、设计的,对个人处罚正确的是(　　)。

A. 处 10 万元以上 30 万元以下的罚款
B. 处以合同约定的勘察费、设计费或者监理酬金 1 倍以上 2 倍以下的罚款
C. 处单位罚款数额的 5% 以上 10% 以下的罚款
D. 没收违法所得,并处违法所得 2 倍以上 5 倍以下罚款

题解及参考答案

6-11-1　解:根据《建筑法》第七十三条的规定:建筑设计单位不按照建筑工程质量、安全标准进行设计的,责令改正,处以罚款;造成工程质量事故的,责令停业整顿,降低资质等级或者吊销资质证书,没收违法所得,并处罚款;造成损失的,承担赔偿责任;构成犯罪的,依法追究刑事责任。

答案:D

6-11-2　解:根据《建设工程质量管理条例》第六十条第二款的规定:未取得资质证书承揽工程的,予以取缔,依照前款规定处以罚款;有违法所得的,予以没收。

答案:B

6-11-3　解:《建设工程质量管理条例》第六十条第一款的规定:违反本条例规定,勘察、设计、施工、工程监理单位超越本单位资质等级承揽工程的,责令停止违法行为,对勘察、设计单位或者工程监理单位处合同约定的勘察费、设计费或者监理酬金1倍以上2倍以下的罚款;对施工单位处工程合同价款百分之二以上百分之四以下的罚款,可以责令停业整顿,降低资质等级;情节严重的,吊销资质证书;有违法所得的,予以没收。

答案:A

6-11-4　解:根据《建设工程勘察设计管理条例》第四十条:违反本条例规定,勘察、设计单位未依据项目批准文件,城乡规划及专业规划,国家规定的建设工程勘察、设计深度要求编制建设工程勘察、设计文件的,责令限期改正;逾期不改正的,处10万元以上30万元以下的罚款;造成工程质量事故或者环境污染和生态破坏的,责令停业整顿,降低资质等级;情节严重的,吊销资质证书;造成损失的,依法承担赔偿责任。

答案:D

6-11-5　解:《建设工程勘察设计管理条例》第三十六规定:违反本条例规定,未经注册,擅自以注册建设工程勘察、设计人员的名义从事建设工程勘察、设计活动的,责令停止违法行为,没收违法所得,处违法所得2倍以上5倍以下罚款;给他人造成损失的,依法承担赔偿责任。

答案:D

6-11-6　解:该题有难度,考《建设工程质量管理条例》第六十三条和第七十三条两个条款,题干的违法行为符合第六十条规定中(一)和(四)行为,所以单位的处罚是:责令改正,处10万元以上30万元以下的罚款。而第七十三条规定:依照本条例规定,给予单位罚款处罚的,对单位直接负责的主管人员和其他直接责任人员处单位罚款数额百分之五以上百分之十以下的罚款。

10万×5% =0.5万元,30×10% =3万元,“以上”含则用“最少”,“以下”不含则用“不超过”表示。

答案:C